弁護士報酬
敗訴者負担制度の
比較研究

ドイツの敗訴者負担原則と日本の裁判実務

半田吉信 著

法律文化社

目　　次

第1章　序　　論 …………………………………………………… 1
第1節　わが国の弁護士報酬敗訴者負担法案 ………………………… 1
第2節　ドイツ民事訴訟法の敗訴者に対する費用償還請求権 ……… 3
　　　　1　序　説（3）　2　費用償還請求権（4）　3　ドイツ民訴91条〜113条の規定（10）

第2章　ドイツにおける訴訟当事者間の訴訟費用償還の歴史的展開 … 13

第3章　ドイツにおける訴訟上の費用負担の論拠 ………… 21
　　　　1　はじめに（21）　2　自力救済禁止の代償とする説（21）　3　無条件の訴え提起可能性の代償とする説（21）　4　濫訴の抑止または訴訟の抑制に根拠を求める説（22）　5　古い不法責任の理論（22）　6　結果無価値責任説ないし原因主義（23）

第4章　ドイツにおける訴訟費用の敗訴者負担
　　　　―総論（原則）……………………………………………… 28
第1節　基本原則 ………………………………………………………… 28
　　　　1　総　説（28）　2　基本原則（28）　3　弁護士費用の負担（30）　4　和解手続費用の負担（31）　5　返還の取り決め（31）
第2節　弁護士費用の敗訴者負担 ……………………………………… 32
　　　　1　ドイツ民事訴訟法上の規定（32）　2　弁護士報酬の算定（44）

第5章　ドイツにおける訴訟費用の敗訴者負担
　　　　―各論（例外）……………………………………………… 78
第1節　民事訴訟法の規定 ……………………………………………… 78
　　　　1　本案の事件における法的紛争の解決（78）　2　一部敗訴の場合の費

i

用判決（80）　3　直ちに認諾した場合の費用（81）　4　婚姻事件における費用（82）　5　住居明け渡し訴訟における費用（84）　6　子供の事件における費用（86）　7　扶養事件における費用（87）　8　請求権譲渡における費用（88）　9　懈怠または帰責事由がある場合の費用（89）　10　奏功しなかった攻撃及び防御方法の費用（89）　11　上訴における費用（90）　12　和解における費用（91）　13　費用判決の取消（92）　14　共同訴訟の費用（93）　15　補助参加の費用（94）　16　費用の確定―基礎と申請（95）　17　費用の確定―手続（96）　18　簡易な費用の確定（98）　19　割合に応じた費用の分担（99）　20　紛争額変更後の費用の確定（99）

- 第2節　民事訴訟法以外の規定……………………………………… 103
    1　はじめに（103）　2　労働裁判所法（103）　3　行政裁判所手続（108）　4　社会裁判所手続（112）　5　刑事訴訟手続（118）

第6章　ドイツにおける弁護士報酬敗訴者負担の原則に対する批判… 133
- 第1節　はじめに……………………………………………………… 133
- 第2節　エーリッヒの見解…………………………………………… 133
- 第3節　フェヒナーの見解…………………………………………… 136
- 第4節　ドイプラーの見解…………………………………………… 141
- 第5節　ゼーツェンの見解…………………………………………… 143
- 第6節　ボーケルマンの見解………………………………………… 146
    1　様々な費用規定改革提案とその検討（146）　2　ボーケルマンの費用改革提案（151）
- 第7節　バウムゲルテルの見解……………………………………… 160
    1　現行訴訟費用負担ルールの問題点（160）　2　社会保険の意味での強制的権利保護保険の導入の問題点（163）　3　権利保護保険の関与のもとでの訴訟費用扶助のモデル（166）　4　まとめ（169）
- 第8節　パヴロフスキーの見解……………………………………… 171
    1　弁護士報酬敗訴者負担の問題点（171）　2　費用負担問題の解決のための提案（176）

第9節　アンドレの見解……………………………………………… 184
　　　　　1　はじめに（184）　2　権利保護保険の賛成説と反対説（185）　3　強制的権利保護保険と基本法（187）　4　まとめ（190）
　　　第10節　ま と め……………………………………………………… 192

第7章　ドイツにおける弁護士費用保険の導入と普及 … 194
　　　第1節　権利保護保険の概念と展開………………………………… 194
　　　第2節　権利保護保険約款…………………………………………… 198
　　　第3節　権利保護保険により敗訴者が填補を受ける範囲………… 202
　　　　　1　約款の規定（202）　2　敗訴者の負担する費用の填補（205）

第8章　日本の裁判実務と弁護士報酬の負担 …………… 211
　　　第1節　わが国における弁護士報酬敗訴者負担原則の主張……… 211
　　　第2節　政府の立法提案と日弁連の反論…………………………… 213
　　　　　1　1997年民訴費用制度等研究会報告書（213）　2　2000年司法制度改革審議会中間報告以降（214）
　　　第3節　わが国の実体法上の弁護士報酬敗訴者負担……………… 222
　　　第4節　ま と め……………………………………………………… 226

あとがき ……………………………………………………………………… 231
事項索引 ……………………………………………………………………… 233

第1章 序　　論

第1節　わが国の弁護士報酬敗訴者負担法案

　わが国ではこれまで当事者が依頼した弁護士に支払った報酬は、たとえその者が勝訴したとしても、敗訴者から償還させることは行われていなかった。裁判所に当事者が支払った、または支払うべき裁判費用は、基本的に敗訴者が負担すると規定されているが（民訴61条、民事訴訟費用等に関する法律（昭46）2条[1]）、それは、裁判所に支払うべき裁判費用についてのみで、当事者が事件を依頼した弁護士に支払った報酬については、訴訟の帰趨にかかわらず、当事者が各自負担するものとされていた。しかし、2004年3月に政府は、合意による弁護士報酬敗訴者負担制度の導入を内容とする「民事訴訟費用等に関する法律の一部を改正する法律」案を国会に上程した。このような弁護士報酬敗訴者負担の制度は、司法制度改革審議会の意見書に基づくものであり、同審議会が2001年11月にまとめた中間報告では、労働訴訟、小額訴訟など敗訴者負担制度が不当に訴訟の提起を萎縮させるおそれのある一定種類の訴訟を除いて、弁護士報酬の敗訴者負担制度を基本的に導入する方向で考えるべきだとされた。同審議会の意見書を受けて司法制度改革推進本部の司法アクセス検討会は、2002年11月から敗訴者負担制度の本格的審議に入ったが、委員11人のうち7人が原則的導入、3人が慎重ないし反対の立場であったといわれる。しかし、検討会の審議の内容が消費者団体、労働団体、公害環境団体などの市民団体や日弁連などに広く知られるようになり、両面的敗訴者負担制度の導入を批判する声が高まるにつれて、上記検討会においても、両面的敗訴者負担を導入しない訴訟類型の拡大が議論され、ついに2003年10月の検討会では、当事者間の訴訟上の合意で敗

訴者負担とする立場が打ち出された[2]。そして同年12月には、検討会はその方向で最終案をまとめ、それが司法制度改革推進本部で承認され、政府により国会に上程された（2004年3月）。法案の概要は、(1) 原則として弁護士報酬は各自負担とする。(2) 当事者双方に訴訟代理人が選任されているとき、訴えの提起後に当事者双方が敗訴者負担とする旨の共同の申立てをした場合は、訴訟代理人の報酬の一部が訴訟費用となる。(3) 敗訴者の負担となる弁護士報酬については、訴額を基準に法律で定める。例えば、訴額が100万円の場合10万円、1000万円で30万円、1億円で57万円、10億円で327万円となり、これが上限であるというものである。しかし、同年12月に国民の多方面からの批判を受けて、同法案は廃案となった[3]。

しかし、今でも弁護士報酬敗訴者負担制度の導入を求める潮流は残っていて、状況によっては再び顕在化する可能性があるといわれ、弁護士報酬敗訴者負担の原則を採用しているドイツの法制度を研究する必要は決して消滅していないと考えられる。

<注>
1) わが国の訴訟費用（裁判費用）の償還については、金子宏直『民事訴訟費用の負担原則』(1998年) 237頁以下参照。わが国では訴訟費用償還手続は実際上利用されていないといわれる。また訴訟費用を敗訴者負担としている論拠については、金子・前掲書268頁以下参照。
2) 当初の弁護士費用敗訴者負担の原則から、原則としての各当事者負担の原則に戻ったため、政府委員の立場の転換がなされたようにみえるが、弁護士費用敗訴者負担の考え方を（なんらかの形で）日本の実務に導入するという当初からの方針は、多数の政府委員の間で一貫している（日弁連『弁護士報酬敗訴者負担問題対策本部総括資料集』（[2005年] 314頁参照）。
3) この間の事情は、牛島聡美「民事裁判の弁護士報酬の敗訴者負担をめぐる問題」司法改革調査室報5号 (2005年) 196頁以下、小林久起ほか『民訴費用法・仲裁法（司法制度改革概説8)』(2005年) 21頁以下、本林徹・斎藤義房・辻公雄「『弁護士報酬敗訴者負担法案』廃案への軌跡」自由と正義56巻4号 (2005年) 49頁以下が詳しい。

第1章　序　　論

第2節　ドイツ民事訴訟法の敗訴者に対する費用償還請求権

1　序　説

　ドイツでは、わが国とは異なり、勝訴者が裁判所に支払ったまたは支払うべき裁判費用だけでなく、その依頼した弁護士に支払った弁護士報酬もまた敗訴者に対して償還請求できると規定されている。しかも、かような弁護士報酬の敗訴者負担の原則は、それについて訴訟の両当事者が訴訟上合意することを要件とするものではなく、法律上当然に適用される。もっとも、労働事件、家事事件などについては多くの例外ルールが定められている。1970年代には弁護士報酬の敗訴者負担の原則に対する批判が高まったが、弁護士報酬敗訴者負担の原則は改められることなく、市民は、敗訴者として弁護士報酬を負担することになった場合をもカバーする権利保護保険に加入してこれに備えるのが一般になっている。なお、ドイツではわが国でも認められる損害賠償の一環としての弁護士費用の賠償も認められており（実体法上の費用賠償請求権）、民事訴訟法によって認められている敗訴者に対する弁護士報酬の償還請求権（訴訟法上の弁護士報酬の償還請求権）との関係が学問上の研究対象となっている。

　ドイツ民事訴訟法（以下「ドイツ民訴」カッコ内は「ド民訴」と略）91条〜113条が、訴訟費用、すなわち、裁判費用及び弁護士費用を含む裁判外費用の償還について規定している[4]。それ以外にも訴訟費用に関する特別規定があるが、これらの場合はドイツ民訴91条〜113条に出てくる概念が用いられる。訴訟費用とは、法的紛争の遂行のために当事者が直接支出した費用である。訴訟費用は、裁判所に支払う費用とそれ以外の費用に分けられる。前者は、GKG（裁判所費用法）によって支払が命じられ、更に、手数料と経費に分けられる。手数料は、特定の金額が定められていない限り、訴額に応じて徴収される。経費とは、謄本、複写、証人、専門家の鑑定、運送費、拘留費用などのための裁判所での金銭的な支出である。裁判所に支払う費用以外の費用の主たるものは、弁護士費用である[5]。

裁判外の費用とは、なかんずく、弁護士報酬法（RVG〔BGBl. I 2004, S. 788ff.〕）によって算定される、弁護士の報酬及び経費である。それ以外に、弁護士以外の訴訟代理人、補助人（Beistand）、及び、執行官のための費用、並びに、当事者の旅行費用及び不在期間中の補償も含まれる。弁護士との受託契約が無効であるときは、相手方に対する相当な償還請求権は喪失する。同じことは、法的助言法（Rechtsberatungsgesetz）違反の場合やBRAO（連邦弁護士規則）46条（弁護士が既に委託者のために継続的に活動義務を負っている場合に、同一事件に関する業務を弁護士としての資格で引受けてはならないという規定）違反の場合にも生じる。

　例外的に申立によってのみ費用が判決される場合もあるが（ド民訴269条4項）、ドイツ民訴308条2項によれば、裁判所は、職権で訴訟費用の負担義務について判決しなければならない。ドイツ民訴91条以下は、当事者ないし補助参加人の訴訟費用がこれらの者によって最終的に負担されるべきかどうか、あるいは、相手方に対してこれらの費用の償還請求権が存在するかどうかを定める。補助参加人を含む、当事者相互間で誰が訴訟費用を負担すべきかを定める判決は、費用基礎判決（Kostengrundentscheidung）と呼ばれる。これに対して、費用基礎判決に基づいて、相手方から費用債権者にいかなる額が償還されるべきかを明らかにする手続は、費用確定手続（Kostenfestsetzungsverfahren）と呼ばれる。これは、申立に基づいてのみなされ、原則的に償還権利者のための費用確定決定によって終了する。費用債権者は、この決定に基づいて、強制執行の方法で（ド民訴794条1項2号）その訴訟上の費用償還請求権を実行する[6]。

2　費用償還請求権

　費用償還請求権とは、当事者または補助参加者の、その者に発生した訴訟費用を償還しなければならない、相手方またはその補助参加人に対する請求権である。その代理人の請求権は含まれない[7]。各当事者は、ひとまず自らに生じた費用を負担しなければならない。訴えを提起し、または、証拠を提出するためには、原告は手続費用をGKG6条1項1a号により、立証者はドイツ民訴379

条により、経費の前払いをしなければならない。また弁護士（訴訟代理人）が当事者のために活動するためには、当事者は、場合によっては、その者にRVG9条によって相当な金額の前払いをしなければならない。訴訟当事者は、その費用を相手方に償還しなければならないか、それとも、相手方に対する彼に生じた費用の償還請求権が帰属するかが問題になる。それは、訴訟法上の費用償還請求権と実体法上の費用償還請求権に分けられる。

（1）　訴訟法上の費用償還請求権

（a）　訴訟法上の費用償還請求権は、もっぱら、訴訟法、特に、ドイツ民訴91条〜101条から生じる。訴訟上の費用償還請求権といっても、それらに基づいて発生する請求権は実体法上の請求権としての性質を有すると解されている。

かつては、訴訟法上の費用償還請求権は訴訟法関係から生じ、訴訟法関係は、公法的性質を有するがゆえに、それは公法的なものでなければならないと主張された[8]。この見解によれば、実際上訴訟法関係は、疑いもなく公法的なものである。この立場では、訴訟法関係から生じる訴訟法上の費用償還請求権は、必然的に公法上の法的性質のみを有しうる。

この結論に対しては、まず第一に、伝統的な私法と公法の区別の理論のもとで、それが証明されえないと指摘されている。訴訟法上の費用償還請求権は、私法上の請求権である。従属説によれば、償還権利者と償還義務者の間には、公法的な性質の徴表としての支配、服従関係が欠けている。当事者間の費用賠償は、当事者の利益にのみ奉仕し、裁判所の利益にはならないのであるから、ドイツ民訴91条以下は、古典的な利益説に従っても、私法法規である。結局、償還権利者と償還義務者の双方は、もっぱら私人として対峙し、公権力の主体として対峙するのではないのだから、今日支配的な主観説に従っても、同じ結論に達する[9]。

費用償還請求権は、多数説によれば、訴訟その他の手続法上の関係から生ずる請求権ではなく、独立の民法上の請求権とみられている。その論拠は、これらの民訴法中の関係規定が、主張されまたは防御された権利に関する当事者間の、本来の、訴訟法関係を構成する争いの形成ではないことに求められている。

むしろ当事者間の争い及び訴訟法関係により条件づけられているが、これと同じではない法律関係を規律することが問題になる。それは訴訟自体を規律しようとするのではなく、単に訴訟法関係外にある訴訟の付随的効果または特定の訴訟上の出来事を規律するものである。それらが民訴法中に規定されているのは、目的適合性に基づいている。その法的性質は、訴訟または特定の訴訟上の出来事の付随的効果に関する規定を包含する、民法中の規定としてもまた許容したであろうと考えられる。今日の多数説は、訴訟法上の費用償還請求権の私法的な性質に優位を与えている[10]。

（b）　訴訟当事者の国家に対する費用負担義務は、費用判決または費用規定によって生じ、個々的には主にGKGによって規定されているが、当事者の相手方に対する費用負担義務は、ドイツ民訴91条以下及びその他の費用負担規定から生じる。ドイツ民訴91条1項1文は、訴訟法上の費用償還義務の原則を定める：「敗訴当事者は、相手方に生じた費用の償還をしなければならない」。この原因主義に由来する原則は、例外がないわけではないとしても[11]、適用範囲は広い。それは、個別的に数多くの特別規定により確認され（ド民訴631条5項など）、緩和、拡大または変更されている。しかし、それはすべての費用負担法の基礎として行き渡っており、それ故に、疑わしい場合は解釈に際して参照されるべきものである[12]。

　このルールは、当事者がどのような理由で敗訴したかを問わないで適用される。彼に帰責事由があるかどうか、法律の変更が費用を惹起したか否か、また当事者に行為ないし訴訟能力があったか否かも問題とはならない（議論あり）。訴訟能力のない当事者に対しては、請求権は、法定代理人による訴訟遂行の承認の後に始めて発生するという見解は、判例によって放棄された[13]。本案事件における責任制限もまた費用義務とは無関係である。もちろん費用が被相続人の側で発生した限りにおいて、相続人は制限的にのみ責任を負う（ドイツでは限定承認の原則が採られている）。増加費用等の勝訴者への転嫁は、ドイツ民訴281条3項[14]や344条[15]など法律上規定された事例においてのみ生じる。任意かつ不必要に訴えを取下げ（ド民訴269条）、または自白する（ド民訴307条）等その任

務を放棄した者も、敗訴者と同様である。その例外は、ドイツ民訴93～93d条、95条、97条等である。原則として当事者及び訴訟参加者（ド民訴66条）のみが費用償還義務を負う。第三者は、当事者または訴訟参加人との間の中間判決（ド民訴89，101，380，390，409条）や第三者が当事者能力のない者のために訴訟を引き受けた事例で例外的にのみ費用償還義務を負うことがあるにすぎない。このような場合特別の償還訴訟が必要である[16]。

（c）　訴訟法上の費用償還請求権は、それが発生した法的紛争の中での費用確定手続においてのみ追求され、独立した訴訟では追求されえない[17]。個々の項目に制限された訴えも、そのような種類の手続が許容されていないために排除される。このためにもっぱら費用確定手続のみが許容されているからである[18]。個々の項目が看過されたときは、更なる申立が許容され、訴えは認められない[19]。訴訟法上の費用償還請求権は、訴訟が係属したときから停止条件つきで発生する（通説）。条件は、相手方に費用を課する判決の宣告である[20]。請求権は、弁済期が到来してもいないし、相殺可能でもないが[21]、譲渡することは可能であり[22]、担保の目的としたり、担保をつけたり、破産に際して届け出たりできる。譲渡人が後で自己の名前で費用を確定させることは、譲渡の有効性と抵触しない[23]。判決の宣告とともに費用償還請求権の弁済期が到来し[24]、同じ法的紛争において相殺可能になる。もっとも、その額が確定され、またはその額につき争いがない場合に限られる[25]。訴訟上の費用償還請求権は、ドイツ民法（以下カッコ内は「ド民」と略）195条、197条1項3号により既判力ある請求権は30年、それ以外の場合は3年の消滅時効にかかる。

（2）　実体法上の費用償還請求権

実体法上の費用償還請求権は、もっぱら実体法から生じる。民法は、一般的な費用償還請求権を認めていない。従って、特別の実体法上の基礎が必要である[26]。それは、ある者がその中に法的紛争の費用を引き受けた場合は、契約から生じる。法的な基礎として、特に、債務者遅滞による損害賠償請求権が観察に現れる。債務者に照会した結果、給付請求権が存在していたがその後消滅したという解答を受け、債権者がそのために法的紛争が一方的に解決されたと宣

告した場合（ド民訴91a条参照）の費用判決に関する判例は、これを理由とする[27]。この請求権は、その他不法行為、危険責任、事務管理、積極的契約侵害等から生じうる。しかし、民事訴訟法の費用償還規定は、実体法上の費用償還請求権の理由づけに援用されえない[28]。従って、破綻した仲裁手続費用の償還請求権は、民事訴訟法の費用償還規定からは導かれない[29]。訴訟法上の費用償還請求権が費用確定手続においてのみ主張されうるのに対して、実体法上の費用償還請求権の行使のためには、新しい法的手続が必要である。

訴訟法上の敗訴者責任の原則と実体法上の賠償義務とは区別されねばならない。実体法上の賠償義務もまた訴訟上の事実と関連して発生しうるが、訴訟法上の償還請求権は、原則として民事訴訟法に基づいてのみ、すなわち、訴訟法関係からのみ生じうる。従って、損害賠償義務等に関する実体法上の規定を訴訟上の償還義務のルールの解釈のために補助的にもまた適用することは出来ない[30]。

しかし、実体法上の費用償還請求権は、その中に訴訟の費用が盛り込まれることにより、契約に基づく請求権としても認められうる。それは、なかんずく、費用償還請求権または損害賠償請求権としても存在しうる[31]。1991年最判の事例は、子の親権者が子を第三者に奪われた場合に、子の身柄を最終的に確保したが、その所在の探索のために私立探偵を雇い、そのために約10万マルクを要したという理由で、不法行為（監護権の侵害）を理由にその賠償を求めた事例である。本判決によれば、探偵費用の償還が子の引渡に関する非訟事件手続の費用確定手続で認められなかった場合でも、それが実体法上の損害賠償として認められうる。その結果費用確定決定の既判力は、実体法上それとは異なった判決をすることを妨げない。しかし、費用確定手続の審理が終わっていない場合は、費用確定手続は通例費用があまりかからないため、実体法上の訴えを起こすための権利保護利益は原則として否定される。もっとも、そうであるとしても、子の引渡命令後始めて発生した探偵費用は、強制執行費用としての更なる費用決定という意味合いのもとに、償還義務を否定しえないとされる。

費用償還請求権または損害賠償請求権が契約に基づく債権関係によって認め

られる場合は、その内容は、受任者が委任事務遂行のため必要な費用を支出したときに委任者にその償還を請求しうるとするドイツ民法670条や損害賠償の一般的ルールを定めるドイツ民法249条、過失相殺について定めるドイツ民法254条に従い、契約内容によって定まる。それはまた、ドイツ民訴91条によって制限を受けないが（通説）、ArbGG（労働裁判所法）12a条1項により制限を受ける[32]。連邦労働裁判所は、1992年の事例で、第一審の労働裁判所手続における訴訟代理人を関与させる費用の償還の排除を実体法上の費用償還請求権に拡大し、これをこの立法上の利益評価の特別の社会的目的により理由づけた。ドイツ民訴91条以下は、この場合には準用されない[33]。

1991年の前掲判例は、実体法上の費用償還請求権（損害賠償請求権）はまた、当然に訴訟法上の費用償還請求権の範囲、すなわち、ドイツ民訴91条の意味における目的適合的な権利追行のために必要とされる範囲に制限されるものではないとする[34]。本判決は、訴訟上の費用償還の法律上の制限から損害賠償法にもあてはまる帰責限界が引き出されうるといえるが、その賠償が問題になる探偵費用については、かような法定の特別ルールは存在しないとし、訴訟上の費用償還ルールは、実体法上の費用償還請求権の補助的ルールとなるにすぎず、後者が前者を上回る場合もあるとする（本判決は、10万マルクの探偵費用が多額すぎるとし、同じ状況に置かれた合理人であれば、どれだけの探偵費用を支出したかの再審理を原審に命じた）。万引きに対して、損害調査のための費用（550マルク）の請求をした事例では、連邦最高裁は、ドイツ民訴91条は、被害者が自ら行った場合であろうと、その従業員にやらせた場合であろうと、損害賠償請求権の確保のための裁判上の活動に関して費やした費用の賠償を通例請求できないという立場に立っており、同条は、かような償還請求しうる権利追行費用のリストの中に入れていないが、このようなルールは、訴訟上の費用償還に制限されるのではなく、損害賠償法についてもあてはまる原則だとする[35]。もっとも本判決は、万引き拘束のために要した郵便、電話料金は、ドイツ民訴91条のリストに含まれていなくても、損害賠償請求の対象になるとする（但し、結果的には否定。万引きの身柄拘束のために支払った報奨金の賠償請求も否定）。

権利者は、実体法上の費用償還請求権を原則として固有の法的紛争として主張しうる。しかし、それは、訴えの併合（ド民訴260条）によっても、また当該法的紛争において訴えの変更（ド民訴264条3号）によっても主張されうる[36]。しかし、訴えは、実体的な請求権が訴訟法上の費用償還請求権と重なり合い、かつ費用確定手続で主張されうる限り、法的保護の必要性の欠落のために不適法となる[37]。実体法上の費用償還請求権が既に債務名義となっているときは、この費用項目は、もはやドイツ民訴104条によっては確定されえない[38]。法的保護の必要性は、訴訟前に法的紛争の回避のために支出された費用の場合は、肯定されうる[39]。実体法上の費用償還請求権の棄却は、原則として確定手続における同じ費用項目の主張と抵触しない。同じことは、逆に、償還が費用確定手続で既判力をもって否定された場合にもあてはまる[40]。これに対して、変更されていない、十分に費用判決で考慮された事実関係においてこの費用判決と矛盾する結論が求められているときは、訴えは不適法である[41]。

3 ドイツ民訴91条～113条の規定

ドイツ民訴91条が原則としての敗訴者訴訟費用負担を定めるが、ドイツの訴訟費用負担規定はそれだけにとどまらない。その詳細は本書第4章、第5章に述べる通りであるが、主に20世紀になってから付け加えられた数多くの例外則が定められている。以下にそれらを略述しよう。

ドイツ民訴91条は、敗訴者が訴訟費用を負担し、勝訴者に彼の分を償還しなければならないという原則を定める。ドイツ民訴92条は、このルールを原則論として展開し、一部勝訴の場合に各当事者に相応の割り当てないし補償を規定した。ドイツ民訴91a条は、同様にドイツ民訴91条の基礎的思考に基づいて、本案判決のない場合、当事者の費用の分担という方法での解決はなしえないが、その代わりに従前の事物及び紛争の状態に従って誰が勝訴すると予見されるかという見込みのもとで費用判決をなすと定めた。それに対して、ドイツ民訴93～96条の規定は、特別の手続形成における費用の償還（ド民訴93，94，95，96条）または特別の手続対象における費用の償還（ド民訴93a～93d条）を包含する。そ

れらは、過失、原因主義の思考、敗訴の結果、当事者の懈怠に基づくものである。ドイツ民訴93a～93d条には、特別の社会的動機に胚胎する、ドイツ民訴91条の原則とは異なった費用判決のための留保条項が置かれている。ドイツ民訴97条は、ドイツ民訴91条の敗訴者の費用償還義務の原則を上訴手続における費用負担にも拡大するが、ドイツ民訴97条2項は、上訴手続の特定の形成のための特別ルールを包含する。最後にドイツ民訴は、訴えまたは上訴を取り下げた者の費用義務に関する規定のような規定もまた包含している（269条3項、515条3項、566条）[42]。

＜注＞
4) ドイツの訴訟費用に関する邦語文献として、辻千晶「ドイツの裁判費用」自由と正義43巻9号（1992年）35頁などがある。
5) Thomas/Putzo, ZPO., 22., Aufl., 1999, S. 181 [Putzo].
6) Musielak, Kommentar zur ZPO., 4., Aufl., 2005, S. 337 [Wolst].
7) OLG. Frankfurt NJW-RR. 1998, S. 1534.
8) Habscheid, NJW. 1958, S. 1000 など。
9) Ekkehard Becker-Eberhard, Grundlagen der Kostenerstattung bei der Verfolgung zivilrechtlicher Ansprüche, 1985, S. 15-16.
10) E. Becker-Eberhard, a. a. O., S. 18-19.
11) BGH. VersR. 1992, S. 1285.
12) Baumbach/Lauterbach/Albers/Hartmann, ZPO., 60., Aufl., 2002, S. 247-248 [Hartmann].
13) BGHZ. 121, S. 399.
14) ドイツ民訴281条（管轄違背による移送）3項「管轄違いの裁判所の手続きで生じた費用は、（移送）決定により指定された裁判所で生じた費用の一部となる。原告には、彼が本案事件で勝訴した場合にも、その生じた増加費用の負担が命じられうる。」
15) ドイツ民訴344条（欠席裁判の費用）「欠席判決が法の定める方法で下されたときは、欠席により惹起された費用は、それが相手方の不当な抗争により生じたものでない限り、異議申し立てにより裁判の変更がなされた場合でも、欠席当事者に負担させられうる。」
16) Baumbach/Lauterbach/Albers/Hartmann, ZPO., 60., Aufl., S. 248 [Hartmann].
17) BGH. 28, S. 302.
18) OLG. Köln, MDR. 1981, S. 763.
19) Thomas/Putzo, ZPO., 22., Aufl., S. 182 [Putzo].
20) BGH. NJW. 1983, S. 284.
21) OLG. Düsseldorf NJW. 1962, S. 1400.

22) BGH. NJW. 1988, S. 3204.
23) BGH. NJW. 1988, S. 3204.
24) BGH. JR. 1976, S. 332.
25) BGH. NJW. 1963, S. 714 ; OLG. Karlsruhe NJW. 1994, S. 593.
26) ドイツの訴訟法上の費用償還請求権と実体法上の費用償還請求権との関係については、金子・前掲（注1）書242頁以下。
27) BGH. NJW. 1994, S. 2895（段階訴訟において一方的な解決の宣言がなされた場合、ドイツ民訴91a条または93条の原告のための費用の宣告は認められず、原告には、当該訴訟で主張しうる実体法上の費用償還請求権が帰属しうる）．段階訴訟については、本書101頁注23）参照。
28) BGH. NJW. 1988, S. 2032.
29) BGH. NJW-RR. 1998, S. 234.
30) OLG. Schleswig, JB. 1978, S. 1568.
31) BGH. 111 (1991), S. 168.
32) BAG. NZA. 1992, S. 1101.
33) 通説：BGH. NJW. 1988, S. 2032 = ZZP. 101, S. 298.
34) BGH. 111, S. 168.
35) BGH. 75 (1980), S. 230.
36) BGH. NJW. 1994, S. 2895.
37) BGH. 75, S. 230 ; 111, S. 168.
38) OLG. Karlsruhe NJW-RR. 1998, S. 861.
39) いわゆる準備費用：BGH. WM. 1987, S. 247.
40) BGH. 111, S. 168.
41) BGH. 45, S. 251. 反対：OLG. Dresden NJW. 1998, S. 1872 ; Becker-Eberhard, JZ. 1995, S. 814 ; Thomas/Putzo, ZPO., 22., Aufl., S. 183 [Putzo].
42) Becker-Eberhard, a. a. O., S. 19-20.

第2章　ドイツにおける訴訟当事者間の訴訟費用償還の歴史的展開

　ベッカー・エーベルハルトによれば、方式書訴訟時代における古代ローマ法は、総ての訴訟について同様に生じる訴訟当事者間の費用償還については、なにも知らなかった。もちろん当事者は、特定の訴訟においては、すでに訴訟上裁判官により、敗訴の場合のために、大抵は訴訟物の一定割合で表わされる違約罰の支払いを相互に約束することを強いられえた。それは、被告の誓約（sponsio）と原告の反対の誓約（restipulatio）によってなされねばならなかった。それと並んで、一部の訴訟においては、被告のため、すでに原告の単なる敗訴の事例のために、反訴の方法で、原告が違約罰の判決を受ける可能性が存在した。結局被告は、原告が悪意をもって訴訟を提起した場合に、常に原告に対するかような判決を要求しえた。これらの場合、原告に対して濫訴の裁判が行われた[1]。

　従って、この時代の費用償還は、狭義の被った損害の賠償であり、それは、むしろ一義的に罰金としての性質を有し、慎重でない、根拠のない訴訟を妨げる手段であった。もちろん、ユスティニアヌスの時代までに、これらの小さな当事者間の（間接的な）費用償還の芽生えから、訴訟の結末が、敗訴者が慎重ではなく、かつ論拠なく訴訟したことを示すという理由で、敗訴者が勝訴者に幾ばくかの費用を償還しなければならないという、すでにゼノの勅令において示された原則が発展した。しかし、依然として、この敗訴者の費用償還義務は、罰金とみなされた[2]。

　古代ドイツ法は、ローマ法の継受のときまでに同様な発展を遂げた。敗訴者には、判事への賭金と並んで、しばしば、勝訴者への贖罪金が課されることによって、ローマ法におけると同様に最初は間接的な費用償還のみが存在した。

13

その後、判事への賭金もまた背後に退き、判事に手数料を支払い、かつ、経費を償還すべきことになった後で、それまでの贖罪金の代わりに、勝者にその裁判外の費用を償還する敗訴者の義務が発生をみた[3]。

　次いで継受後に、普通法上、ローマの訴訟から受け継がれた、原則的な敗訴者の訴訟費用償還義務を、事実上なお罰金と扱いうるか、あるいは、それが、アキリア法に従って、違法に加えられた損害の主張とみなされねばならないかが議論された。罰金説の支持者が、法源上「当事者が罰金を負担する」と述べていることに固執する一方で、損害賠償説の支持者は、罰金という概念が、ローマ法上稀ならず非技術的な意味で用いられ、罰金という語の意味に固執したわけではないと指摘する。費用償還の法的性質に関するこのような理論的な議論と並んで、普通法上更に、敗訴した当事者が、いつ軽率またはみだりに訴訟をしたといえるのかが議論された（本書134〜135頁参照）。これは、費用の相殺（相互の放棄）、すなわち、敗訴者に訴訟遂行の軽率さが非難されえない場合に生ずべき、費用償還の排除にとって意味を有した。有力説は、訴訟の濫用を敗訴者に悪意または重過失の責めがある場合にのみ認めようとし、他の者は、敗訴者に軽過失がある場合に、また他の者は、敗訴者が最軽過失によって訴訟を起こした場合に、すでに訴訟の濫用が認められるとした[4]。

　初期のドイツ語圏の民事訴訟立法は、それらが同様に原則として勝訴者に敗訴者に対する費用償還請求権を与えたが、例外的な場合には、裁判官に敗訴者のために費用の相殺（相互の放棄）を判決する権限を許容することにより、普通法のような法発展に依拠した。すでに1713年の帝室裁判所手続規則82条並びに1781年のオーストリア一般裁判所規則398条が、かような規定を有していた。前者によれば、「いかなる当事者も、この最高の裁判所で、正当な訴訟をなし、または、それを追及する十分な理由がなく、それによって審判人団に不必要な努力をさせ、相手方の権利行使を遅滞させた一方では、不相当な出費及びその権限の抑止を生じさせたときは、その裁判では、十分理由のない出捐費用の和解はなされるべきでなく、むしろ敗訴者にその支払いが命じられるべきである。」十分な費用相殺（相互放棄）の原因は、例えば、敗訴者が訴訟の始め

にその訴訟遂行の結果になんら疑いを持つ理由がなかった場合に認めうる。1793年のプロイセン一般裁判規則は、—その23章2条は、原則として敗訴者が費用を負担することを定めるが—これについて、23条3章4項において、明示的に、法的問題が議論されており、その解決のために結論が獲得されねばならない場合にのみ、相殺（相互放棄）が許容されうると定める。総てのこれらの規定においては、軽率で、本質的に不誠実な訴訟に対する責任の、普通法上の手本は、まだ明らかにまばらである[5]。

19世紀半ばの様々な官僚立法及びその草案もまた、最初はまだ、敗訴者が責めに帰すべからざる事由による事実の錯誤に陥っている場合に存在すべき、敗訴者のための同様な免責可能性を定めた。もちろんその公布後発効前に再び撤回された、1847年のハノーバー王国一般民事訴訟規則43条1b項、並びに、その後身である1850年同規則47条1b項—第一審判決についてのみ—は、敗訴者の原則的な償還義務が定められている一方では、「有責判決または棄却の裁判が、敗訴者が知ってもおらず、または、知るべきでもなかった事実で、その正当さを彼が訴訟によって始めて確信することのできたものに基づいてなされる」場合に、敗訴者に免責の可能性を与えた。1848年のプロイセンCPO（民事訴訟法）草案44条2項も、同じ立場を採用した。1831年のバーデン民事訴訟規則169条以下も同様である。しかし、すでに1869年のバイエルン民事訴訟規則は、敗訴者の責めに帰すべからざる事由による事実の錯誤に基づく費用の相殺（相互の放棄）をもはや規定せず、もっぱら法的紛争の費用を彼に課した。それは、今日なおドイツ民訴92条にみられるように、当事者が互いに一部勝訴し、一部敗訴した場合にのみ、費用の相殺（相互の放棄）を認めた（バイエルン民訴規則109条）。北ドイツCPO草案もまた、過失に依存した費用の相殺をもはや規定していない[6]。

結局、ローマ法及び普通法、並びに、19世紀の初期のドイツのCPO及びCPO草案の編纂における免責思考は、公正に伝えられなかった。北ドイツ連邦のためのCPO草案における如く、1866年のドイツ連邦一般民訴法ハノーバー草案によっても、敗訴者は一般的に費用を負担すべきであり、彼は、事物の事実上及

び法律上の結果の見込みの有責に誤った評価の非難を帰し得ないがゆえに、彼に敗訴の非難を帰し得ないと主張することはできない。1871年のドイツ帝国民訴法草案は、それに従った。同草案の理由書によれば、それにつき、提案された新規定により、「しばしばプロイセンの訴訟（A. G. O. 1, 23, art. 2, 4）が過失に関する規定の不当な適用により逢着した、勝訴者の費用に関する敗訴者の不当な優遇」が避けられることが明示されている。立法者は、同様に、他の前掲訴訟規則における相殺（相互放棄）可能性に異議を唱えた。その代わりに、草案は、当初から同様に、強制的にかつ過失を顧慮することなしに、もっぱら敗訴者に費用を負担させる、1806年のフランス民事訴訟法典130条に従った[7]。もっとも、フランスでは、フランス民事訴訟法130条においてもともと無制限に規定されており、判例によってすでに緩和された敗訴者の費用償還義務を通常の場合について維持するが、1958年12月22日の政令が、裁判所の裁量によりそれとは異なった判決をする権限を許容した[8]。イタリア民事訴訟法もまた、その91条で敗訴者の原則的な費用負担義務を定めるが、92条2項に、敗訴者が正当な理由で訴訟をなした場合には、全部または一部の費用の相殺（相互放棄）を定める[9]。

　ドイツ民訴87条以下となり、今日でも基本的にドイツ民訴91条以下となっている、1871年草案のこのモデルにより、費用償還は、ドイツ法において、普通法上かつ様々な形式において初期の法典編纂においてもみられる過失主義を完全に放棄した。ドイツ民訴95条の特別規定においてのみ、それは一定の役割を演じている。しかし、それ以外は、費用償還義務は、現行法上全く過失とは無関係に敗訴者に帰し、彼には原則としてルール外の免責可能性はない。もっとも、それについては批判がないわけではなく、今日の訴訟費用法が社会法的に十分に考慮されたものであるかどうか、基本法（憲法）の要求に適しているか、あるいは、過去の法状況を模範とする、過失のない敗訴の場合に、費用負担を緩和する新規定が部分的に必要とされるのではないかが議論される[10]。これまでにもすでにこのような立法上の改正提案がなされた。1931年の民訴法改正草案95条は、敗訴者の全額の費用負担が、なかんずく、判決されるべき法的

問題に疑わしい点があるため、不当とみられる場合に、勝訴者にも費用の一部を負担させうると規定した。この規定は法律にならなかったが、現代の立法者は、この考えを全く否定するのではなく、場合によっては、裁判所の裁量による費用判決を許容し、特別の場合に敗訴者の費用負担を緩和する特別規定を、ドイツ民訴93a〜93c条に規定した。

敗訴者が相手方に必要な費用を償還するという原則は、若干の制限や例外によって緩和されているが、19世紀以来民事訴訟法の確固たる共有財産となり、他の訴訟手続、なかんずく、行政事件訴訟手続にも採り入れられているが、若干の新しい訴訟手続ではその原則は採り入れられていない。社会裁判所では、裁判費用以外の費用の償還についての判決は、裁判所に委ねられているし、労働裁判所手続の第一審では、労働裁判所（ArbGG）は、勝訴者の費用の償還を広い範囲で明示的に排除している。

1936年には特許法53条（現行144条）が導入され、費用危険の減少の方向に重要な第一歩が印された。同条は、経済的に弱い当事者の申立による訴額の減少を可能にする。その要件は、通常の訴額に従って計算された訴訟費用が経済的に恵まれない当事者の経済的負担を著しく危殆化することである。訴訟費用扶助法の場合とは異なり、勝訴の見込みは検討されない。特許法53条の適用の効果は、経済的に弱い当事者が裁判費用及び弁護士費用を彼が負担しうる訴額の基礎の上でのみ出捐すれば足りることである。相手方の費用償還請求権もまた、減額された訴額に従ってのみ計算される。相手方にとっては依然として本来の訴額が標準となるのだから、相手方は、勝訴した場合でも、その弁護士費用のかなりの部分を自ら負担しなければならない。立法理由から明らかなように、この規定は、通例経済的に強い企業と対峙する発明者の保護に資するものである。しかし、ゼーツェンによれば、この規定はあまり大きな実務上の意味を取得しなかった。その根拠は、裁判所がこの規定を極めて慎重に扱ったことにある[11]。

1960年代にこの特許法53条（現行144条）のルールは、同様に経済的な不平等が問題になる多くのそれ以外の事例に拡大された。1965年の株式法は[12]、247

条で特許法53条のルールを総会決議に対する取消または無効の場合に拡大した。その規定は、有限責任会社にも準用される[13]。1937年の株式法199条6項は、訴額の計算に際して総会決定の維持に対する会社の利益が考慮されると定め、小株主にとっては、取消権の行使は事実上無理であったが、このような状態が是正された。1965年7月21日に導入された不正競争防止法23a条（現行12条4項）も[14]、不正競争防止法に基づく請求権を対象とする訴訟のための訴額の減額を可能にした[15]。この規定は、同時に創設された不正競争防止法13条1a項に基づく消費者団体の訴訟当事者適格を実効的ならしめるという目的もまた有した。商標法31a条（現行商標法142条）は、特許法53条のルールを商標法に基づく権利に持ち込み、実用新案法17a条（現行26条）は、実用新案権への拡大を実現した（1965年）。また約款規制法22条は、訴額の上限を50万マルクとした。資力の乏しい者にも訴え提起が可能になるようにするとともに、これらの訴訟では原告が公共の利益を代表して訴訟をしているとみられるためである。公共の利益とは、会社の違法行為の訴追の促進、詐欺的な広告、その他の誠実な取引慣行に反する行為に対する差し止め命令や損害賠償を求める訴訟の促進、違法行為に対する司法統制、大企業による他人の商標権や特許権の侵害の放置の防止などである[16]。

　しかし、ゼーツェンによれば、これらの規定の適用はあまり多くない。その論拠は、訴額に関して有利な取扱いを受けようとする当事者は裁判所にそれを申立てなければならないが、営業上の法的保護をめぐる争いは、大抵は企業間の争いであるため、本来の訴額に従って訴訟費用を負担すると経済状態が著しく悪化すると主張する者が少ないためだとされている[17]。訴え提起に際してこの申立をして、本来の訴額に従った予納をしない当事者が、容易に勝訴の見込みが少ないことを認めたと解釈されるだけであることや、訴額について有利な取扱いを受ける当事者は、自己の弁護士に割引された訴額に従った費用を支払うことになるのだから、訴訟代理人が当事者に訴額につき有利な取扱いがなされうることを教えてやらないこと、更には、たとえこの申立がなされたとしても、稀ならず訴額についての有利な扱いの効果を部分的に減殺する報酬合意が

第2章　ドイツにおける訴訟当事者間の訴訟費用償還の歴史的展開

行われることも、この申立がなされない理由に加えられる[18]。その結果、裁判所は、企業が訴訟により苦境に陥ると認めたときは、特定額の支払いではなく、不作為、教示及び損害賠償義務の確認に向けられた紛争として、訴額を相当に低く見積もることによって実際上救済している。また同様のことが、私人の関与する場合、なかんずく、被用者発明の事件でも行われている[19]。

<注>
1) E. Becker-Eberhard, Grundlagen der Kostenerstattung bei der Verfolgung zivilrechtlicher Ansprüche, S. 5.
2) E. Becker-Eberhard, a. a. O., S. 6.
3) E. Becker-Eberhard, a. a. O., S. 6.
4) E. Becker-Eberhard, a. a. O., S. 6-7.
5) E. Becker-Eberhard, a. a. O., S. 7-8.
6) E. Becker-Eberhard, a. a. O., S. 8.
7) E. Becker-Eberhard, a. a. O., S. 8-9.
8) Hans-Georg Ehrig, ZRP. 1971, S. 252.
9) Pawlowski, JZ. 1975, S. 199.
10) 本書第6章参照。
11) Vgl. KG. 14. 8. 1940, GRUR. 1940, S. 486；OLG. Karlsruhe 28. 12. 1961, GRUR. 1962, S. 586；BGH. 15. 2. 1965, GRUR. 1965, S. 562. 特許法53条は、1960年代で全部の特許事件の僅か2パーセントでしか適用されていない。
12) BGBl. I S. 1089.
13) 現行株式法247条1項は、「訴訟裁判所は、訴額を個々の事例の総ての事情、特に当事者にとっての事件の意味を考慮して、衡平に従って決する。しかし、それは、事件の意味が原告によってより高く評価される限りにおいてのみ、資本の10分の1、資本の10分の1が50万ユーロ以上であるときは、50万ユーロを超えうる」と規定する。本条項の第2文は、2001年の法改正で付加されたものである（Art. 8 Abs. 11 KostREuroUG v. 27. 4. 2001（BGBl. I S. 751））。
14) BGBl. I S. 625.
15) この不正競争防止法旧23a条の制定に際しては、手数料が大幅に減額されるという理由で弁護士会が反対を唱えた。また特許法や株式法を含めた訴額減額規定の合憲性（基本法12条1項（職業選択の自由）、3条1項（平等権）、14条1項（財産権の不可侵））も議論の対象となった。1986年には、不正競争防止法23a条が新設され、それまでの23a条は23b条になった。新23a条は、事案の単純性、過酷性を要件として訴額の減額を義務化し、かつ減額された訴額を両当事者に適用する（金子宏直『民事訴訟費用の負担原則』〔1998年〕135頁以下参照）。

16) 金子・前掲書130頁。
17) U. Seetzen, Prozesskosten und sozialer Rechtsstaat, ZRP. 1971, S. 35.
18) U. Seetzen, ZRP. 1971, S. 36.
19) U. Seetzen, ZRP. 1971, S. 36.

第3章　ドイツにおける訴訟上の費用負担の論拠

1　はじめに

　ドイツ民訴91条は、既述のように原則としての敗訴者訴訟費用負担主義を定めている。19世紀には敗訴者に結果責任として勝訴者の支出した訴訟費用を負担させることを認める考え方と敗訴者が無謀にも訴訟を起こし、または応訴した場合、すなわち、敗訴者に訴訟提起または応訴につき過失があった場合にのみ勝訴者の支出した費用の負担を認める考え方の対立があったが、19世紀末の民事訴訟立法では、前者の立場で統一されたことは前記の如くである。それでは、どういう理由で弁護士費用の負担も含む一般的な訴訟費用敗訴者負担の立場が立法上採り入れられたのであろうか。今日までに論じられたその論拠に関する議論を以下に紹介しよう。

2　自力救済禁止の代償とする説

　ドイツでは民事訴訟費用の敗訴者負担原則の根拠として自力救済の禁止が挙げられる[1]。権利者は、自力救済が禁止されているため、権利実現のためには裁判所への救済を求め、費用を支出しなければならない。この調整のために訴訟費用の敗訴者負担の原則が認められているというのである。

　しかし、自力救済の禁止による利益と不利益は、訴訟の両当事者が平等に受けなければならないし、訴訟の目的は、権利の実現ばかりでなく、社会秩序の維持という一般的な利益の実現や法の創造にもあるから、自力救済の禁止は、敗訴者負担の根拠として妥当でないとされている[2]。

3　無条件の訴え提起可能性の代償とする説

　ドイツでは無条件の訴え提起可能性の代償として訴訟費用敗訴者負担の原則

が認められているという説明もある[3]。無条件の訴え提起可能性が認められているため、原告の勝ち目がない場合でも、被告は応訴しなければならない。不必要な訴訟のために被告が支出することを余儀なくされた費用は賠償されるべきだというものである。

　しかしこのような説明は、権利が訴訟以前から存在するという考え方に基づくものであり、妥当でない、あるいは、訴え提起の際に勝ち目があることは訴訟要件ではないから、勝ち目のない訴訟を抑止することを敗訴者負担の論拠として採り上げることはできないと批判される[4]。

4　濫訴の抑止または訴訟の抑制に根拠を求める説

　しばしば主張される訴訟費用敗訴者負担の原則の論拠として、濫訴の抑止がある[5]。訴訟費用を敗訴者に負担させることにより、訴訟の数が減少し、裁判外の和解が促進されるとともに不当、違法な提訴が抑止されるというものである。

　しかしこれについても、訴訟の件数が増加しないという利点は、決して裁判を受ける権利の保障に優先するものではないし、不当提訴の抑制という点についても、そのような紛争を裁判手続でなく、訴訟以外の紛争解決手段によらせるべきだとはいえない、またそもそも訴訟費用の敗訴者負担をとることによって不当訴訟が排除されるかどうかは疑問だとされている[6]。

5　古い不法責任の理論

　なかんずく古い時代には、当事者間の訴訟上の費用負担は、なされた不法に対する責任の問題とみられた。シュタウプは、1886年に、敗訴した被告は、彼がこれを違法に惹起したがゆえに、原告に費用を償還しなければならないと述べた[7]。「敗訴自体は費用償還義務の法的論拠ではない。」同様に1886年に、ピッツァーは、費用負担の本来の論拠を、不法に争った者が費用を負担しなければならないことにみた[8]。同様にゲッレスは、償還義務の内部的な論拠を、義務を負っている当事者が意図された結果を達成することなしに、客観的に違法に

訴訟という許容された法的関係への加入を開始しまたは惹起したことにみた[9]。ヘルヴィッヒは、1912年に、原告に敗訴の場合に責任を負わせるのを、誤った法律上の風聞の定立の中に存する客観的、訴訟手続的違法性と定式化した[10]。今日でもライポルトは、上記のように結局自力救済及び無条件の訴え提起の可能性の代償に論拠を求めながら、費用は、不法に権利を行使したことが知られ、他人の権利を侵害し、または、義務を履行しない者が負担するという古典的な敗訴者負担原則の論拠も述べる[11]。プーマイヤーも、被告の客観的に違法な財産損害と述べる[12]。ローリッツも、費用はそれを不当な方法で惹起した者が負担しなければならないという[13]。

この見解は、訴訟費用償還請求権を勝訴者の敗訴者に対する有責に違法な加害を原因とする損害賠償請求権とみた普通法の理論と軌を一にする。それに際して、訴訟法上の費用償還請求権が、初期においてドイツ民訴法典の発効後、普通法上認められたように、ローマのアキリア訴権にならって構成される不法行為上の請求権なのか、それとも準契約上の債務関係に由来するのかは不明確なままである[14]。不法責任の考えは、敗訴当事者が原告として不法にその権利を行使したことが知られ、かつ被告として不法に権利に対して防御し、その際に、その不法行為がその訴訟上の損失として現れるがゆえに、勝訴者に対して責任を負うことを認めることである[15]。

しかし、訴訟を提起しまたは応訴したが、敗訴に終わったという場合を一義的に敗訴者に違法ないし不法があったとするには無理があろう。裁判所とは異なった法解釈をなし、または自己の主張を理由づけるだけの挙証ができなかったために敗訴したというだけでは、違法ないし不法に訴訟活動をしたものとはいえないからである。

6　結果無価値責任説ないし原因主義

旧ドイツ民訴施行後すぐに、訴訟上の費用責任を普通法のような不法責任ないし客観的な不法の非難の問題としない立場が唱えられ始めた。既に1883年に大審院[16]は、不法責任説に従わず、費用償還義務は不法に惹起された損害の賠

償義務に関する原則に基づくのではなく、単なる敗訴の法定の効果だという見解を主張した。4年後プランク[17]は、CPOの規定が不法行為による損害賠償の観点から説明されうるのではなく、公平な方法で訴訟上許容された国家の救助が、その処置の必要性を惹起した者の費用でなされるという考えに基づくという命題を見出した。これは、相手方を訴訟上の救助にまたねばならない状況に置いた者である[18]。ゾイフェルトも、1910年に訴訟費用敗訴者負担の規定を原告の不当な要求という違法性から説明することは現行法には適合せず、司法共助が司法共助を惹起した者の費用でなされるという原因主義に根拠を求めるべきだと説いている[19]。1925年にゴルトシュミットは、相手方に対する費用償還義務の法的根拠は、戦争における勝利が戦争費用の支払請求権の唯一の法的論拠であるように、訴訟におけるその勝利であると述べた[20]。

シュヴァープも、同じ立場に立ち、訴訟費用の権利の責任原因を効果のない訴訟遂行の惹起に求める[21]。ハルトマンも、敗訴者負担の原則が原因主義に由来することを認めている[22]。そして連邦最高裁も、敗訴者が費用を負担しなければならないのは、費用法上の基本原則に適い、権利保護の要求の費用に適った帰結は、勝訴または敗訴によって決せられると述べる[23]。ブルンスは、訴訟という賭けに関する原初的な思考は、訴訟上の費用償還請求権を不法行為による損害賠償というよりも保険金請求に近いと述べる[24]。

この原則は、訴訟上の費用負担をもっぱら違法性から独立したものと理解する場合には、プランク[25]及び連邦最高裁[26]のように原因主義の特別の形成においてのみ見出されうる[27]。原因主義の概念に明示的に言及するドイツ民訴93条、94条、95条及び344条だけが原因主義に基づくのではなく、ドイツ民訴91条もまた同様であることは、ドイプナーによって以下のように強調されている[28]。

当事者の敗訴の場合、彼が手続の本来の惹起者であることが明らかになる。彼は、その行為によって、その結果が示すように、その訴訟上主張された法的地位の貫徹または防御のために客観的に役に立たない訴訟を提起したのである。かくしてそれは、―それが当初は不明確な法律状態を明らかにするために開始されたとしても―後では、特に敗者の立場から観察すると、それが敗訴に終

わったことにより同時に、この者が客観的に観察すれば避けえたかもしれない、無駄で不必要な訴訟であることが明らかになったのである。最も頻繁な訴訟形式である、給付の訴え及び確認の訴えについていえば、このことは、以下のことを意味する：敗訴した原告は、後の結果を考慮するならば、訴訟を起こすべきではなかったのである。他方、敗訴した被告についていえば、法的紛争を適時に原告を満足させることまたは原告により正当に主張された当該法律関係の存在または不存在を争わないことにより回避することができたのである。それに対して、勝訴者にとっては、法的紛争は、最終的にもっぱら敗訴者の行為により惹起された、不可避の厄介な出来事である。すなわち、訴訟は根本的に彼に押し付けられたのである。勝訴した原告として彼は、訴訟を訴えの提起により自ら開始したのである。しかし、被告が給付拒絶ないし争われている法律関係についての不当な抗争または主張により原告にそれを強いたがゆえに、彼は訴えを起こしたのである。勝訴した被告として彼は、ドイツ民訴331条の欠席判決にさらされないようにするために、原告によって開始された訴訟に積極的に対処しなければならなかったのである。それによれば、違法性の非難を免れた、相手方に対する費用負担の内部的原因は、敗訴それ自体にではなく、敗訴者が相手方をその費用ともども自己の法的地位の貫徹または防御のために客観的に役に立たない、同時にその限度で必要でもない訴訟に巻き込んだことにある。要するに、敗訴者の費用負担は、結局役に立たない、その限度で不必要な費用を伴う自己の事務を惹起したという原因主義に基づいている。

　この原則によって今や困難なしに、社会的に動機づけられたドイツ民訴93a条，93c条及び93d条を除いて、その他の費用負担規定もまた明らかにされる。ドイツ民訴91条と同様外部的に結果無価値に基づくドイツ民訴92条、95条、97条1項の説明は、どっちみち問題はない。この場合訴訟物の一部（ド民訴92条）、特定の攻撃、防御方法（ド民訴96条）または裁判所（ド民訴97条1項）に関する当事者のミスが、訴訟の遂行がその限度で振り返ってみると必要ではなかったこと及び不必要な費用を惹起したことを示す。その本来の原因者として彼はその費用を負担しなければならない。

しかし、結果無価値の原則とは異なった、ドイツ民訴93条、94条及び95条の特別構成要件もまた、自ずからこの原則のもとに包摂されうる。実際それらが既にその文言においてみな一緒に原因主義を指向することによって、それらは、訴訟費用法全体のこのありうる指導形象を明示的に表現したといえるのかもしれない。ドイツ民訴93条において原告が勝訴にもかかわらず費用を負担するのは、被告の側の訴訟の動機の欠缺及びその即時の承諾が、事件が裁判所に係属することなしにも解決しえたであろうという、すなわち、基本的に余計な訴訟がもっぱら原告により惹起されたという推定を生ぜしめるためである。ドイツ民訴94条では、原告の側の権利移転の通知ないし立証の欠缺が被告を客観的に不当な争いに誘い、少なくともこの点で原告の側からは避けうる訴訟に導いたといえる。最後に懈怠その他の訴訟の遅滞は不必要なものであり、ドイツ民訴95条、344条もまた、原因主義の背景のもとで全く首尾一貫したものであろう。

それ以上に、原因主義は、ドイツ民訴93b条においても、その1項2号、2項及び3項において立証されうる。最後に訴えまたは上訴を撤回した者の費用負担（ド民訴269条3項2文、515条3項1文、566条）及び移送の場合に生じる増加費用に関する特別費用規定（ド民訴281条3項2文及び506条2項）もまた、原因主義によって問題なく説明されうるといえる。すなわち、取り下げられた申出では、後で客観的に不要なものであることが明らかになる。移送により惹起された増加費用も同様である。なぜならば、原告は、直ちに正当な裁判所に申出るべきだからである[29]。

＜注＞
1) J. Kohler, Der Prozess als Rechtsverhältnis, 1888, S. 81 ; Stein/Jonas, Komm. z. ZPO., 20. Aufl., 1977, vor para. 91 Rn. 6 [Leipold].
2) 金子宏直『民事訴訟費用の負担原則』（1998年）266頁。
3) Stein/Jonas, Komm. z. ZPO., 20. Aufl., vor para. 91 Rn. 6 [Leipold]; Baumbach/Lauterbach/Albers/Hartmann, ZPO. 60., Aufl., S. 248 [Hartmann].
4) 金子・前掲（注2）書266頁。
5) 例えば、BVerfG. Beschl. vom 12. 1. 1960, BVerGE. 10, S. 63.

6) 金子・前掲（注2）書266～267頁。
7) Staub, JW. 1886, S. 210. 同旨：Pinner, JW. 1886, S. 379.
8) Pitzer, Gruchots Beitr. 30, S. 107 ; ders., Gruchots Beitr. 31, S. 593.
9) Gelles, ZZP. 35（1906）, S. 340.
10) K. Hellwig, System des deutschen ZPR., Teil 1, 1912, S. 749.
11) Stein/Jonas, Komm. z. ZPO., 20. Aufl., 6 vor para. 91 Rn. 6 ［Leipold］.
12) Pühmeyer, Der mat. und der proz. KEA, Diss. Bochum 1971, S. 31f.
13) Loriz, Die Konkurrenz materiellrechtlicher und prozessualer Kostenerstattung, S. 31.
14) ゲッレースは、culpa in procedendo（訴訟上の過失）という概念を提唱する（Gorres, ZZP 35, S. 313）。
15) E. Becker-Eberhard, a. a. O., S. 21.
16) RGZ. 10, S. 411.
17) Planck, CPR Ⅰ, 1887, S. 379.
18) Planck, CPR Ⅰ, S. 380.
19) Seuffert, Komm. zur Zivilprozessordnung, Bd. 1, 11. Aufl., 1910, S. 162.
20) Goldschmidt, Prozess als Rechtslage, Teil Ⅰ, S. 117f.
21) Rosenberg/Schwab, Zivilprozessrecht, 14. Aufl., 1986, S. 500.
22) Baumbach/Lauterbach/Albers/Hartmann, ZPO., 60. Aufl., S. 248 ［Hartmann］.
23) BGH. NJW. 1981, S. 1790.
24) Bruns, Zivilprozessrecht, 2. Aufl., 1979, S. 90.
25) Planck, CPR. Ⅰ, S. 379.
26) BGHZ. 60, S. 337.
27) わが国でも弁護士費用敗訴者（一部）負担の原則を支持し、その論拠を原因者または損失惹起者負担の原則に求め、敗訴当事者が争ったことにより相手方に加えた損失の無過失責任による賠償を認める見解もある（山本和彦「弁護士費用の敗訴者負担制に関する覚書」リーガル・マインド研究2号〔1997年〕25頁）。
28) Deubner, JuS. 1962, S. 207.
29) Deubner, JuS. 1962, S. 207.

第4章　ドイツにおける訴訟費用の敗訴者負担
── 総論（原則）

第1節　基本原則

1　総説

訴訟費用の敗訴者負担の原則を定めるドイツ民訴91条は、二つの原則、すなわち、費用正義及び訴訟経済に奉仕するものである。訴訟費用は、しばしば決定的な経済的意味を有するが、民事訴訟の中心をなすものではない。当事者は、訴訟の勝敗に対するその割合に従ってのみ費用を分担する一方では、現実に必要とされる範囲でのみ、費用償還請求が認められうる。従って、費用正義の思考及び解釈に際しての費用単純化の思考の両者をともに考慮しなければならない[1]。

法的紛争の費用が問題になる。法的紛争は、広く解されている。これには、訴えの提起ないし申立から判決の送達その他の裁判手続を終了させる決定までの総ての手続が属する。反訴の手続もこれに属する。住居所有権法（WEG）(1951年）のように他の法規が民事訴訟法を準用しうるものとしている限り、費用の決定は、ドイツ民訴91条以下による[2]。

2　基本原則（ド民訴91条1項）

ドイツ民訴91条1項「敗訴当事者は、法的紛争の費用、なかんずく、それが目的に適った権利の追行または権利の防御のために必要であった限りにおいて、相手方に生じた費用を償還しなければならない。費用の償還は、必要な旅行または必要な期間の遵守により生じたむだな時間に対する相手方の補償もまた包含する。証人の補償について適用される規定が準用されうる。」

ドイツ民訴91条1項の基本原則によれば、勝訴当事者には、それが目的に適った権利の追行または権利の防御に必要であった限りにおいて、法的紛争との直接の関係において生じた総ての費用が償還されねばならない。原告の訴えが第一審及び第二審で認容されたが、上告審で棄却されたときも、原告は、総ての審級の法的紛争の費用を負担しなければならない。ドイツ民訴307条により認諾した被告や306条により請求を放棄した原告もまた、敗訴当事者である。即時の認諾の場合は、93条の例外規定が問題になる。無条件の給付を請求した原告が、引き換え給付の判決を受けたときは、各当事者は、一部敗訴したものである。訴えが、被告の無条件の相殺により棄却されたときは、原告は、全面敗訴となる。これに対して、被告が予備的に相殺を主張したにすぎないときは、一部敗訴のみが認められうる。訴えの変更により原告が敗訴したときは、原告が総ての費用を負担するが、訴えの変更が、当事者の交代に基づきまたは訴額の減額に導いた場合はこの限りでない[3]。

この91条1項の規定する訴訟費用は、裁判費用と裁判外の費用に分けられる。勝訴当事者は、ドイツ民訴91条1項に従って、彼がそれらを裁判所に支払った限りにおいて、裁判費用、手続費用及び経費の償還を請求しうる。しかし、相手方は、不適法に見積もられた、費用法に一致しない額が問題になる限り、その義務を負わない。

裁判費用は、狭義の裁判費用だけでなく、ドイツ民訴91条3項の和解手続費用、118条1項の訴訟費用扶助手続、法的紛争の事物に適った準備、先行する督促手続、争いの素材が主たる事件の手続と同一である限りにおける、独立証拠手続、裁判管轄決定手続（ド民訴36条以下）、移送手続、反訴、補正手続、判決の補正及び送達、控訴手続及び上告手続、固有の費用判決がなされない限りにおける、即時抗告及び特別抗告手続、家事事件における仮処分（ド民訴620条以下）なども含まれる。これに含まれないのは、先行する仮差押手続、仮処分手続、強制執行手続、法的紛争回避のための措置、行政裁判所手続、仲裁裁判所手続、ドイツ民訴709条、711条、712条の担保提供費用、721条の独立の明け渡し手続、判決の履行行為である[4]。

目的に適った権利行使及び防御のために必要な費用のみを敗訴者は負担しなければならない。費用法（Kostenrecht）は、償還が請求される限りにおいて、経済的な訴訟遂行を前提としている。そのため、いつも法的紛争の最高の遂行の費用額が償還されるのではない。争いになっている権利の追求または防御のために客観的に必要で、適切とみられるような措置のための費用のみが必要なものとされる。必要な費用とは、外国に居住している証人を期日に召喚することを裁判所が求めた場合の、当事者によって証人に償還された経費などが挙げられる[5]。

　ドイツ民訴91条1項によれば、裁判外の費用の一部として、当事者費用が問題になる。そのもとに、その固有の活動に基づいて当事者に生じた費用が理解されうる。その機関、法定代理人ならびにその指揮に服する被用者の行為は、固有の行為に準ずる。当事者費用の代表的なものは、旅行費用である。ドイツ民訴91条1項によれば、費用の償還は、法的紛争と間接的にのみ関わるにすぎない、むだな時間に対する補償もまた包含する。しかし、この場合の償還は、訴訟書類や訴訟資料の検討や閲読、準備のために要した時間やその訴訟代理人の情報提供のために要した時間について補償されるのではなく、時間のむだが必要な当事者の訴訟活動のための旅行から生じ、または期日の遵守により生じた限りにおいてのみ問題になる。必要な旅行は、弁護士が他の地区に事務所を有しており、当事者に文書による情報提供が期待されえない場合に問題になる。期日の遵守による時間のむだは、最近の判例によれば、裁判所が個人の出頭を命じたことを要しない。当事者は、費用の損害なしに、議論に応じ、自らの弁護士を支援し、必要な場合は、補正し、自ら裁判所にその立場を主張する可能性を有するべきだからである[6]。それとともに同時に、他の原因に帰せられうる時間のむだが費用の償還に導かないことが確定される。当事者の旅行費用としては、旅費、運転費用、収入の喪失、日当、宿泊費などが含まれる[7]。

3　弁護士費用の負担（ド民訴91条2項）

　ドイツ民訴91条2項は、額の上では最も大きな割合を占める弁護士費用に対

する敗訴者の責任の原則を定めている。後述第2節参照。

4 　和解手続費用の負担 （ド民訴91条3項）

91条3項「ラント司法省により設置されまたは認められた和解所（Gütestelle）における和解手続により生じた費用もまた、1項及び2項の意味における法的紛争の費用に属する。これは、和解手続の終了と訴え提起の間に1年以上が経過した場合は適用されない。」

和解所における手続費用は、償還可能である。手続費用を越える、弁護士費用や旅行費用、時間のむだのような費用（経費）は、償還されない。本条項は、上記の種類の和解手続費用の償還可能性のための、訴訟に先行する、狭く解釈されるべき特別原則を包含するものでしかない。またこの規定は、和解手続が訴訟に先行する限りにおいてこの箇所には似つかわしくない。しかし、本訴に前置される和解手続の費用もまた、ドイツ民訴91条3項の標準に従って、同91条1，2項の意味での償還が可能である。この場合もまた事情によっては費用の確定のためには必要性の要件が検討されるべきである。しかし、これは、その必要性がドイツ民訴91条3項に従って検討される和解手続それ自体のためにではなく、費用を要した個々の措置についてのみあてはまる[8]。

弁護士費用がこの場合加えられないのは、3項が、公的な和解機関の費用のみを包含しうると考えられるからである。和解手続は、訴訟費用扶助手続と同様、弁護士費用等の償還可能性とは関係がないように思われる。それはかような事前手続の性質に適うものである。訴訟の前段階で生じる弁護士費用は、訴訟的に観察すると、最終的には委託者に負担させるべきであり、費用確定手続に委ねるべきではない。従って、明示的な償還の禁止がないにもかかわらず、3項によって償還される費用は狭く解すべきである[9]。

5 　返還の取り決め （ド民訴91条4項）

91条4項「勝訴当事者が法的紛争の途中で敗訴当事者に支払った費用もまた、

1項の意味における法的紛争の費用に属する。」

　この2004年7月の「司法現代化法」により導入された規定は、従来支配的であった実務を確認するものである。仮執行判決に基づいて、本案事件の執行が準備されるだけではない。むしろ大抵は、このときに費用確定手続における訴訟費用の確定もまたなされる。強制執行を避けるために、確定費用を支払ったが、その後取り消され、または、変更されたときは、その全部または一部が彼に補償される。債務者は、この損害賠償請求権を特別の法的紛争において主張するには及ばない。彼は、この請求権が生じたその後の手続の中でもこの請求をなしうる。ただ実務は、訴額の高額化と場合によっては訴訟遅延をもたらすがゆえに、この可能性をあまり利用しない。それゆえ、判例、通説は、以前から、払い過ぎの訴訟費用の返還の取り決めを認めてきた[10]。

＜注＞
1) Baumbach/Lauterbach/Albers/Hartmann, ZPO., 60., Aufl., S. 254 ［Hartmann］.
2) Baumbach/Lauterbach/Albers/Hartmann, ZPO., 60., Aufl., S. 254 ［Hartmann］.
3) Musielak, ZPO., 4. Aufl., S. 344 ［Wolst］.
4) Musielak, ZPO., 4. Aufl., S. 344 ［Wolst］.
5) Musielak, ZPO., 4. Aufl., S. 344-345 ［Wolst］.
6) Musielak, ZPO., 4. Aufl., S. 345 ［Wolst］.
7) Münch. Komm. z. ZPO., para. 1-354, 2. Aufl., 2000, S. 636 ［Belz］.
8) Münch. Komm. z. ZPO., para. 1-354, 2. Aufl., S. 639 ［Belz］.
9) Baumbach/Lauterbach/Albers/Hartmann, ZPO., 60., Aufl., S. 265-266 ［Hartmann］.
10) Musielak, ZPO., 4. Aufl., S. 352 ［Wolst］.

第2節　弁護士費用の敗訴者負担

1　ドイツ民事訴訟法上の規定
（1）　法　文
　ドイツ民訴91条2項「勝訴当事者の弁護士の法定の報酬及び経費は、総ての

訴訟において償還されるべきである。訴訟裁判所での業務が認められておらず、かつ法廷地に居住しているのでもない弁護士の旅行費用もまた、目的に適った権利の追行または権利の防御のための依頼が必要な限りにおいて同様に償還されうる。勝訴当事者は、訴訟裁判所で認められている弁護士が、その居所または事務所を、訴訟裁判所またはよその土地にあるその支部の存在する土地に有さないことにより生じる増加費用を償還させえない。複数の弁護士の費用は、それが一人の弁護士の費用を超えず、または弁護士の交代が生ずべかりし限りにおいてのみ償還されるべきである。自己の事件においては、弁護士には、彼が代理人たる弁護士の手数料及び経費として償還を請求しうる費用及び経費が償還されるべきである。」

（2）　一般原則

ドイツ民訴91条2項は、額の上では最も大きな割合を占める弁護士費用に対する敗訴者の責任の原則を定めている。本条項によれば、勝訴当事者の弁護士の法定の報酬及び経費が総ての訴訟において償還されるべきである。訴訟代理人たる弁護士の法定の報酬及び経費は、この弁護士の協力が許容されている限りにおいて、弁護士報酬法（RVG）の範囲内で原則として常に償還されうる。それは、RVG5条の定める復代理人のためにも当てはまる。このルールは、当事者が、弁護士を訴訟代理人に選任することなしに、自己の訴訟遂行のために助言させるだけの場合にも適用される[11]。すなわち、償還可能性は、本人訴訟や督促手続の場合にも存在する[12]。

訴え、保全手続、督促手続における申請、上訴をなした者、すなわち、これらの裁判手続について訴訟法関係が生じた者は、原則として直ちに、費用の償還可能な自己の利益の保持を弁護士に依頼しうる。それは、欠席裁判に対する異議申立や訴え提起の無効、管轄違いの裁判所への訴え提起、氏名の取り違えなどで明らかに理由のない訴えについても当てはまる。償還可能性は、相手方が手続を続行する意思がないことを表明した場合、上訴が上訴期間の遵守のためにのみなされた場合にも存しうる。債務名義の付与や既に出された債務名義に基づく強制執行の危険が存在するためである[13]。

償還可能性は、弁護士がいつ選任されたか、すなわち、より早くまたはより遅く選任されていれば、より高額のまたはより低額の費用が発生したかどうかを問題としないで認められうる。例えば、訴えの相手方が後になって突然に新しいことを主張する場合もまた弁護士の関与が必要となりうる（ド民訴283条〔釈明のための期間指定〕参照）。それは、弁護士が上訴裁判所で有効に主張をなしうるかどうかも問わない（議論あり）。彼が上訴裁判所で捜査手続における主張など意味のある活動をすれば十分である。償還可能性はまた、弁護士がその費用を依頼人に通知したかどうか、及び彼がそれを既に支払ったかどうかとは無関係である。弁護士が裁判所または依頼者の相手方にそれを知らしめたかどうかも問題とはならない。償還可能性は、弁護士が依頼者に対して扶養義務を負っていたかどうかも問題とはならない[14]。

しかし、原則として同様にこれに含まれるその旅行費用については、償還義務は、弁護士の事務所または居所が存在する自治体以外の土地への弁護士の旅行に制限される（RVG　VV〔報酬リスト〕前注7第2項）。訴訟代理人たる弁護士の旅行費用は、よその土地での公判に関して、通例よその土地の弁護士の費用の額まで償還可能である。よその土地での証拠調べ期日がその重要性のためにその弁護士によりなされるべき必要性のあるときは、その弁護士の全部の必要な旅行費用が償還可能である[15]。同じことは、訴訟上の和解の締結に役立つ公判期日のための旅行についてあてはまる。償還されるべき費用の額は、RVG VV7003号—7006号によって定められる。弁護士は、最も安い交通手段を用いることを強制されない。時間が迫っている場合は、航空機を用いることも許容されうる。自家用車を用いる場合は、駐車料もまた補償されうる（RVG VV7006号）。よその土地でのタクシー料金も補償されうる[16]。

これに対して、RVG4条1項に従って合意された報酬がその法定の報酬を超える場合や弁護士の委任が明らかにもっぱら相手方に費用を惹起しただけである場合、VV　前注7第1項1文により補償されるべき弁護士の一般的活動費用が問題になる場合、当事者がその訴訟代理人によってなされるべき行為を他の弁護士によりなさしめた場合、弁護士が法的助言法（Rechtsberatungsgesetz, 1935

年（2002年改正））に違反した場合、弁護士が業務上の旅行にかこつけて休暇旅行を行った場合は、償還可能性はない[17]。

　ドイツ民訴91条2項に規定されている償還義務は、当事者が訴訟上原則として常に弁護士を選任しなければならないという考えに基づいている[18]。それは、督促命令、仮差押、仮処分命令の申立、その他の裁判上の決定または措置の申立、訴訟の提起、法的救済の申立について当てはまる。強制執行の申立についても基本的には同様である。弁護士を呼ぶかどうかは、とり行われるべき行為のために弁護士強制が存在するかどうかとは無関係である。当事者が自ら法律に精通しているかどうか、あるいは、自らの法律部門を有するかどうかは、通例問題とはならない。従って、銀行や大企業は、督促命令の必要性がないと反論されることなしに、督促命令の申立を弁護士にやらせることができる。明白な必要性の欠如[19]や加害の認識しうる意図がある場合に、例外的にのみ、弁護士の選任が不必要なものとなる[20]。

　銀行は、明らかに、典型的な取引を訴えの方法で主張する場合に、仲介弁護士（Verkehrsanwalt, 本書38頁参照）の選任を妨げられうる。その企業にとって典型的で、しばしば反復される事実関係を訴えの対象にする大企業についても同様である。リース契約の相手方の不履行責任について訴求する場合のリース会社などがそうである。その他ドイツ民訴は、弁護士の選任を基本的に法的紛争の援助とみなす[21]。

　ドイツ民訴91条2項が勝訴当事者の弁護士の法定の報酬及び経費が常に償還されるべきだという立場から出発しているとしても、このことは、費用確定機関に、選任された弁護士の個々の訴訟行為が、具体的な事例において目的適合的な権利の追行または権利の防御に関して必要なものであったかどうかの検討の義務を免れしめるものではない[22]。ドイツ民訴91条2項の趣旨は、費用確定機関が単に、弁護士の選任自体が必要かつ目的適合的であるか否か、及びそれにより生じた費用が法定の手数料及び経費の範囲内で必要であったかどうかの検討から免れるというように制限される。それに対して、各々の委託された弁護士によりなされた訴訟行為のために、問題になっている個々の措置が法的紛

争の目的に適った解決のために必要であるかどうかについての無制限な検討の権利が存在する[23]。例えば、期日費用という形の増加費用が、証書訴訟[24]における訴え提起が権利追行として助けにならないことが明らかになった後で、弁護士が証書訴訟の期日の取り決めの後に通常手続に移行することにより生じた場合は、上記の意味の必要性が欠けている[25]。債権者が弁護士を通じて保証債務の履行を銀行に要請することにより費用が増額したときも（VV Nr. 1009, 3309, 3310）、これは必要な権利の追行ではない[26]。弁護士が、強制執行がそれに依存している担保の供託のために要求を受けたときは、それによって惹起された費用も原則として必要なものとは見られない[27]。

権利追行の枠内で必要とみなされるものは、原則として権利の防御についても同様にあてはまる。しかし、後者の場合の必要性の要件は、弁護士の助けの縮減にも導きうる。例えば、仮処分手続における申出人のために弁護士選任権は通例存在するが、その相手方にとってはこの限りではない[28]。督促手続では申出の相手方にとっては、弁護士の選任は一般的に督促命令の送達のときに、民事訴訟手続では被告にとって訴えの送達のときに、仮差押、仮処分手続では手続を開始させる申請の送達のときに始めて問題になる。上訴手続では弁護士の選任の必要は、控訴状、上告状及び抗告状の送達とともに生じる[29]。これは、なかんずく、控訴人、上告人ないし抗告人が、上訴状を明示的に期間を遵守して提出したと記録され、まだ理由あるものとはされていない場合も同様である[30]。しかし、どの場合でも事件の申請書の提出にとって期間の遵守のためにのみ提出され、理由づけの与えられていない上訴の取り下げが考慮される限り、必要性は存しない[31]。しかし、上訴人にその限度で許容される考慮期間は、上訴理由申立期間により制限される[32]。

（３）　償還の範囲

弁護士にはその活動のためにその委託者に対してRVGにおいてそのために定められた総ての手数料及び経費が帰属する。ドイツ民訴91条1, 2項の枠内でそれらは訴訟の相手方によって償還されるべきである。労働裁判所の手続では償還義務は制限される。また法定費用より高額の償還がなされるためには、（弁

護士と依頼人の間の）報酬に関する合意が必要である。引受は、もちろん裁判上の和解によっても合意されうる。費用償還義務は、訴訟法律関係の発生、すなわち訴訟繫属の開始とともに発生する。このときから被告にとっては弁護士選任の原因が存在する。同じことが督促命令、仮処分、控訴状または上告状の送達についてあてはまる[33]。控訴が期間遵守のためにのみなされることは、相手方に直ちに自ら弁護士を選任する権利を与えないものではない[34]。しかし、いずれにせよ控訴の取り下げを求める申出での送達については相手方にとって弁護士選任の必要性は存しない[35]。しかし、この待機があてはまるのは、ドイツ民訴519条2項の控訴理由書の提出期間の徒過までであり、延長が認められた控訴理由書の提出期間の徒過のときまでではない[36]。

　例外的にいわゆる準備費用の形で訴訟法律関係が開始する前に惹起された費用もまた償還される。私的な鑑定もまたこれに含まれる。弁護士と当事者との内部的関係は、基礎となっている委任契約により決せられる。それにより基礎づけられる代理権能は、外部的には代理により明らかにされる。償還可能性は、弁護士強制が問題になることを前提しない。それはまた、償還権能を有する当事者が権利保護保険に入っていること[37]やその弁護士の報酬請求権がまだ支払われていないことにより[38]制限されない。弁護士強制が存在しない場合でも、一人の弁護士のみに委託したときは、当事者自身に法律知識があるかどうか、または自己の法律部門を持っているかどうかは問題とはならない。従って、既述のように銀行もまた、督促命令の申立てのために弁護士を依頼したことや区裁判所で弁護士を代理人に立てたことについて原則として費用償還を請求しうる[39]。簡単な事件が問題になっていることは、訴えが不適法であり、または明らかに理由がない場合と同様に、直ちに弁護士の選任と矛盾するものではない[40]。申立人が、督促命令に対する異議申立後、訴えの申立もまた自ら取り下げることなしに、ラント裁判所に申し立てられた手続を続行しないことを表示した場合も弁護士報酬の償還請求をすることを妨げられない[41]。

　償還は、当事者が複数の弁護士に同時にまたは相次いで委託した場合でも、原則として一人の弁護士の報酬及び経費に制限される（ド民訴91条2項）。憲法

裁判所手続においても同様である[42]。例外的に複数の弁護士の費用が償還されるのは、目的に適いかつ必要な権利の追行または権利の防御のために必要な復代理人、特殊な弁護士または仲介弁護士（Verkehrsanwalt）の利用や必要になった弁護士の交替の場合である。しかし、ただ一人だけの弁護士によって惹起された費用もまた、その範囲についてその必要性が吟味されるべきである。小さな範囲においてはドイツ民訴及びRVGにより規定された償還の権利が弁護士身分に関するルールにより影響を受ける[43]。

　特許権訴訟、実用新案権訴訟、意匠権訴訟及び商標権訴訟では、特許弁護士（Patentanwalt）の協力により生じる増加費用は、個々の場合の必要性を検討することなく、手続代理費用と並んでRVG 13条に従った総ての費用の額に至るまで償還されうる（ドイツ特許法143条5項、ドイツ意匠法15条5項、ドイツ実用新案法27条5項、ドイツ商標法32条5項）。このルールは、総ての法的手続にあてはまる。上訴手続についても同様である[44]。請求権が上記の特別規定にも基づいていることで十分であり、それと並んで不正競争防止法違反が主張されても問題とはならない[45]。特許弁護士が同時に手続弁護士でもあるときは、特許弁護士の費用と手続弁護士の費用がともに償還されうる[46]。不正競争事件では、特許弁護士の費用は、原則として償還されえないが、特許法上または商標上の技術的に困難な問題があり、特許弁護士の関与が必要とされる場合はこの限りでない[47]。

　仲介弁護士の職務は、当事者とその手続代理人との交渉を手配することに制限される（RVG VV3400号、3401号）。通例訴訟裁判所所在地に居住していない、当事者の居住地の弁護士である。仲介弁護士の職務には、手続代理人の選任に際しての協力と並んで情報の受け取り及びこの者へのその伝達も加えられるが、手続代理人の任務または復代理人の任務を確保することは仲介弁護士の義務には属さない。従って、訴訟裁判所に対する秩序に適った訴訟上の行為をなす義務もまた、手続代理人に帰し、当事者に対してその行為について責任を負う必要のない仲介弁護士には帰さない。これは、仲介弁護士により草稿が書かれ、手続代理人により署名された文書についてもあてはまる[48]。従って、仲介弁護士は、原則として手続代理人を監督する義務も負わない[49]。仲介弁護士が負う

制限的な任務に鑑みて、VV（報酬リスト）3400号により帰する総ての費用（手続費用）の償還は、例外的にのみ正当化されうる[50]。その要件は、その依頼が目的に適った権利の追行または権利の防御のために必要なことが示されることである（ド民訴91条1項）。これは個々の事例の総ての事情の検討を必要とするが、それに際して償還の計算可能性及び費用確定手続のために要求される単純化もまた考慮される[51]。仲介弁護士の依頼が例外的に必要とされるのは、その費用が、その依頼なしでも発生する擬制的な費用を超えず、または超えるとしても僅かである場合[52]、当事者のその手続代理人のところへの情報取得のための旅行が病気などの理由で不可能であり[53]、または彼が外国に居住している外国人であるような場合である[54]。仲介弁護士の費用が償還されるべき場合があるとしても、これは通例仲介弁護士への依頼により、それがなければ必要となったであろう費用が節約される限りにおいてのみである[55]。

2000年1月ないし2002年8月に効力を生じたドイツ民訴78条の改正規定により、仲介弁護士の意義は大きく後退し、連邦最高裁判所手続及び外国の当事者がかかわる手続に制限されることになった。今や区裁判所またはラント裁判所での活動を許容されている弁護士が、各々の区裁判所またはラント裁判所で顧客の相手をする。上級ラント裁判所では、OLGVertrÄndG（ド民訴78条1項）[56]により、上級ラント裁判所での活動を許容された弁護士が顧客の相手をする。従って、通例、当事者の住所地の弁護士が委託を受け、自ら訴訟裁判所の期日を遵守するか、これにつき期日弁護士または復代理人を選任することになる。業務上及び法律上未経験な当事者の場合は、弁護士費用に加えて、弁護士の訴訟裁判所への擬制的な旅行費用を最高額とする、復代理人の費用が償還可能となる[57]。

外国弁護士による代理の費用についてもまた、それが他の措置に対してより費用有利的なものであることが示されれば、常に償還されうる。内国弁護士の代わりに外国弁護士により外国でなされる証拠手続期間の遵守の場合がそうである。その費用は、彼にとって標準となる費用規則によって定められる[58]。しかし、それがドイツの費用法に従って標準的な額を超える限り、特別の証明が

必要となる。外国の弁護士の関与は、法律鑑定のためであろうと、仲介弁護士としてであろうと、国際私法並びに外国法のより困難な問題が生じるときには、必要であり、その費用を敗訴者に負担させうる[59]。

（4）　他の地区に住んでいる弁護士の費用

他の地区に住んでいる弁護士の費用は、かような弁護士の関与が目的に適った権利の追行または権利の防御のために必要な限りにおいて償還可能である。従って、この場合償還可能性は、通常の場合とは異なり、制限的である。いずれにせよ、償還可能性は、さもなければ仲介弁護士が必要であったであろうというような場合に存在しうる。支部のある地区に住んでいる弁護士は、本庁への旅行費用の償還を請求しうる。それは単なる宣告期日についてもあてはまる。他地区の弁護士がしばしば高額になる費用にもかかわらず必要であるかどうかが、各場合について検討されるべきである[60]。

弁護士がその住所または事務所を訴訟裁判所またはその支部以外の地区に有するときは、実際上委託された弁護士の旅行費用を含む費用と、当事者が訴訟裁判所またはその支部のある地区に住んでいる弁護士に委任したとすれば生じたであろう費用とを対比することが必要である。その際に、少なくとも当事者のこの弁護士への必要な情報収集旅行の費用もまた考慮されねばならない。単純でない事例では、それ以上の旅行費用もまた考慮されうる。同様に、さもなければ他の弁護士に委託されねばならなかったであろう、または、裁判所所在地の弁護士のために旅行費用が生じたであろうという場合に、他地区の弁護士によって旅行費用なしに遵守されえた証拠期日のための費用もまた考慮されねばならない。また、他地区の弁護士への委託により結局費用が安くつくことも生じうる。この場合は旅行費用は、もちろん正当に償還請求されうる[61]。

ドイツ民訴91条2項によれば、弁護士の旅行費用は、個々の事例で目的に適った必要な権利追行または権利の防御が否定されえない限り、原則として償還されるべきである。この原則は、ドイツ民訴91条2項により重要でないとはいえない制限を被っている。それによれば、訴訟裁判所での弁護活動を認められていない、かつ訴訟裁判所所在地にも居住していない弁護士の旅行費用は、

弁護士に来てもらうこと自体が、目的に適った権利の追行または権利の防御のために必要である限りにおいてのみ償還されるべきである。これはなかんずく、裁判所所在地に弁護士がおらず、または代理が妨げられる場合である。これがあてはまる場合でも、旅行費用の償還は、弁護士への依頼がそもそも必要であるかどうかにも依存する。これは、具体的な訴訟事件の範囲及び困難さ、並びに相手方が弁護士によって代理されているかどうかに従って判断される。更に、旅行費用が金額の原因に従って目的に適った権利の追求及び権利の防御に関して必要であったかどうかの検討が加わる。

ドイツ民訴91条2項によれば、勝訴当事者には、訴訟裁判所での活動が認められた弁護士がその居所または事務所を訴訟裁判所所在地またはよその土地にあるその支部に有しないことにより生じた増加費用は償還されるべきではない。その制限された償還は、異なる裁判所での同時の活動の許容[62]や区裁判所からラント裁判所への移送の場合[63]にも問題になる。増加費用は、事実上惹起された費用と訴訟裁判所所在地に定住している弁護士に委託されたとすれば要したであろう費用との比較により計算されうる[64]。裁判所所在地に定住している弁護士を選任したとしても生じたであろう額までは、これは、その必要性が個々の事例で前提されれば、償還されうる。これにはなかんずく、裁判所所在地に居住している弁護士の事務所への節約されたであろう情報取得旅行の費用が数えられる[65]。

ドイツ民訴91条2項の上記のルールの例外は、特別の理由の存在を要する。家庭弁護士（Hausanwalt）であるというだけでは不十分である。例外は、例えば、重篤な歩行及び旅行の障害により理由づけられうる。よその土地にいる弁護士の委託により他の費用が節約されるときは、これが償還されうる。さもなければ必要となるであろう旅行費用がそれである[66]。

（5） 複数弁護士の費用の償還

上記のように複数弁護士の費用の償還については（ド民訴91条2項）、それが一人の弁護士のみに依頼したとすれば生じたであろう費用によって制限されるという原則が支配している。この枠内で当事者は複数の弁護士に依頼しうる。

複数の弁護士への依頼が一人の弁護士のみの費用を上回る場合でも、弁護士を交代させなければならないという事情に基づくときは、例外が認められうる。このような必要な当事者の交代は、当事者及びそれまでの弁護士に過失がない場合にのみ存在する（通説）。当事者が費用を誠実な訴訟遂行が要求するように低額に抑えるかどうかが問題になるからである。帰責原理は過失責任とは異なるという理由で通説に反対するものもある[67]。疑わしい場合は、当事者がその交代について彼に過失がないことを証明すべきである。かような事例は、例えば、当事者が自己の行為によりそれにつき原因を与えることなしに、その弁護士が代理を許容されうる方法で放棄した場合や依頼者の解約が正当であり、かつ彼がその必要性を早期に知り得なかった場合に存在しうる[68]。これに対して、当事者の死亡、弁護士の負担過重による弁護士の交替の場合や最初の弁護士が代理権を任意にないし非難されうるやり方で放棄したり、当事者が前払い金を支払わなかったりした場合はこの限りではない。

　共同訴訟人が複数の訴訟代理人を選任したときは、委任の分割の客観的理由が欠けている場合には、増加費用の償還義務は生じない[69]。当事者によって委任された弁護団からの弁護士の解任は、弁護士の交代ではない[70]。

（6）　自己の事件における代理（2項4文）

　本条項は、狭く解釈されるべきルールを定める。この規定は、委託者に対する報酬請求権ではなく、訴訟の相手方に対する自らを代理する弁護士の償還請求権に関するものである。弁護士が、自己の事件における代理を公表している必要はない。弁護士が、共同訴訟人、補助参加人、会社の取締役等として自ら活動したのでなければならない。従って、弁護士がこれらの資格の一つにおいて他の弁護士に情報を伝達しただけでは十分ではない。弁護士が公証人としての資格で活動したり、RVGが適用されうる種類の資格で活動したりしたのでない場合も同様である。自己の事件において事実上活動したことが重要である。弁護士は、この前提のもとで代理した弁護士の報酬請求権を有する。このルールは、総ての手続規定において原則として適用される。非訟事件手続法（FGG）13a条は、異なったルールを包含する[71]。明らかな事実関係を伴った単なる些

事でない限り、この規定が適用される。この制限を伴った償還可能性は、裁判外の主張の場合にも存在する[72]。

　弁護士がよその土地での期日を遵守するときは、彼の旅行費用は、そのよその土地の弁護士の費用の額に至るまで、償還可能である[73]。当人の臨席が必要な限りにおいて、他地区の証拠期日の確保のための費用も償還可能である。当事者としての個人的な出頭が許容されていたときは、彼はその制限なしに負担を償還されうる。弁護士がその妻の訴訟代理人として他地区の仲間への仲介を行った場合も、仲介手数料は償還可能である[74]。

　複数の弁護士が当事者である場合は、各弁護士は、原則として自らを代理しうる。従って、各人は、彼が他の弁護士の一人に授権した場合を除いて、その費用の償還を請求しうる。別々に提出された文書が内容的に一致することや総ての弁護士が期日に出席したのでないことは、それに抵触しない[75]。

　償還可能性の限界は、信義則に違反するところまでである。仲介手数料は、原則として償還可能ではない。なぜならば、弁護士は、一般的に自ら他の弁護士に情報を提供する能力を有するからである。それは、弁護士が遺言執行者や破産管財人のような立場で他の弁護士に情報を提供する場合にもあてはまる。妻の仲介弁護士の費用もまた償還可能ではない。計算上手数料及び経費に帰する消費税も、原則として弁護士が私的にではなく、自己の職業上の問題において活動する限りにおいて、償還可能ではない。もちろん、弁護士がそもそも消費税支払い義務を負う限りにおいて、自己の事件における代理に際して自らの消費の課税から生じた消費税は償還可能である[76]。

　自己の事件における手数料と経費（ド民訴91条2項）は、彼が代理人たる弁護士としてその償還を請求しうるのと同じ範囲で当該弁護士に帰する。これは、遺言執行者、遺産管理人、破産管財人のような法定の当事者としての弁護士にも同様にあてはまる。弁護団が訴えられたときは、原則として共同訴訟人としての各々の構成員は、ドイツ民訴91条3項に従って償還を請求しうる[77]。しかしこの場合もまた、複数弁護士間の利益衝突が個々の弁護士の分離した活動を正当化するというような特別の事情のない限り、通例一人の弁護士の費用のみ

が必要なものと認められるべきである。弁護士団が費用請求権を委任者に対して主張する場合も同様に一人の弁護士費用の償還請求しかできない[78]。なぜならば、弁護士団の弁護士をその他の紛争団体の場合よりもよい条件のもとに置く理由はないからである。

　自己の事件における弁護士としてこの者は、当事者のように弁護士報酬及び経費を請求しうる。それにはなかんずく、旅行費用や時間の無駄に対する補償が含まれる。彼が弁護士と当事者の地位を合わせ有するがゆえに、彼が開業許可を受けている場所に住んでいない場合でも同様である[79]。彼の法廷期日への参加は、当事者の参加として評価されうる[80]。彼は、出廷が命じられ、かつそれが常に肯定されうる場合は、経費を償還されるべきである。出廷が特別に命じられない場合でもしかりである。これに対して、前記のように仲介手数料は、自己の事件として活動している弁護士は、その専門知識に鑑みていかなる法的観点のもとでも請求し得ない[81]。しかし、この場合例外が、弁護士への依頼が必要な場合のために肯定されうる。この場合自己の事件として活動している弁護士のために、通常の当事者のために活動する場合と同じ原則があてはまるのでなければならない。当事者と弁護士の同一性は、破産宣告前に委託された弁護士が、破産により中断された法的紛争（ド民訴240条）をその開始後破産管財人として、すなわち法定の当事者として継続する場合は、弁護士の交替の承認を排除する[82]。

2　弁護士報酬の算定

（1）　ドイツの弁護士報酬の算定の仕組み

（a）　一般的な特徴　　これまでのドイツの弁護士報酬の算定は、1957年制定の連邦弁護士報酬規則（BRAGO）の規定に従ってなされていた。BRAGOの定める弁護士報酬の算定方法は、基本的に2004年制定の新しい弁護士報酬法（RVG）によっても踏襲されている。

　BRAGOは、基本的に二つの報酬の種類を定めていた。一つは、訴額によって段階づけられる一括報酬であり、手続、手続の一部または特別の活動におけ

る弁護士の全体の活動により報酬が与えられる。もう一つは、最低額及び最高額（のみ）を定める枠報酬である。この枠内で弁護士は、総ての事情、特に、事件の意味、弁護士活動の範囲と困難、ならびに、委託者の財産及び所得の関係を考慮し、公平に従って報酬を決定しなければならない（BRAGO12条1項〔RVG14条1項〕）。なかんずく、刑事事件、反則金手続、懲戒手続、身分法手続、社会裁判所手続、裁判外の民事及び行政手続、ならびに、助言または情報の提供の場合に、枠報酬が意味を持ってくる。これに対して、訴額によって算定される報酬は、民事法、労働法、行政法の分野の裁判手続、ならびに、若干の社会裁判所の事例で発生する。弁護士は、依頼者に対して経費の支払もまた請求しうる。この負担には、消費税、郵便及び電話のサービスの料金、文書の経費及び必要な旅行費用が含まれる。

　BRAGO17条（RVG9条）は、弁護士に委託者に発生した、または、発生することが予想される報酬及び経費のために相当な前払いを請求する権利を与える。前払い請求により、弁護士は、委任上の労務の先給付義務（ド民614条）を事実上委託者の先給付義務に転換しうる。経費に関しては、既に、ドイツ民法675条、669条は、弁護士に前払い請求権を付与している。前払い請求権は、特に長期にわたる手続の前に、そのサービス提供につき長い間無償で、いわば与信者として立替払いしているも同然になることのないように、弁護士に許容されている。

　（b）　RVGの体系　　専門家の報酬の体系が時間に、裁判費用の体系が手続報酬に基づく一方、刑事及び反則金手続費用を除いて、弁護士報酬については、基本的に五つの異なった報酬構成要件がある。弁護士報酬については、報酬が訴額によって算定される場合は、委託者がそれを指示されることに留意すべきである（BRAO〔連邦弁護士規則〕49b条5項）。これらの報酬構成要件は、RVG報酬リスト（VV）に見出される。①合意報酬（1000号）、原則として1.5、例外的に1.0、②助言報酬（2100号）、原則として0.1から1.0、③活動報酬（2400号）、原則として1.5から2.5、④手続報酬（3100号）、原則として1.5、⑤期日費用（3104号）、原則として1.2[83]とされている。VVが著しく大部であるのは、個々の手続

項目及びその特性に従って、手続報酬または期日報酬がどのようになるかが、場合に応じて異なることによる。その他報酬が訴額に従って算定されない、社会法の手続のための特別規定がある。

　報酬の算定のための個々の報酬構成要件が探求される前に、まず弁護士がどのような用件を委託されたかが確定されなければならない。それにつきRVG16条から19条は、同じ要件、異なった要件、特別の要件、及び、手続と関係する活動についての長いリストを包含する。各々の要件において弁護士は、その報酬を別個に取得する。個々の要件が問題になるとき、上記の報酬構成要件（助言報酬、活動報酬、手続報酬、期日報酬または合意報酬）のどれが個々の要件において該当するかが明らかにされねばならない。それから個々の報酬構成要件に関して訴額が探求される。報酬構成要件は、社会法の例外を除き、訴額に立ち戻ることを要求する。この一部は、RVG22条から33条に、一部は、裁判所費用法（GKG），費用規則（KostO）または住居所有権法（WEG）に規定されている。

　単なる助言の委託が問題になり、委任が最初の発言を越えるときは、弁護士の報酬は、訴額によって定められた額の0.1から1.0となる。この場合もまた一覧表（RVG付則2）があり、報酬がいくらになるかが算定されうる。活動が最初の言葉を越えず、かつ委託者が消費者であるときは、報酬は190ユーロに制限される。

　代理の委託がなされたときは、活動報酬が算定される（2400号）：訴額に従って算定される額の0.5から2.5、事件が複雑でも、困難でもないときは、この枠内で探求される報酬は、1.3までである。

　官署での手続では、弁護士は、事件の終了を目的とする手続でも、異議申立手続でも活動しうる。両手続で弁護士は、活動報酬を取得する。彼が両手続項目で活動したときは、第二の手続項目では、0.5から1.3の報酬しか算定されない。

　訴訟手続では、まず、1.3の手続報酬が算定され、この報酬に先行する活動報酬の半額（最高0.75）が加えられる。訴訟手続では、委託者は、更に、裁判所の期日への参加、専門家により指定された期日、和解を目的とする弁護士と相手

方との話し合いを包含する、期日報酬（1.2）の支払義務を負う[84]。訴訟費用扶助の申立に基づく手続では、手続報酬は、1.0である。それは引き続いてなされる争訟手続の手続報酬に加算される。独立証拠手続では、手続報酬は1.3、期日報酬は1.2である。その手続報酬は、引き続いてなされる裁判手続の手続報酬に加算される。控訴審では、手続報酬は1.6、期日報酬は1.2である。報酬リストにおいて例外とそれ以外の報酬構成要件が確定される。社会裁判所手続における助言、代理及び活動については、VVの中に社会法上の委任のための規定が見出される。この場合訴額ではなく、枠報酬額に従って算定される。

　弁護士の活動の過程のあるときに、または、話し合いでのその協力に基づいて和解で解決したときは、合意報酬が支払われる。1000号によれば、通常1.5、例外的に1.0である。

　刑事事件では、報酬体系は、以下の如くである。①基本報酬（4100号）、②捜査手続における手続報酬（4104号）、③捜査手続における期日費用（4102号）、④裁判手続における手続報酬（4106号、4112号、4118号）、⑤告訴された裁判所での期日のための裁判手続における期日費用（4108号、4114号、4120号）、⑥主たる弁論以外の尋問のための期日費用（4102号）。

　委託者によって選任された弁護人のために報酬枠が規定されている一方では、国選弁護人として指定された弁護士のためには、彼が、選任弁護人のために規定された枠報酬の中間の額の80パーセントを取得すると定める。国選弁護人のためには、個々の主たる弁論期日が5ないし8時間以上継続する事例のための特別報酬構成要件が規定されている。選任弁護人（RVG42条）のためにも、国選弁護人（RVG51条）のためにも、特定のそこに述べられた要件のもとで、その額が選任弁護人のために国選弁護人の報酬の2倍に制限される、一括報酬が定められうることが規定されている。

　手続報酬及び期日報酬の体系は、上訴審、再審及び刑事執行においても同様である。また刑事事件に関することは、構造に一致して反則金手続にもあてはまる。更に、RVGは、租税法における弁護士の活動のために税理士報酬規則（StBGebVO）23条—39条及び10条—13条を準用する（RVG35条）。調停者とし

ての活動のためには、RVG34条は、合意が行われることを期待している。

RVG4条もまた、合意を規定している。裁判外の手続または督促手続では、法定の報酬の半額以下、それ以外の場合は法定の報酬の半額以上である。RVG4条は、委託者の表示のために文書を要求している。内容的には報酬合意は、明らかに他の合意とは区別される。

（2） 2004年の弁護士報酬法の改正

（a） 2004年7月1日に弁護士報酬法（RVG）が効力を生じた。新しい裁判所費用法（GKG）、鑑定人、通訳及び翻訳者の報酬ならびに名誉職裁判官、証人及び第三者の補償に関する法律（司法報酬及び補償法〔JVEG〕）とともに、それは費用法の現代化に関する法律（Kostenrechtsmodernisierungsgesetz）の一部をなす。従来の連邦弁護士報酬規則（BRAGO）は、2004年6月30日に効力を失い、古い事例についてのみ適用される。1957年のBRAGOの発効以来47年が経過し、その間不定期に7回の報酬額の改定が行われた。それによって報酬額は、その時々において直線的に上げられた。しかし、BRAGOの構成はほとんど変えられなかった。これらの報酬額の増大のいずれも、発生したマルクの購買力の減少を完全に埋め合わせるものではなかった。それは、弁護士の経済的状況がより一層悪化するという結果をもたらした。従って、名目的に同額の収入があったとしても、得られた収入の購買力は、年々低下した。最新の統計によれば、弁護士は、1957年のBRAGOの発効のときから2003年までに被用者に比べて100パーセント以上の購買力を失ったという。それに対して時折責任があるとされ、歯止めなく進んでいる弁護士の供給過剰も付加的に弁護士の経済的状況の悪化の原因となっている。しかし、不十分な報酬増額により惹起された購買力の喪失のための共同原因としては排除される[85]。

（b） 1990年代の終わり頃報酬の増額への声が高まったときに、BRAGOの直線的な適合がもはや時代に合わないという見解が主張された。それは当初から非常に問題のあるテーゼであった。そこで2003年に立法者及び弁護士会は、BRAGOを廃止し、新しい報酬構成を導入した。BRAGOとRVGの違いは、立法資料によれば以下の如くである[86]。

① 報酬法は、より簡単、明瞭たるべきである。しかし、この明瞭性が現実に成功するかどうかは、RVGに属する極めて複雑な報酬の項目を考えると疑わしいかもしれない。

② RVG34条の調停やRVG35条の租税事件の補助サービス、裁判所ならびに議会の検討会議における証人または鑑定人のための補助としての活動のような、若干の、従来BRAGOによっては規定されていなかった活動が今や法律によって規定されている。

③ 裁判外の合意が更に促進されるべきである。従って、初期の和解費用は、より広い適用領域を有する合意のための費用によって取って代わられた。この場合の合意は、もはやドイツ民法779条の和解の締結を前提しない。むしろ、契約がもっぱら承認または放棄に制限される場合を除いて、法律関係についての争いまたは不確かさが除去される契約の締結に際しての協力で十分である。

④ 旧東ドイツ地区の費用の減額は、完全に喪失する。これは、もちろん一部は立法者の決定のみに基づくが、大部分は連邦憲法裁判所の前提条件に基づく。

⑤ 報酬は、なしたサービスに依存すべきである。それはわけても刑事手続についてあてはまる。この場合捜査手続における報酬の改善及び国選弁護人の報酬が前面に現れる。0.5倍から2.5倍の報酬枠を伴った新しい活動報酬もまた、より大きな裁量の余地を設けた。

⑥ 挙証費用はもはや存しない。その廃止とともに立法者は、弁護士報酬法の単純化を期待している。理由書には、その理由づけとして、挙証費用が裁判所の負担を大層重いものにしていることが述べられている。

⑦ 労働裁判所、行政裁判所、財政裁判所及び社会裁判所手続や非訟事件手続を含む民事事件では、なお二つの報酬のみが存在する。すなわち、訴訟報酬の代わりに1.3倍という報酬率を伴った手続報酬が認められうる。また1.2倍という報酬率を伴った期日報酬が、従来の弁論報酬及び討論報酬に代わる。それは、弁論期日、討論期日または立証期日における代理のために

生じるものであり、手続きの回避または解決に向けられた裁判所の関与なしの話し合いの場合にも認められる。これは依頼者との相談には認められない。

（c）　立法理由によれば[87]、報酬の経済の実態への適合は、一般的には他の分野における所得の増加との間の収入の平準化である。それに際して、高額の事件について認められる費用の増額は、14パーセントの範囲で考慮される。収入の改善の重点は、刑事手続の分野で認められる。この領域では、報酬の増額は、他の活動領域におけるよりも30パーセント高額である。概ね構造的な変更は、弁護士の収入の相当な改善に導き、民事事件、労働事件及び行政事件で弁護士の収入は、17パーセント増額した。この増額は、訴額報酬に関するBRAGO 11条及び123条の報酬表がRVG 13条及び49条に変更なしに受け継がれたがゆえに、訴額の報酬が変更されていないとしても、達成されたといわれている[88]。

（3）　新旧弁護士報酬算定方式の対比（参考例）

個々の弁護士の活動の領域における計画された報酬の増額（刑事事件30パーセント、民事事件、労働事件及び行政事件各々17パーセント）に対する立法者の予測は、新しい報酬法が弁護士の経済的状況に様々な影響を与えることを明らかにする。従来の単線的な弁護士報酬の適合、すなわち、総ての訴額、総額及び定額に即した報酬の同程度の増額という単線的な適合の場合は、総ての弁護士は、同じ程度に利益を挙げうる。RVGによりなされた構造的な適合においては、立法者の予測通りであれば、第一に刑事弁護士が利益を得る。民事事件、労働事件及び行政事件を扱っている弁護士は、これらの報酬増額の半分程度を期待しうるにすぎない。しかし、なかんずく、立証費用の請求の廃止によって条件づけられた構造的な変革によって報酬の減少すら受け入れなければならない弁護士も存在する。主に離婚事件及び交通事故事件や建築事件を扱っている弁護士が問題になる。かような手続においては、実務上常にまたは大部分の事例で、しばしば複数の期日に分割される立証活動が問題になる。立証費用の喪失により発生する損失は、手続報酬の増額（1.3倍）及び期日報酬の増額（1.2倍）により

半分程度は回復される[89]。

［事例1］弁護士が交通事故の事件で当事者に代わって訴えを起こした。訴額は、5,000ユーロであった。口頭弁論及び立証活動の後判決が下った。

BRAGOによる計算：訴額5,000ユーロ	
BRAGO 31条1項1号による訴訟報酬10/10	301.00ユーロ
BRAGO 31条1項2号による弁論報酬10/10	301.00ユーロ
BGAGO 31条1項3号による立証費用10/10	301.00ユーロ
BRAGO 26条による一括手数料	20.00ユーロ
BRAGO 25条2項による消費税16パーセント	147.68ユーロ
計	1,070.68ユーロ
RVGによる計算：訴額5,000ユーロ	
RVG 2条2項、13条、VV 3100号による手続報酬1.3倍	391.30ユーロ
RVG 2条2項、13条、VV 3104号による期日報酬1.2倍	361.20ユーロ
VV 7002号による一括手数料額	20.00ユーロ
計	772.50ユーロ
VV 7008号による消費税16パーセント	123.60ユーロ
計	896.10ユーロ

　費用の減額は、174.58ユーロである。それは約16パーセントである。この報酬の減額は、訴額が大抵は小さく、そのため報酬がしばしば費用にも足りないがゆえに、特別に交通事故事件に関わっている弁護士にあてはまる。弁護士が原告から依頼された場合、彼は、個々の事例で訴訟に先行する裁判外の活動及びVV2400号に基づきそれによって発生する活動報酬により報酬減額の一部を再び回復しうる。しかし、訴えられた当事者のための活動においては、弁護士に割り当てられた任務が常に当初から裁判上の活動に制限され、活動報酬が結果的に発生しないがゆえに、この可能性は実際上排除される。

離婚事件における報酬の減額はもっと著しい。立証費用の廃止により生じた悪化に加えて、扶養補償に関する手続のための訴額の減額もまた不利に作用する。従来この訴額は、旧裁判所費用法（GKG）17a条により、期待される1年間の年金額から算定され、少なくとも500ユーロとされていた。しかし、通常はこの最低額を上回った。なかんずく、婚姻が長期間にわたる場合はそうであった。そのため扶養補償だけのために訴額が何千ユーロになることも決して珍しくなかった。今やGKG49条は、期待される年金額を考慮しないで訴額を1,000ユーロないし2,000ユーロに引き下げた。その重点が家族関係事件に置かれている弁護士にそれがどのような帰結を及ぼすかは、以下の事例が示す[90]。

[事例2]　婚姻当事者が公正証書で総ての離婚の効果について合意した。それに引き続いて妻は、弁護士に離婚の申立書の提出を委託した。離婚の訴額は4,000ユーロであり、扶養料の訴額は（これまでは）6,000ユーロ（12×500ユーロ）、（これからは）1,000ユーロである。弁護士は、離婚申立期間を遵守し、ドイツ民訴613条の当事者の聴聞に立ち会った。

BRAGOによる計算、訴額：4,000＋6,000ユーロ
BRAGO31条1項1号による訴訟報酬10/10　　　　　486ユーロ
BRAGO31条1項2号による弁論報酬10/10　　　　　486ユーロ
BRAGO31条1項3号による立証費用10/10
　（訴額4,000ユーロ）　　　　　　　　　　　　　245ユーロ
BRAGO26条による一括手数料　　　　　　　　　　　20ユーロ
　　　　計　　　　　　　　　　　　　　　　　　1,237ユーロ
BRAGO25条2項による16パーセント消費税　　　197.92ユーロ
　　　　計　　　　　　　　　　　　　　　　　1,434.92ユーロ

RVGによる計算、訴額：4,000＋1,000ユーロ
RVG2条2項、13条、
　VV3100号による1.3の手続報酬　　　　　　391.30ユーロ
RVG2条2項、13条、
　VV3104号による1.2の期日報酬　　　　　　361.20ユーロ
VV7002号による一括手数料　　　　　　　　　　　20ユーロ

VV7008号による16パーセント消費税	123.60ユーロ
計	896.10ユーロ

　従って、弁護士は、同じ活動につきこれからは、従来のBRAGOによるよりも538.82ユーロ少ない収入しか挙げられない。それは、約38パーセントの減少である。立法者により刑事事件のために予想されている約30パーセントの費用の増加とこの事例により示された約38パーセントの費用の減少との間の違いは、約68パーセントである。ハルトゥングによれば、この立法者により意識的に求められた、新しい費用構造の不均等な作用は、憲法違反たりうる。弁護士報酬のこの法律による規律は、職務の行使への自由に対する侵害である。その憲法適合性は、これまで誰も疑わなかった。それは、法治国家の実現に寄与し、法的扶助の機関としてのその特質において弁護士に報酬の問題について依頼者からの独立性を与え、そのうえ、消費者保護を促進する。同様に、なかんずく、基本法（GG）3条に関して、法律上の報酬規定が個々の弁護士に同等にでなく、利益を与え、ないし不利益を与えうるかが問題となりうる。これを更に詳しく検討するに値すると考えられる[91]。

　（4）　訴訟外の活動の報酬

　訴訟外の活動の費用法上の概念は、助言及び鑑定文書の作成を含む。この活動のために（2006年6月30日まで）、VV2100号から2103号までに規定された費用要件があてはまる。他方において、それは、VV2400号から2403号の意味における裁判外の代理にもかかわる。刑事事件及び反則金事件並びに報酬リスト第6章に規定された状況（VV前注2第3項）における裁判外の活動は除かれる。

　（a）　助言及び鑑定（VV2100～2103号）

　助言料は、BRAGO20条1項1号及び4号によるこれまでと同様、0.1から1.0（以前は1/10から10/10）の報酬の割合となる。かくして平均的な報酬は、0.55になる。個々的な報酬額の決定の基礎は、RVG14条であり、その範囲のカタログには、これまでのBRAGO12条とは異なり、責任危険もまた属する。裁判上の手続において費用額の枠が定まる事例、例えば、刑事事件及び反則金事件、な

らびに社会法の個々の事件においては、助言料の枠は、VV2101号により10ユーロと260ユーロの間にある。

　助言として、他の報酬義務のある弁護士の活動と関わりのない、言語または文書による助言ないし教示が理解されうる。他の弁護士の活動との関係が存在すれば、助言の報酬は生ぜず、または、その他の活動のための報酬として計算される（VV2100号、注2項）。

　上訴の勝訴の見込みの検討に関わらない限り（VV2200〜2203号）文書による助言の作成につき、弁護士は、VV2103号により相当な報酬を取得する。相当性は、RVG14条に言及された責任危険を含む標識により定められる。相当性についての争いをそもそも排除するために、報酬額につき報酬の合意をなすことが薦められる。

　RVGは、助言活動の報酬が2006年7月1日からRVG34条に規定されると規定する。このときから裁判外の助言の分野は、完全に自由化されることになる。2006年7月1日から適用されるRVG34条は、弁護士が口頭または文書による助言、文書による助言の作成及び調停者としての活動のために報酬合意の実現に努めるべきだと定める。それが行われないときは、報酬は、民法の規定に従って要求され、消費者の場合は、最大250ユーロである。民法の規定は、もちろんドイツ民法612条2項（〔独立的〕雇用契約）の相当な報酬の指示以外には使える規範は包含しない。それ故に、ドイツ民法612条2項の引用は、実務上それ以上の役には立たない。従って、2006年7月1日からのRVG34条の規定が、報酬合意の締結義務を定めていないとしても、法のアピールに従い、報酬合意がなければ、活動しないことのみが薦められうる。

　2006年7月1日からRVG34条1項1号で言及される、裁判外の活動のための報酬の自由化は、価格競争に導くことが予想される。どのようにしてかような価格競争が法的助言市場に影響するかは、これからの問題である。弁護士が裁判外の活動分野における報酬の自由化により、弁護士の活動を安い報酬で提供するようにならないとすれば、うまく助言していることになろう。価格の広告は、基本的に法律上は許容されているが、すぐに道を誤り、法律上許容されな

いものとなる可能性がある。RVG34条1項3号は、消費者である依頼者の場合の助言報酬の算定のために、RVG14条を指示し、同時に弁護士活動の範囲と困難さを指示するが、更に、状況の意味や依頼者の所得及び資産の関係、ならびに、弁護士の責任の危険もまた指示する。この計算の原則を弁護士は、(許容された) 価格の広告で考慮していなければならない。彼が、この計算の原則を考慮しない、一括した価格で広告した場合、その広告は誤導的であり、弁護士は、任務に反して活動しているといえる。

報酬法上特別の地位を占めるのは、最初の助言である。最初の助言の適用分野は、以前の法律状態に反して制限的である。最初の助言は、助言が言明に制限される場合にのみ (VV2102号) なお存在する。従って、文書による助言は、これまでとは異なり、最初の助言ではない。更に、依頼者は消費者でなければならない (ド民13条)。その場合にのみ、ドイツ民法13条が自然人のために目指している消費者保護があてはまる。事業者が助言される場合は、それもまたVV2102条の意味における最初の助言ではない[92]。

(b) 裁判外の代理 (VV2400〜2403号)

代理という名称で規定されている活動の報酬である、報酬リスト第2部、4章 (VV2100号) は、弁護士実務にとって特別の意味を持っている。それは、VV2100号の意味における助言以上のものである、弁護士の裁判外の活動をカバーするものであり、例外的に依頼者、相手方または第三者との文書のやり取り、文書や登記のチェック、和解案の起草、ならびに、相手方の和解の提案の評価、合意の提案、依頼者、相手方または第三者との口頭または電話による協議を含む。それは、報酬リスト前注2.4Ⅲに含まれている活動報酬の定義を、報酬が情報提供を含む活動ならびに契約の形成における協力のためにも存在するというように書き直している。BRAGOにおいては、この活動は、報酬法上BRAGO118条に規定されていた。それによれば、弁護士は、裁判外の活動のために、活動報酬、協議の報酬及び立証の報酬を受けることができた。これらの3分割はなくなった。それに代わって今や報酬枠は、0.5から2.5である。これまでのBRAGO118条1項2号の意味における協議や立証への参加 (これまでの

BRAGO118条1項3号）は、なお報酬額の枠の充填の場合に意味を有するにすぎない[93]。

（イ）　活動報酬の加算　　実務上の活動報酬の特別の意味は、報酬リストの前注3(4)の加算規定に基づく。これまでの活動報酬がBRAGO118条1項1号に従って、引き続いてなされる裁判上または官署の手続のための報酬に全部が加算されうる一方では、活動報酬は、それが同じ対象から生じた限り、今や裁判上の手続の手続報酬に半額のみが、但し、最高額で0.75の報酬割合が加算される。この改善は、はるかに豊かな報酬法上の帰結を伴うが、活動報酬割合が1.0以上である場合に限られる。

[事例3]　弁護士が依頼者の相手方と50,000ユーロの請求権について交渉することの委託を受けた。彼の相手方との協議は、功を奏さなかった。弁護士は、活動報酬割合を1.0（以前は10/10）と定めた。引き続いて彼は、訴え提起の委託を受けた。口頭弁論と立証の後で判決がなされた。

BRAGOによる計算：訴額50,000ユーロ
BRAGO118条1項1号による活動報酬10/10　　　　1,046ユーロ
活動報酬の全額の参入による
BRAGO31条1項1号の活動報酬10/10　　　　　　　　0ユーロ
BRAGO31条1項2号の弁論報酬10/10　　　　　　1,046ユーロ
BRAGO31条1項3号の立証費用10/10　　　　　　1,046ユーロ
BRAGO26条の一括手数料　　　　　　　　　　　　20ユーロ
　　　　計　　　　　　　　　　　　　　　　3,158ユーロ
BRAGO25条2項の16パーセント消費税　　　　　505.28ユーロ
　　　　計　　　　　　　　　　　　　　　3,663.28ユーロ

RVGによる計算：訴額50,000ユーロ
RVG2条2項、13条、VV2400号による活動報酬1.0　　1,046ユーロ
RVG2条2項、13条、VV3100号による手続報酬1.3
　= 1,359.80ユーロ引く1,046ユーロの半額　　　　836.80ユーロ
RVG2条2項、13条、VV3104号の期日報酬1.2　　1,255.20ユーロ

VV7002による一括手数料	20ユーロ
計	3,158ユーロ
VV7008号の16パーセント消費税	505ユーロ
計	3,663.28ユーロ

　従って、立証報酬がなくなったにもかかわらず、額は、旧法と新法とで同じである。BRAGOの立証報酬の喪失は、0.3増加した手続報酬と0.2増加した期日報酬及び新しい加算規定により補填された。

　活動報酬のための報酬率が1.0以上、例えば、2.0になる場合は、報酬の発生は、加算の制限のために、明らかに0.75の報酬率に増加する。原則的に、1.0を越える総ての活動報酬は、立証報酬の喪失にもかかわらず、1.0を超える報酬率によって弁護士報酬を増加させる。それは、1.0に代わる2.0の報酬率による活動報酬の場合に、上記の事例に基づく算入が示す。BRAGOによる算入が変わらないままである一方で、RVGによる算入は、以下のように変わった[94]。

RVG2条2項、13条、VV2400号の活動報酬2.0	2,092ユーロ
RVG2条2項、13条、VV3100号 （1,359.80ユーロ引く1,046ユーロの0.75）	575.30ユーロ
RVG2条2項、13条、VV3104号の期間報酬1.2	1,255.20ユーロ
VV7002号の一括手数料	20ユーロ
計	3,942.50ユーロ
VV7008号の16パーセントの消費税	630.80ユーロ
計	4,573.30ユーロ

　立証報酬の喪失にもかかわらず、報酬の発生は、活動報酬の増加により3,663.28ユーロから4,573.30ユーロに増えた。活動報酬の算入の要件は、弁護士が彼の依頼者から裁判外の代理を委託されたことである。委託とともに、委託者は、弁護士がどのような措置をするかを定める。離婚の事例で（上記(3)）委託者は、離婚の申立の前に、相手方に、その者が離婚によってどうなるかを裁判外で説明することを弁護士に依頼した場合には、この事例でも活動報酬が生

じる。従って、弁護士は、委託の引受に際して既に、彼が直ちに訴えるのか、それとも、最初に一度裁判外で代理すべきなのかを説明すべきである。委託の間または委託の終了に際して、委託の範囲を越えて訴訟になることのないように、彼は、委託の承認を原則として文書で確認し、委託確認書類の中で彼に与えられた委託の範囲を正確に記述すべきである。弁護活動のために支払われるべき報酬が訴額に依存するとしても、委託の引受の前に委託者にそれを指示する職務上の義務が、どっちみち、BRAO49b条5項に従って、2004年7月1日から弁護士に帰した。従って、委託の確認書類は、この指示がなされることの確認もまた含むべきである[95]。

（ロ）　活動報酬の額　　VV2400号により活動報酬の報酬枠は、0.5から2.5である。報酬の中間は、その結果1.5である。VV2400号の注によれば、1.3以上の報酬は、弁護活動が複雑で困難な場合にのみ要求されうる。VV2400号の公の立法理由においては、この場合報酬の膨張といわれている[96]。0.5から1.3の報酬枠から中間的報酬を導き出すならば、これは0.9になるであろう。そのことから学説上RVGの発効前に既に議論が行われた。学説上いわれている議論を越えて、新しい報酬構造の立法上の目的が、弁護士報酬の改悪ではなく、改善であることが、1.5という中間的報酬を支持するであろう。この目的は、弁護士が、裁判外の代理のために、これからはBRAGO118条による場合よりも少ない報酬しか得られないとすれば、失墜することになろう。更に、立法者は、活動報酬が最高0.75の報酬率で手続報酬に加算されるという規定により、1.5の場合に中間的報酬をみていることが明らかである。原則的に活動報酬は、法律上の規定により半額が加算され、0.75の報酬率が半額の活動報酬の上限となる。従って、ハンセンスの見解によれば[97]、RVG14条により裁量によってなされるべき報酬の決定においては、まず、1.5の中間的報酬から出発すべきである。その場合RVG14条の個々の事情のもとで、1.5の中間的報酬の増額または減額が示されるかどうかが検討されるべきである。かような報酬は、弁護士の活動が複雑でも困難でもない場合は、1.3に制限されるべきである[98]。

（ハ）　活動報酬の償還　　委託者に訴訟上の費用償還請求権が帰属する場合

は、活動報酬の加算しえない部分は、原則として権利追求の必要な費用には属さない。従って、活動報酬の余剰部分は、訴え提起の場合、委託者がこの費用を自ら負担しなければならないものではない場合に、実体法上の請求権(遅滞、契約違反、不法行為等)として主張されうる。それは、なかんずく、通例損害算定のための裁判外の代理が争いなく先行する、交通事故訴訟において問題となる[99]。

(5) 法廷手続における活動の報酬

報酬リストの3から6の部分が、法廷手続における弁護士の活動の報酬に関わる。そして3の部分が中心となっている。それは、労働事件、非訟事件及び行政裁判所、財政裁判所及び社会裁判所手続を含む、民事事件の報酬構成要件を包含する。更に、3の部分は、督促手続、強制執行手続及び仮処分手続、強制競売及び強制管理手続、破産手続ならびにその他の特別手続で問題になる報酬を規定する。

(a) 一般原則

報酬リストの第3部の意味における全部の手続のための報酬は、統一的に構成されている。総ての法廷で手続報酬及び期日報酬のみが生じうる。報酬率の高さは、もちろん様々である。第一審の手続報酬の報酬率は、1.3 (3100号)、控訴審及び上告審は、1.6である (VV3200号、3206号)。連邦最高裁の弁護では、2.3の手続報酬すら受け取る (VV3208号)。期日報酬の報酬率は、第一審及び控訴審では1.2 (VV3104号、3202号)、上告審では1.5である (VV3210号)。弁護士に与えられた委託が早く終了したときは、手続報酬は、第一審では0.8に (VV3101号)、控訴審及び上告審では1.1に (VV3201号、3207号)、そして連邦最高裁の弁護では、1.8に縮減される (VV3209号)。

期日報酬の適用領域は、従来の弁論報酬におけるよりも明らかに広く把握されうる。報酬リストの前注3(3)によれば、それは、弁論期日、討議のための期日または立証期日における代理、裁判所で選任された鑑定人により定められた期日、または、委託者との協議を除く、手続の回避または解消に向けられた裁判所の関与なしの協議への参加のために生じる。従って、BRAGOの適用下に

おけるとは異なり、期間内に申立がなされるかどうか、または、事件が討議されるかどうかは、もはや問題とはならない。報酬の発生のためには、弁護士が上記の期日を遵守したことで十分である。議論のある協議であるか、議論のない協議であるか、一方的な議論であるか、双方向的な議論であるか、ならびに、実体上の協議であるか、単なる訴訟ないし訴訟指揮上の議論であるかの区別は、RVGの適用下では問題とならない[100]。

(b) 計算事例

[事例4] 弁護士が原告に代わって4,000ユーロの額の請求権を訴求した。委託は、裁判外の代理には関わっていない。争点に関する協議の後で判決がなされた。

BRAGOの計算：訴額4,000ユーロ	
BRAGO31条1項1号の訴訟報酬10/10	245ユーロ
BRAGO31条1項2号の弁論報酬10/10	245ユーロ
BRAGO26条の一括手数料	20ユーロ
計	510ユーロ
BRAGO25条2項の16パーセント消費税	81.60ユーロ
計	591.60ユーロ
RVGの計算：訴額4,000ユーロ	
RVG2条2項、13条、VV3100号の手続報酬の1.3	318.50ユーロ
RVG2条2項、13条、VV3104号の期日報酬の1.2	294ユーロ
VV7002号の一括手数料	20ユーロ
計	632.50ユーロ
VV7008号の16パーセント消費税	101.20ユーロ
計	733.70ユーロ

[事例5] 事例の第一の変種（欠席判決）：口頭弁論の期間内に相手方が現れず、かつ適法な代理人も現れなかった。弁護士の提案により欠席判決が行われた。

BRAGOによる計算：訴額4,000ユーロ

第4章　ドイツにおける訴訟費用の敗訴者負担―総論（原則）

BRAGO31条1項1号の訴訟報酬の10/10	245ユーロ
BRAGO33条1項の弁論報酬の5/10	122.50ユーロ
BRAGO26条の一括手数料	20ユーロ
計	387.50ユーロ
BRAGO25条2項の16パーセント消費税	62ユーロ
計	449.50ユーロ
RVGによる算定：訴額4,000ユーロ	
RVG2条2項、13条、VV3100号の手続報酬の1.3	318.50ユーロ
RVG2条2項、13条、VV3105号の期日報酬の0.5	122.50ユーロ
VV7002号の一括手数料	20ユーロ
計	461ユーロ
VV7008号の16パーセント消費税	73.76ユーロ
計	534.76ユーロ

　相手方のために弁護士が現れ、彼が協議したいと考えていると表明した場合、原告の代理人弁護士のために全額の期日報酬が帰属する。欠席判決に関するVV3105号は、この場合あてはまらない[101]。

　[事例6]　事例の第二の変種（複数委託者の代理）：11人の共同相続人（相続人共同体）が弁護士に4,000ユーロの請求権を訴求することを委託した。口頭弁論後判決がなされた。

BRAGOによる算定：訴額4,000ユーロ	
BRAGO31条1項1号の訴訟報酬の10/10	245ユーロ
増加報酬20/10（BRAGO6条の10×3/10、但し、上限は20/10）	490ユーロ
BRAGO31条1項2号の弁論報酬10/10	245ユーロ
BRAGO26条の一括手数料	20ユーロ
計	1,000ユーロ
BRAGO25条2項の16パーセント消費税	160ユーロ

61

計	1,160ユーロ

RVGの算定：訴額4,000ユーロ	
RVG2条2項、13条、 　VV3100号の手続報酬の1.3	318ユーロ
RVG2条、7条、 　VV1008条の増加報酬2.0、上限2.0	490ユーロ
RVG2条2項、13条、 　VV3104号の期日報酬の1.2	294ユーロ
VV7002号の一括手数料	20ユーロ
計	1,122.50ユーロ
VV7002号の16パーセント消費税	179.60ユーロ
計	1,302.10ユーロ

　VV1008号がこれまでのBRAGO6条の規定に対して若干の革新をもたらしたことが注目に値する。活動報酬または手続報酬は、訴額に応じた報酬につき0.3、確定報酬または枠報酬につき30パーセント増えた。そこにおいては、増額につき最終額が問題になるのではないことが新しい。従って、例えば、強制執行におけるような、0.3の報酬率は（VV3309号、3310号）、BRAGO6条のもとにおけるように0.45に増加するのではなく、例えば、二人の委託者のもとで0.6に倍増する。1.0を超える報酬率のもとでは、増加の要因は、報酬率とは無関係であるがゆえに、報酬の増額はない。

　委託を与えた、委託者の数が問題になるのではなく、弁護士がその者のために活動している人の数が問題になることも新しい。多数の者のためにある者が委託者として現れている場合ですら、増額のルールが適用される。結局訴額に応じた報酬の場合においてのみ共同の関与が問題になる。確定報酬または枠報酬の場合には、共同の関与が欠けている場合ですら、増額が生じる。この革新は、助言の枠内での確定報酬にとって重要である。例えば、離婚した妻が自己の扶養請求権及び共同して子供の扶養請求権について助言を求める場合、助言

報酬は、30パーセントの2倍、すなわち、60パーセント増加する。複数の私人たる原告の代理においてもこのルールが適用される[102]。

（c）　特別の場合

行政裁判所及び財政裁判所の手続には重要な特殊性がある。

（イ）　行政手続及び行政裁判所手続　　RVG17条1号によれば、行政手続及び行政行為の審査のための予審手続は、今や異なった状況にある。すなわち、活動報酬は、各々の手続について分けて支払われる。行政手続（申請手続）では、報酬枠は、VV2400号により0.5から2.5である。それ以上の、行政行為の審査のための行政手続については、0.5から1.3の報酬率枠を伴った、減額された活動報酬が発生する（VV2401号）。しかし、0.7以上の報酬は、活動が複雑または困難な場合にのみ、請求されうる。この場合活動の範囲が先行手続における活動により狭められていることは考慮されるべきではない（VV2401号注1項）。

行政手続において申立手続及び異議申立手続のために発生する活動報酬は、裁判所手続の手続報酬が生じる場合はその半額、最高0.75の報酬率が加算されるべきである。それに際して、控除のために最後に発生した活動報酬が標準となる（報酬リストの前注3の4項2文）[103]。

［事例7］　弁護士が飲食店の主人のために閉鎖期間の短縮を申し立てた。申立は、棄却された。この決定に対して提起された異議申立は却下された。却下された異議申立てに対して、弁護士は、行政裁判所に対して訴えを提起した。訴えは、口頭の協議の後棄却された。訴額は10,000ユーロであった。弁護活動は複雑でも、困難でもなかった。

　　BRAGOによる計算：訴額10,000ユーロ
　1　申立手続及び異議申立手続
　　BRAGO118条1項1号、119条1項の活動報酬の10/10　　486ユーロ
　　BRAGO26条の一括手数料　　　　　　　　　　　　　　20ユーロ
　2　裁判手続
　　BRAGO31条1項1号、114条の訴訟報酬の10/10　　　486ユーロ
　　BRAGO31条1項2号、114条の弁論報酬の10/10　　　486ユーロ
　　BRAGO26条の一括手数料　　　　　　　　　　　　　　20ユーロ

計	1,498ユーロ
BRAGO25条の16パーセント消費税	239.68ユーロ
計	1,737.68ユーロ

RVGによる計算：訴額10,000ユーロ
 1　申立手続（RVG17条1号）

RVG2条2項、13条、VV2400号の活動報酬の1.3	631.80ユーロ
VV7002号の一括手数料	20ユーロ

 2　異議申立手続（RVG17条1号）

RVG2条2項、13条、VV2401号の手続報酬の0.7	340.20ユーロ
VV7002号の一括手数料	20ユーロ

 3　裁判手続
RVG2条2項、13条、VV3100号の活動報酬の1.3、
但し、報酬リスト前注3(4)の異議申立手続のための活動報酬の半額の算入

＝631.80ユーロ－170.10ユーロ	461.70ユーロ
RVG2条2項、13条、VV3104号の期日報酬の1.2	583.20ユーロ
VV7002号の一括手数料	20ユーロ
計	2,076.90ユーロ
VV7008号の16パーセント消費税	332.30ユーロ
計	2,409.20ユーロ

　それ以外に以下のことに留意すべきである：これまでBRAGO24条に規定されていた行政手続に関する解決報酬（Erledigungsgebühr）は、今やVV1002号に見出される。それは、官署がこれまで拒否していた行政行為を許容した場合にも、帰属する。解決報酬の率は、1.5に達するが、訴訟が継続する場合は、VV1003号により1.0に減少し、控訴審及び上告審では1.3となる（VV1004号）。
　行政裁判所手続における仮の訴額は、4,000ユーロから5,000ユーロになる（GKG〔裁判所費用法〕52条）。このルールの例外は、庇護の手続（Asylverfahren）[104]であり、これについては、RVG30条により3,000ユーロから1,500ユーロである[105]。
　（ロ）　財政裁判所手続　　これまでの法とは異なり、報酬リスト前注3.2.1第

1項1号に従って、財政裁判所（FG）の第一審手続の弁護士は、1章1節（VV3200－3205号）により上訴手続に準じた増額された報酬を取得する。従って、手続報酬は、1.6（VV3200号）に、期日報酬は1.2になる（VV3202号）。これらのルールは、財政裁判所が第一審で、同時に最終の事実審裁判所であり、通例唯一かつ最終の法律審でもあるという事実に基づいている。従って、財政裁判所手続における弁護士の活動は、その他の第一審裁判所における弁護士の活動とは異なる。第一審裁判所での申述とは異なり、FGでの事実関係の申述は、常に完結的なものである。法律上の理由付けのためにも通例同じことがあてはまる。従って、FGでの活動は、弁護士に特別の要求が課される[106]。

（6） 刑事事件における活動の報酬

（a） 適用領域

刑事事件における弁護士の活動のための報酬構成要件は、任意弁護についても、また国選弁護についても、報酬リスト第4部にまとめられている。大きく変わった報酬体系は、これまでのBRAGOのルール以上に個々の手続に適合させられており、なかんずく、捜査手続における弁護士の活動をより強く考慮するものとなっている。それと並んで、今や、これまでは報酬は支払われずまたは不十分にしか支払われていなかったそれ以外の弁護活動にも報酬が支払われる。4部2章には、初めて、刑の執行手続における弁護士の活動のための固有の報酬法上の規定が置かれた。再審手続における報酬は、大きく引き上げられた。報酬に代わって、今や、申告の準備のための活動報酬（VV4137号）と並んで、申告の許容に関する手続及び更なる手続（VV4137号、4138号）のための手続報酬、ならびに、各々の協議の期日のための期日報酬（VV4140号）が認められる。BRAGOとのそれ以外の明らかな違いは、RVGが、任意弁護のためにも、また、国選弁護のためにも同じ報酬構成要件を定めていることにある。報酬は、もちろん以前と同様様々な額になっている。従って、国選弁護人につきこれからも、彼は、国家が市民に対して負う社会的出捐を、減額された報酬にかかる活動により、部分的に背負い込むことが求められる。

任意弁護人が枠報酬を取得し、国選弁護人がこれまでと同様RVG45条3項に

より確定報酬を取得することは変わらない。この確定報酬は、任意弁護人の報酬と連動しているが、もはや任意弁護人に帰属する最低報酬の4倍ないし5倍ではなく、任意弁護人の中間的報酬額の80パーセント相当である。この規定の立法者は、立法上の報酬規定が国選弁護人の負担となる不当な特別の犠牲に導くべきでないという連邦憲法裁判所（BVerfG）の判断に従うことから出発している。

第4部に含まれている報酬構成要件は、これまでと同様、告訴人、附帯私訴の原告、没収当事者ないし関与人、被害者、証人または鑑定人、及び、刑事法上の更生手続きにおける付き添いまたは代理人としての弁護士の活動についても適用される。これまでBRAGO95条2文に含まれていた、被害者の付き添いまたは代理人の場合の報酬の半額への制限は、削除された[107]。

（b）　新しい報酬の構造

弁護人の報酬は、一般的報酬（VV4100号～4103号）、準備手続の報酬（VV4104号、4105号）及び裁判手続の報酬に分類される。総ての報酬は、被告が逮捕されているときは、付加金を含む。

一般的な報酬は、基本報酬（VV4100号、4101号）と特別の期日報酬である。基本報酬は、彼がどのような手続において活動しているか、または、どの審級で活動しているかとは無関係に弁護士が取得する（VV4100号）。それは、法的事件における最初の活動をカバーし（VV4100号注1項）、委託の引受と結びついた労働の投入の対価である。それ故に、それは、どの審級で弁護士が委託を引き受けたかどうかを問わず、一度だけ帰属する。期日報酬（VV4102号、4103号）は、五つの報酬構成要件を包含する。それは、裁判官の尋問、検察官その他の国家捜索機関による尋問、または、未決拘留または仮収用の命令または継続が協議される公判以外の期日、犯人、被害者間の仲裁の枠内での協議、並びに、刑事訴訟法（StPO）380条の贖罪期日への関与に関わる。実務上期日の報酬は、弁護人としての弁護士に、かような尋問に関与する機会が大いにある場合にのみ、重要性を取得する。現在のところ弁護人には同席の権利は帰属しない。

準備手続における活動については、固有の手続報酬が発生する。この報酬を

弁護士は、起訴状の到着、裁判所での刑事処分の発令の申立までの手続において、または、これが口頭でのみ提起される場合に、起訴までの緊急手続において、その活動のために取得する（VV4104号の注）。

　裁判所の手続では、原則として手続報酬が、公判期日への弁護士の参加の場合は、期日報酬が発生する。弁護士は、手続報酬を情報収集を含む活動のために取得する（報酬リスト前注4.2）。その報酬により、このためにいかなる特別の報酬も予定されていない限り、弁護士の総ての活動は支払を受ける。期日の報酬は、弁護士が定められた期日に現れたが、それがその責めに帰すべきでない理由により開催されなかった場合にも帰属する（報酬リスト前注4.3(2)）。例えば、被告が出頭せず、または、裁判官の一部が欠席しているような場合である。

　最初の公判期日と以後の公判期日との違いは、もはや存在しない（VV4108号、4114号、4120号）。従って、期日報酬額は、各々の公判期日にとって同じである。裁判上指名され、または、付けられた弁護士（国選弁護人）にとって、公判が5時間から8時間、または、8時間以上継続する場合は、期日報酬の増額につき明示的な改善がある。時間的な区分は、BRAGO99条の一括報酬の付与に関する高裁の判決に基づくものである。公判の時間的継続をもくろむ期日報酬の増額は、以前のBRAGO99条に相当するRVG51条及び新しいRVG42条の適用領域が狭められることに導く。

　第一審の手続報酬及び期日報酬の額は、4106号から4123号において管轄裁判所ごとに異なって以下のように規定されている。①区裁判所手続のための報酬は、VV4106号から4111号、②刑事更正法（StReHaG）（1997年）2条の刑事法廷、少年裁判所の手続及び更生手続のための報酬は、VV4112号から4117号、③上級ラント裁判所（OLG）、陪審裁判所、国家保護法廷及び経済刑事法廷としての刑事大法廷、ならびに、それが一般規定により陪審裁判所に帰属する限りにおいての、少年法廷における手続の報酬は、VV4118号から4123号。

　連邦最高裁（BGH）及びOLGの手続については、これまでの異なった報酬額はなくなった。OLGへの上告も、一般的に小さな骨折で済むとはいえないからである。更に、1993年1月11日の司法の負担軽減に関する法律[108]による、区

裁判所の刑事裁判権の4年間への拡大により、以前はBGHに帰属していた多くの上告がOLGに帰属することになった[109]。

新しい報酬が標準的事例にいかなる影響を有するかを、任意弁護人の活動が基礎になっている以下の標準的計算が示す。

[事例8] 当初は捜査手続の代理をし、起訴後は区裁判所で代理をした。二つの公判期日が開かれた。そのときの中間的な報酬が計算された。

BRAGOの計算
BRAGO84条1項の報酬　　　　　　　　　177.50ユーロ
BRAGO83条1項3号の報酬（最初の期日）　　355ユーロ
BRAGO83条2項3号の報酬（2回目の期日）　　190ユーロ
BRAGO26条の一括手数料　　　　　　　　　15ユーロ
　　　　計　　　　　　　　　　　　　　737.50ユーロ
BRAGO25条2項の16パーセント消費税　　　118ユーロ
　　　　計　　　　　　　　　　　　　　855.50ユーロ

RVGの計算
VV4100号の基本報酬　　　　　　　　　　165ユーロ
VV4104号の手続報酬（準備手続）　　　　140ユーロ
VV4106号の手続報酬　　　　　　　　　　140ユーロ
VV4108号の期日報酬（一回目の期日）　　230ユーロ
VV4108号の期日報酬（二回目の期日）　　230ユーロ
VV7002号の一括手数料　　　　　　　　　20ユーロ
　　　　計　　　　　　　　　　　　　　925ユーロ
VV7008号の16パーセント消費税　　　　　148ユーロ
　　　　計　　　　　　　　　　　　　　1,073ユーロ

報酬の増額は、187.50ユーロであり、約20パーセントである。

[事例9] 最初依頼者の捜査手続の代理をし、起訴後はラント裁判所の経済刑事法廷の

代理を行った。15回の公判期日が開かれた。

BRAGOの計算
BRAGO84条1項、83条3項の報酬（最高の報酬）　　　　390ユーロ
BRAGO83条1項3号の報酬
　（一回目の期日、最高の報酬）　　　　　　　　　　780ユーロ
BRAGO83条1項3号
　（二回目から15回目の期日、平均的報酬225ユーロ×14）　3,150ユーロ
BRAGO26条の一括手数料　　　　　　　　　　　　　　15ユーロ
　　計　　　　　　　　　　　　　　　　　　　　　4,335ユーロ
BRAGO25条2項の16パーセント消費税　　　　　　　693.60ユーロ
　　計　　　　　　　　　　　　　　　　　　　　5,028.60ユーロ

RVGの計算
VV4100号の基本報酬（最高報酬）　　　　　　　　　300ユーロ
VV4104号の手続報酬（準備手続）（最高報酬）　　　　250ユーロ
VV4118号の手続報酬（最高報酬）　　　　　　　　　580ユーロ
VV4120号の期日報酬（一回目の期日、最高報酬）　　　780ユーロ
VV4120号の期日報酬
　（二回目から15回目、平均的報酬445ユーロ×14）　　6,230ユーロ
VV7002号の一括手数料　　　　　　　　　　　　　　20ユーロ
　　計　　　　　　　　　　　　　　　　　　　　　8,160ユーロ
VV7002号の16パーセント消費税　　　　　　　　　1,305.60ユーロ
　　計　　　　　　　　　　　　　　　　　　　　9,465.60ユーロ

　報酬の増額は3,825ユーロであり、約47パーセントである。この異常に高い報酬の増額は、わけても、経済刑事法廷の手続の報酬法上の評価の高まりに基づいている。この手続は、これまでは、裁判所構成法（GVG）74a条、74c条の規定に基づいて特別の管轄が存在するにもかかわらず、通常のラント裁判所の手続とみなされてきた。この特別の管轄は、今や弁護士にとって高額の報酬を与えるものとなっている。それは、特にラント裁判所の刑事法廷で扱われる経済刑法事件が通例困難で、大抵は複雑な手続であり、その困難さ及び複雑さが

弁護士の時間をとっているがゆえに、立法者にとって事物に適しているようにみえた[110]。

(7) 反則金事件の報酬

反則金手続の第5部の報酬構造は、基本的に刑事手続の報酬構造に一致している。弁護人は、どのような個別手続を行うかとは無関係に、基本報酬を受け取る（VV5100号）。彼は、行政機関での手続で警察ないし行政機関の尋問への関与のための手続報酬及び期日報酬を取得する（VV5101号—5106号）。裁判所の手続でも同様に手続報酬及び期日報酬が発生しうる（VV5107号—5112号）。

RVG17条10号に従って、反則金事件は固有の報酬事件となっている。RVG17条10号の規定は、以前の法状況とは異なり、明瞭なものとなっている。刑法上の尋問手続及びその中止後引き続いてなされる反則金手続を、既に通説及び判例の一部は、異なった事件とみていた。しかし、それ以外の裁判所は、異なった評価に達していた。それゆえ立法者は、明確化が必要なものとした[111]。基本報酬は例外である。それは相互的に控除され、反則金事件及び刑事事件が異なった事件であるにもかかわらず、一括して一度だけ発生しうる（VV4100号、5100号）。

報酬の額は、反則金の額に応じて、40ユーロまでの反則金、40ユーロから5000ユーロまでの反則金及び5000ユーロを超える反則金に分けられている（VV5101号〜5112号）。反則金のいくらが報酬額の計算の基礎になるかを、前注の第5部5.1　1項が定める。報酬の発生のときに定められていた反則金が標準になるというのが原則である。それは、法的拘束力を有する反則金ではなく、報酬の発生のときに定められていた反則金である。弁護士が、反則金の命令の発布後弁護を委託されたときは、報酬額の計算のためにそこで定められた反則金が決定的なものとなる。弁護士が、行政機関による聴取の前に既に委託を受けているときは、第5部の前注5.1の2文及び3文が適用される。それによれば、具体的な反則金規定の中で当事者が威嚇された反則金が基礎となるべきである。反則金が最低額及び最高額として当事者を威嚇している場合は、最低額と最高額の足し算をして、それを2で割ることにより生じる平均的な額が基準となる。

この場合最初の反則金の算定よりも報酬が高くなることは、委託者にとって最高額に至るまでの総ての反則金が観察に現れるがゆえに、意識的に甘受された。平均的な報酬の基礎に基づく標準的な計算は、この場合もまた、事例によって異なることを明らかにする[112]。

[**事例10**] 弁護士が当事者を行政官署で代理し、次いで、区裁判所で代理した。反則金は、40ユーロ以下である。区裁判所では公判期日が開かれた。

BRAGOによる計算
BRAGO105条2項2号、84条1項の報酬　　　　　177.50ユーロ
BRAGO105条2項1号、3条1項3号の報酬　　　　355ユーロ
BRAGO26条の一括手数料　　　　　　　　　　　15ユーロ
　　　計　　　　　　　　　　　　　　　　　547.50ユーロ
BRAGO25条2項の16パーセント消費税　　　　　87.60ユーロ
　　　計　　　　　　　　　　　　　　　　　635.10ユーロ

RVGによる計算
VV5100号の基本報酬　　　　　　　　　　　　85ユーロ
VV5101号（行政官署）の手続報酬　　　　　　55ユーロ
VV5107号（区裁判所）の手続報酬　　　　　　55ユーロ
VV5108号の期日報酬　　　　　　　　　　　110ユーロ
VV7002号の一括手数料　　　　　　　　　　　20ユーロ
　　　計　　　　　　　　　　　　　　　　　325ユーロ
VV7008号の16パーセント消費税　　　　　　　52ユーロ
　　　計　　　　　　　　　　　　　　　　　377ユーロ

[**事例11**] 事実関係は最初の事例と同じであるが、反則金が500ユーロに達した。

BRAGOによる計算
計算は、上記第一の事例［**事例10**］と同じである。

RVGによる計算

VV5100号の基本報酬	85ユーロ
VV5103号（行政官署）の手続報酬	135ユーロ
VV5109号（区裁判所）の手続報酬	135ユーロ
VV5110号の期日報酬	215ユーロ
VV7002号の一括手数料	20ユーロ
計	590ユーロ
VV7008号の16パーセント消費税	94.40ユーロ
計	684.40ユーロ

[**事例12**]　事実関係は、最初の事例と同じであるが、反則金が6,000ユーロに達する。

BRAGOによる計算
計算は、[**事例10**]の計算と同じである。

RVGによる計算

VV5100号の基本報酬	85ユーロ
VV5105号（行政官署）の手続報酬	140ユーロ
VV5111号（区裁判所）の手続報酬	170ユーロ
VV5112号の期日報酬	270ユーロ
VV7002号の一括手数料	20ユーロ
計	685ユーロ
VV7008号の16パーセント消費税	109.60ユーロ
計	794.60ユーロ

（8）　経　費

　報酬リストの最後の部分である第7部には、経費の徴収に関する総ての規定が含まれている。第7部の前注7には、これまでのBRAGO25条1項の規定に一致して、報酬とともに総ての活動費用が補償されるべきことが定められている。VV7000号から7008号までに規定されている費用のほかに、弁護士は、VV7000号から7008号が異なった定めを置いていない限り、BRAGOのもとにおける如く、ドイツ民法675条、670条のその他の費用の賠償を請求しうる。

第4章　ドイツにおける訴訟費用の敗訴者負担―総論（原則）

　VV7000号に含まれている、一括書類の新規定は、その一部のみが従来のBRAGO27条に一致する。もっぱら具体的に必要なコピーの数のみが決定的である。VV7000号1aの経費構成要件におけるとは異なり、1b及び1cは、100枚以上のコピーの作成を要求する。しかし、文言は、100枚以上のコピーの場合に、101枚から1ページあたり0.5ユーロに、また、151枚から1ページあたり0.15ユーロになるのか、それとも、100枚以上の場合総てのコピーが算入されるのかについては、一義的に解答していない。文言は、7000号1dに引き続いて単に最初の50枚といっているだけだから、1ページからの償還可能性を認めている。VV7000号の公の理由付けによれば、100枚以下のコピーの作成費用は、一般的な活動費用に属し、報酬の中に包含される[113]。しかし、この理由づけは、VV7000号1bの文言には合わない。これは、いずれにせよ、7000号1b及び1cの場合、100枚のコピー以下では、原則として経費の賠償は生じない、そして、100枚のコピー以上の場合は、全部のコピーが算入されるという解釈を許容する。

　規定の文言ならびに意味及び目的に向けられた解釈は、100枚以上のコピーが用意された場合に、全部のコピーの償還可能性を支持する。7000号1b及び1cの報酬構成要件は、官署及び法廷での活動に基づくコピー（1a）及び委託者の合意におけるコピー（1d）が、最初のページから最後のページまで必要であり、ないし、委託者によって望まれたがゆえに、その全部が償還可能でなければならないことにより、7000号1a及び1dの構成要件とは区別される。相手方、関係者及び手続代理人のためのコピーは、1bの標準に従って、その必要性及び委託の調査に関する委託者の同意とは無関係に、1cの委託者への教示に属し、一般的な活動費用に分類されうる。1b及び1cに述べられた目的のために100枚以上のコピーを必要としない受託者の場合は、既に簡易な算入の理由から、一般的な活動費用への分類が有意義であろう。しかし、100枚以上のコピーが必要である場合は、委託は不相当に費用がかかり、委託と結びついた総ての費用は、通例一般的な活動費用もまた負担すべき報酬によってはもはやカバーされない。それ故に、1b及び1cの場合に総てのコピーの償還可能性を問題とするこ

とは正当である[114]。

<注>

11) LG. Bln MDR. 1982, S. 499.
12) Baumbach/Lauterbach/Albers/Hartmann, ZPO., 60. Aufl., S. 274-275 [Hartmann].
13) Baumbach/Lauterbach/Albers/Hartmann, ZPO., 60. Aufl., S. 275 [Hartmann].
14) Baumbach/Lauterbach/Albers/Hartmann, ZPO., 60. Aufl., S. 275 [Hartmann].
15) Baumbach/Lauterbach/Albers/Hartmann, ZPO., 60. Aufl., S. 275 [Hartmann].
16) Musielak, ZPO., 4. Aufl., S. 347 [Wolst].
17) Baumbach/Lauterbach/Albers/Hartmann, ZPO., 60. Aufl., S. 275-276 [Hartmann].
18) OLG. Düsseldorf, Rechtspfleger 1971, S. 442.
19) OLG. Hamm, NJW. 1970, S. 2217.
20) Münch. Komm. z. ZPO., para. 1-354, 2. Aufl., S. 636 [Belz].
21) OLG. München, Jur. Büro 1973, S. 64.
22) OLG. Düsseldorf, Rpfleger 1971, S. 442 ; OLG. München, Jur. Büro 1973, S. 63.
23) OLG. München, Jur. Büro 1973, S. 64 ; OLG. Karlsruhe, NJW-RR, 1986, S. 1504 ; Stein/Jonas, ZPO., 20. Aufl., para. 91 RdNr. 95 [Leipold].
24) 証書訴訟とは、一定金額の支払またはその他の代替物の一定数量の支払を目的とする特別手続であって、原告の立証方法は証書に制限され、被告が異議を述べたときは、被告の権利を留保して判決がなされる。
25) OLG. Düsseldorf, Rpfleger 1971, S. 442.
26) OLG. Hamm, Jur. Büro 1975, S. 1609.
27) OLG. Celle, NJW. 1968, S. 2264.
28) OLG. Stuttgart, Die Justiz 1982, S. 402 ; OLG. Stuttgart, Die Justiz 1982, S. 262.
29) OLG. Hamm, Rpfleger 1978, S. 427 ; OLG. Nürnberg, MDR. 1979, S. 498 ; OLG. Frankfurt, NJW 1986, S. 1320.
30) OLG. München, MDR. 1986, S. 943 ; OLG. Stuttgart, Die Justiz 1984, S. 300.
31) OLG. Karlsruhe, NJW-RR, 1986, S. 1504.
32) OLG. Stuttgart, Die Justiz 1984, S. 300.
33) BGH. VersR. 1974, S. 194 など。
34) OLG. Nürnberg, NJW. 1982, S. 1056 ; OLG. Frankfurt, MDR. 1984, S. 1030 など。
35) OLG. Stuttgart, Die Justiz 1984, S. 300.
36) OLG. Stuttgart, Die Justiz 1984, S. 300.
37) OLG. Karlsruhe, NJW. 1962, S. 813.
38) OLG. Hamburg, Jur. Büro 1978, S. 442.
39) OLG. Düsseldorf, Rpfleger 1971, S. 442.
40) LG. Berlin, VersR. 1988, S. 303.

41) LG. Berlin, MDR. 1989, S. 165.
42) BVerfG, NJW. 1998, S. 590.
43) Münch. Komm. z. ZPO., para. 1-354, 2. Aufl., S. 638〔Belz〕.
44) OLG. Düsseldorf, AnwBl. 1987, S. 108.
45) OLG. Frankfurt, GRUR. 1965, S. 505 ; 1978, S. 450 など。
46) BGH. NJW-RR. 2003, S. 323.
47) Musielak, ZPO., 4. Aufl., S. 349〔Wolst〕.
48) BGH. NJW. 1988, S. 1079.
49) BGH. NJW. 1988, S. 1079.
50) OLG. Stuttgart, Die Justiz 1980, S. 282 ; OLG. Karlsruhe Die Jutiz 1982, S. 402.
51) OLG. Frankfurt, Rpfleger 1988, S. 81.
52) OLG. Stuttgart, Die Justiz 1976, S. 301 ; 1980, S. 282 など。
53) OLG. München, AnwBl. 1985, S. 47.
54) OLG. Stuttgart, Die Justiz 1979, S. 402 ; 1981, S. 316 など。
55) OLG. Stuttgart, Die Justiz 1980, S. 282 ; 1983, S. 78 など。
56) BGBl. I S. 2850.
57) Musielak, ZPO., 4. Aufl., S. 349-350〔Wolst〕.
58) KG. Rpfleger 1962, S. 158.
59) Münch. Komm. z. ZPO., para. 1-354, 2. Aufl., S. 651〔Belz〕.
60) Baumbach/Lauterbach/Albers/Hartmann, ZPO., 60. Aufl., S. 276〔Hartmann〕.
61) Baumbach/Lauterbach/Albers/Hartmann, ZPO., 60. Aufl., S. 276〔Hartmann〕.
62) OLG. Schleswig, Rpfleger 1962, S. 427 ; JurBüro 1975, S. 568 ; OLG Bamberg, JurBüro 1974, S. 882 など。
63) OLG. Schleswig, Rpfleger 1962, S. 427.
64) OLG. München, MDR. 1978, S. 409.
65) Münch. Komm. z. ZPO., para. 1-354, 2. Aufl., S. 638〔Belz〕.
66) OLG. Celle, NJW. 1968, S. 1097 ; OLG München, MDR. 1978, S. 409.
67) Schneider, MDR. 1981, S. 451.
68) Baumbach/Lauterbach/Albers/Hartmann, ZPO., 60. Aufl., S. 268〔Hartmann〕; Musielak, ZPO., 4. Aufl., S. 348〔Wolst〕.
69) OLG. Stuttgart, Die Justiz 1980, S. 20.
70) OLG. München, JürBuro 1979, S. 108.
71) 非訟事件手続法13a条1項は、事件に複数の者が関与する場合には、裁判所が、事件の解決に必要な費用の全部または一部を、それが衡平に適う限り、一当事者から償還させうることを命じうるとする。また同条2項は、世話事件および扶養事件では、裁判所が当事者の経費の全部または一部を国庫に転嫁しうるとする。
72) Baumbach/Lauterbach/Albers/Hartmann, ZPO., 60. Aufl., S. 276-277〔Hartmann〕.
73) BGH. NJW. 2003, S. 1534.

74) Baumbach/Lauterbach/Albers/Hartmann, ZPO., 60. Aufl., S. 277 ［Hartmann］.
75) Baumbach/Lauterbach/Albers/Hartmann, ZPO., 60. Aufl., S. 277 ［Hartmann］.
76) Baumbach/Lauterbach/Albers/Hartmann, ZPO., 60. Aufl., S. 277 ［Hartmann］.
77) KG. Rpfleger 1979, S. 70.
78) OLG. Stuttgart, Die Justiz 1980, S. 272.
79) OLG. Hamm, MDR. 1975, S. 762.
80) OLG. Stuttgart, Jur. Büro. 1983, S. 1835.
81) OLG. München, NJW. 1972, S. 1058 ; OLG. Düsseldorf, Rpfleger 1984, S. 34 など。
82) OLG. Koblenz, Jur. Büro 1984, S. 1085.
83) ここに述べられている1とか2とかいう数字は、RVG13条の定める手数料の割合であり、それによれば、手数料が訴額に従って定められるときは、手数料は、300ユーロまでの訴額については25ユーロ、訴額1,500ユーロまでは、300ユーロを超える部分につき、更なる300ユーロ毎に20ユーロ、訴額5,000ユーロまでは、1,500ユーロを超える部分につき、更なる500ユーロ毎に28ユーロ、訴額1万ユーロまでは、5,000ユーロを超える部分につき、更なる1,000ユーロ毎に37ユーロ、訴額2万5,000ユーロまでは、1万ユーロを超える部分につき、更なる3,000ユーロごとに40ユーロ、訴額5万ユーロまでは、2万5,000ユーロを超える部分につき、更なる5,000ユーロ毎に72ユーロ、訴額20万ユーロまでは、5万ユーロを超える部分につき、更なる1万5,000ユーロ毎に77ユーロ、訴額50万ユーロまでは、20万ユーロを超える部分につき、更なる3万ユーロ毎に118ユーロ、訴額50万ユーロを超える場合は、50万ユーロを超える部分につき、更なる5万ユーロごとに150ユーロとなり、その1倍、2倍の意味である。BRAGOでは、この割合は基本手数料の分数で表わされた。
84) 1998年のイギリスの民事訴訟規則のもとになったウルフ・レポートでは、迅速審理手続（ファースト・トラック）につき、ドイツのように訴訟前の段階を含めて弁護士費用を定額、固定化することが提案されていたが、1998年民事訴訟規則では、訴訟前の段階における弁護士報酬の基準値を定めることを見送り、訴訟段階の弁護士報酬の定額、固定化のみが規定された（46．2条）（我妻学「英国における1999年司法へのアクセス法」東京都立大学法学会雑誌41巻1号（2000年）62～63頁）。
85) W. Hartung, Das neue Rechtsanwaltsvergütungsgesetz, NJW 2004, S. 1409.
86) BT-Dr. 15/1971.
87) BT-Dr. 15/1971, S. 149.
88) W. Hartung, a. a. O., S. 1411.
89) W. Hartung, a. a. O., S. 1411-1412.
90) W. Hartung, a. a. O., S. 1412.
91) W. Hartung, a. a. O., S. 1412.
92) W. Hartung, a. a. O., S. 1413.
93) W. Hartung, a. a. O., S. 1413.
94) W. Hartung, a. a. O., S. 1414.

95) W. Hartung, a. a. O., S. 1414.
 96) BT-Dr. 15/1971, SS. 206, 207.
 97) Hansens, RVGreport 2004, S. 60.
 98) W. Hartung, a. a. O., S. 1414-1415.
 99) W. Hartung, a. a. O., S. 1415.
100) W. Hartung, a. a. O., S. 1415.
101) W. Hartung, a. a. O., S. 1415.
102) W. Hartung, a. a. O., S. 1416.
103) W. Hartung, a. a. O., S. 1416.
104) 庇護手続とは、外国人を含む政治的に迫害された者が庇護を受ける手続である(基本法16条1項)。
105) W. Hartung, a. a. O., S. 1416-1417.
106) W. Hartung, a. a. O., S. 1417.
107) W. Hartung, a. a. O., S. 1417.
108) BGBl. Ⅰ, 50.
109) W. Hartung, a. a. O., S. 1418.
110) W. Hartung, a. a. O., S. 1418.
111) BT-Dr. 15/1971, S. 192.
112) W. Hartung, a. a. O., S. 1419.
113) BT-Dr. 15/1971, SS. 231, 232.
114) W. Hartung, a. a. O., S. 1419-1420. RVG VV7000号1(a)官署および裁判所での活動に関連した必要書類、(b)法律上または裁判所の要求により命じられる、相手方や関係人に届けまたは通知するための書類、(c)委託者のための説明文書、(d)それ以外の、委託者の同意を得て付加的に第三者に情報提供するための書類。

第5章　ドイツにおける訴訟費用の敗訴者負担
　　　―各論（例外）

第1節　民事訴訟法の規定

1　本案の事件における法的紛争の解決

　ドイツ民訴91a条「(1) 当事者が口頭弁論、文書の提出、または（裁判所の）書記課の記録において主たる事件が終了したと表明したときは、裁判所は、費用につき、従来の事実及び紛争の状況を考慮して、その裁量に従って決定により決する。その決定は、口頭弁論なしでなされうる。

　(2) 決定に対しては、即時抗告がなされうる。抗告に対する決定の前に相手方が審尋されるべきである。」

　本規定は、なかんずく、原告保護機能を有する。本規定は、当初適法であり、かつ理由のあった主張が彼の責めに帰することができない事由により不適法となりまたは理由がなくなった原告にとって役立つ。原告がこの状況において被告の同意のもとで本件が落着したと表示したときは、当事者の共同の処分行為により本件の係属は終了するのだから、彼は、ドイツ民訴91条の費用負担を伴った、さもなければ強制的な訴えの棄却を免れるだけではない。通常の訴えの棄却の場合とは異なり、彼はまた、本来の訴え提起の正しさにもかかわらず、同様に直ちに全部の手続費用を負担することからも免れる。なぜならば、91a条の裁量による費用分担の指導原理は、原因主義だからである。いずれにせよ即時の解決の表示においては、原則として、本案の事件が解決しなかったとすれば、それを負担しなければならなかったであろう者、通常は、敗訴したであろう者が費用を負担する。91a条の費用決定の特殊性は、単にそれが包括的な

手続においてなされることにある。決定の基礎は、原則としてそれまでの事実及び争いの状況である。真正な本案の判決におけるとは異なり、裁判所は、事件の解決がない場合に誰が、本案において勝訴したであろうかという問題の判断に際して、単なる費用判決の枠内で、包括的なそれ以上の事実の説明を免れるのである。新たな申出では、制限的にのみ考慮されうる。裁判所は、それ以上の証拠の収集につき、原因主義により要求されるものを超えて、もっぱら手続経済的関係適合性の原則の標準に従ってのみ拘束される（手続経済機能）[1]。

被告が訴えられた請求権を履行した場合、91a条がなければ、当初理由のあった訴えが、今や理由のないものとして棄却されねばならない。原告は、91条に従い、法的紛争の費用を負担することは避けられない。棄却を避けるために訴えを取り下げることは、彼の役には立たない。269条3項により、同様に彼に費用負担が課せられる。この不公平な結果は、91a条の解消宣告により回避されうる。裁判所には、91条、269条3項（訴えの取下げ）の厳格な規定から離れて裁量により費用について判決する可能性が開かれる。本条のメリットは、この権利保護目的が喪失した場合でも、原告が費用法上、解消された手続からなんの効果もなく引き下がるのではなく、訴えが当初から不適法または理由のないものとなることにある。本条の発生史がこの規範目的を確証する。91a条は、1943年5月の「裁判所の構成、民事司法実務及び費用法の簡易化の推進に関する規則[2]」に遡る。本規則の4条1項は、当事者が法的紛争の主たる事件について解決されたと表明したときは、裁判所は、それまでの事実及び法的紛争状況を考慮して、裁量に従って費用について決定しなければならないと規定していた。この規定が91a条に導入された。解決が口頭弁論または文書においてだけでなく、（裁判所の）書記課の記録においても表明されること及び判決が口頭弁論なしでなされうることは、迅速化と簡明化にも役立つ[3]。

本条は、対席の、費用基礎判決を必要とする手続に広く適用される。非訟事件手続にも適用されるが、独立証拠手続には適用されないと解されている。督促手続に適用されるかどうかについては、争いがある[4]。

2　一部敗訴の場合の費用判決

　ドイツ民訴92条「(1)　当事者が一部勝訴し、一部敗訴した場合は、費用は相互に放棄され、または、割合に従って分担されうる。費用が相互に放棄されたときは、裁判費用は各当事者が半分ずつ負担する。
　(2)　裁判所は、①　相手方当事者の過大請求が比較的些細であって、かつ費用を全くまたは僅かに高い額しか惹起せず、または②　相手方当事者の請求額が裁判官の裁量による確定、専門家による調査または相互の計算に依存するときは、全部の訴訟費用を一当事者に負担させうる。」

　91条が、敗訴者が法的紛争の総ての費用を負担しなければならないという原則から導かれているのに対して、92条は、一部勝訴及び一部敗訴の場合の費用負担を規定する。この91条によって支配されている原則の維持のもとで、92条は、91条の必要不可欠な補充規定として理解される。一部敗訴しただけの者は、原則として費用の一部だけを負担すべきである。これはもちろん、全面的敗訴の場合と同様、個々の争点のみに関する過失や結果とは無関係である。もっぱら紛争の客体に関する手続経過のみが問題となる。92条2項は、それが費用正義という理由から、一当事者に一部勝訴にもかかわらず例外的に法的紛争の全費用を課する限りにおいて、費用の免除または比例的な分担という原則から離れている。訴えの一部のみが棄却されたときは、費用負担について訴えの取り下げに関する269条1項及び2項ではなく、92条1項及び2項が準用されうる[5]。上訴手続においては、それと並んで97条が関与しうる[6]。

　本条2項1号は、利息請求権の全部または一部が棄却されたが、過大請求により特別の費用が惹起されなかったような場合に適用される（ドイツでは利息制限法はなく、過大な利息は信義則違反となる場合に無効とされる〔Wucher〕）。訴額は、それにより従たる債権に関するドイツ民訴4条1項に従って増額されないが、個々的には、主たる債権に対する利息の過大請求がかなりの比重を占めうる。それが訴額の10分の1以下であれば、過大請求は、比較的些細であるといえる。2001年の民事訴訟法改正法（ZPO―RG）の発効以来、裁判所は、比較的些細な

過大請求が特別の費用を惹起するが、これが僅かに高いにすぎない場合にも、割合を無視しうることになった。それによって、過大請求に基づいて、立証や報酬段階の過大評価により些細な増加費用が生じた場合でも、一当事者に訴訟費用の全部を課しうる。被告が比較的些細な有責判決を受けただけで、それ以外は請求が棄却された場合、判決が僅かな費用を惹起したときは、原告に総ての訴訟費用が課されうる[7]。

　訴額が不確定である場合も、原則として91条が適用されるが、判例によれば、請求される額の範囲もはっきりしていないような場合にのみ、不確定な請求額が許容され、判決がこの額を下回る場合に、92条2項2号の適用が問題になる。下回る額が重要でないとはいえない場合は、被告のみの費用負担は排除され、92条1項が適用されうる。限界は、20パーセントから33パーセントとするものもあるが、固定的なパーセンテージは不適切である。原告の過大請求がもっともな評価の過誤に基づく場合は、92条2項が適用されるべきである。評価の過誤が100パーセントを上回る場合は、92条2項は適用されない。請求額が専門家の調査に依存する場合も、それが裁判官の裁量にかかる場合に準じる。それが相互間の計算にかかる場合とは、原告に知られていない反対請求権との相殺が典型例である[8]。

　本条は、原則として総ての民事訴訟法上の手続に適用される。それは、先行する督促手続の後で、督促された額より低い額が裁判手続で争われた場合にも、適用されうる。93a条から93d条までの規定は、本条に優先して適用される。それによれば、当事者が完全勝訴しても、費用の放棄が生じ（例えば、93a条1項、3項、93c条）、あるいは、一部敗訴にもかかわらず、費用の放棄ないし費用の分割が生じる（93d条1項）。

3　直ちに認諾した場合の費用

　ドイツ民訴93条「被告がその行為により訴えの提起につき原因を与えたものではない場合には、被告が請求を直ちに認諾したときは、訴訟費用は原告の負担に帰する。」

93条は、敗訴者ではなく、勝訴者が費用負担をする限りにおいて、敗訴者が法的紛争の費用を負担しなければならないという91条に定められた基本原則と対置される。しかし、93条の例外規定は、費用負担にとって過失ではなく、単なる原因の惹起が問題になるという、総ての費用法の上位にある原則との一致をもたらす。法的紛争において敗訴したわけではないが、訴えを提起したのでもなく、かつ原告により裁判上主張された請求権を直ちに認諾した被告は、費用負担者とはならない。すなわち、彼ではなく、原告が費用惹起者としてこれを負担しなければならない。これは同時に費用正義に奉仕し、かつ不必要な訴訟を避けるのに役立つ[9]。

　本条は、訴訟を避けることに寄与する。それは更に、被告に、不必要に提起された訴訟において費用負担を免れる機会を与える。93条は、原則として、民事訴訟法の総ての手続において適用されうる。給付訴訟、確認訴訟及び形成訴訟、仮差押、仮処分手続、決定手続、実用新案権抹消手続、特許無効手続などがこれである。しかし、当事者自治のない手続、特に、婚姻及び子に関する事件、公示催告手続、費用確定手続、（異議申立があるまでの）督促手続には適用されない[10]。93条は、被告が起訴後判決前に履行し、その後で原告が事件が解消されたと表明した場合にも、準用されない（91a条）。

4　婚姻事件における費用

　ドイツ民訴93a条「(1) 離婚が判決されるときは、離婚事件及び同時に判決され、またはドイツ民訴627条1項に従って予め判決された付随事件の費用は、相互に放棄されうる。付随事件の費用は、付随事件につき分離によりドイツ民訴628条により独立して判決されるべき場合にも、相互に放棄されうる。裁判所は、1、1文に従った費用の分担が、婚姻当事者の一方の生計に不相当に損害を与えるであろう場合（それに際して訴訟費用の扶助の許可は考慮に入れられない）、2、1文による費用の分担が、婚姻当事者がドイツ民訴621条1項4, 5, 8号に規定された種類の付随事件において全部または一部敗訴したことに鑑みて、不相

当であるようにみえる場合は、費用を自由裁量によってそれとは異なった方法で分担させうる。当事者が費用について合意をなしたときは、裁判所は、その全部または一部を判決の基礎となしうる。

(2) 離婚の申立が棄却されたときは、申立人は、その棄却により対象を失った付随事件の費用もまた負担すべきである。これは、分離によりドイツ民訴623条1項1文またはドイツ民訴628条1項1文に従って独立に判決されるべき付随事件の費用についてもあてはまる。裁判所は、1文による費用の分担が、ドイツ民訴621条1項4，5，8号に規定された種類の付随事件における従来の事実及び紛争の状況に鑑みて、不相当であるようにみえるときは、費用を異なった方法で分担させうる。

(3) 婚姻が取り消されたときは、法的紛争の費用は相互に放棄されうる。裁判所は、1文による費用の分担が、当事者の一方の生計に著しい損害を与え、または、かような費用の分担が、婚姻締結に際して一人の当事者のみが婚姻の取消し原因を知っていたこと、または一当事者が相手方当事者の側の詐欺または強迫により、あるいは相手方がそれらの事情を知っている場合において婚姻を締結したことに鑑みて、不相当であるようにみえるときは、費用を公平な裁量に従って他の方法で分担させうる。

(4) 婚姻が管轄行政庁の申立により、またはドイツ民法1306条違反の場合は、第三者の申立により無効とされたときは、3項は適用されえない。

(5) 1項及び2項は、ドイツ民訴661条1項1号のパートナー生活共同体に準用される。」

93a条は、1項及び2項において完全な、3項において部分的な、敗訴者が本案訴訟の費用を負担しなければならないという、91条及び92条において闡明された原則の特別規定を包含する。3，4項は、1998年の婚姻法（EheschlRG）3条1号により修正を受けた。さもなければ適用されている成果主義の不顧慮のもとで、93a条は、通例勝訴または敗訴が問題となりえない、過失とは無関係な手続においては、まず第一に適正な費用分担の原理が計算に入れられるべきだ

という考慮から出発している。これは、各当事者が申立人と同じ目的をもっているにもかかわらず、両当事者のいずれも裁判所に助けを求めることなしに追求された目的を実現しえないという理由でも提案されている。それゆえに、93a条は、費用を相互に放棄させる1項で、特別の場合には、裁判官が個々の事例の形成に従って、義務に適った裁量の枠内で衡平の観点をも考慮しうることにより補完される規定に優位性を与えている。それにより同時に当事者の経済的関係に最もよく適合する費用の分担が到達される。93a条は、この原則に1項及び3項では無制限に、2項では例外的にのみ従っている。他方、本条は、2項では原則的に、4項では無制限に、敗訴者による費用負担の原則に固執する[11]。

　奏功した離婚請求及び婚姻取消請求のために、成果主義の代わりに、費用放棄の原則が規定され、またはそれが苛酷及び衡平条項によって緩和されている。91条、92条の成果主義は、あまり適切な結果には導かない。いずれの婚姻当事者が離婚の申立をしたかは、実務上はしばしば偶然的な事情にかかるからである。離婚の請求が棄却された場合、敗訴者による費用負担が原則的には適切であるようにみえる。そのため、2項は、それに固執するが、公平のためにそれとは異なった処理を可能にする。その規定は、付随事件（子の監護権の決定など）を含む離婚手続において、ドイツ民訴627条1項に従って付随事件が優先されるか、ドイツ民訴628条1項によって離婚事件が分離して決定されるかを問わず適用されうる。これは、ドイツ民訴620g条により仮処分の費用も含む。それ以外には婚姻取消の申立のみに本条が適用される。離婚の付随事件における賃貸人のような第三者の関与は、93a条の決定を妨げるものではないが、その第三者にこの規定によって離婚及びその付随事件の費用が課されるわけではない[12]。

5　住居明け渡し訴訟における費用

　ドイツ民訴93b条「(1) 住居の明け渡しを求める訴訟が、ドイツ民法574条から574b条までの規定に基づく賃貸借関係の継続を求める被告の請求が、原告の正当な利益が存在するために正当化されないことを考慮して許容されたとき

は、裁判所は、被告が、賃貸借関係の継続を、理由を列挙して請求しており、かつ、原告が、後になって発生した理由により勝訴したものである場合には（ド民574条3項）、費用の全部または一部を原告に負担させることができる。これは、賃貸借関係の継続を求める法的紛争において、訴えが棄却された場合にも準用される。

（2）住居の明渡を求める訴えが、被告の請求により、ドイツ民法574条から574b条までの規定に基づく賃貸借関係の継続が決定されたことに鑑みて棄却されたときは、裁判所は、被告が原告の請求に基づいて遅滞なく異議申立の理由について通知を与えなかった場合には、費用の全部または一部を被告に負担させうる。これは、賃貸借関係の継続を求める法的紛争において、訴えが許容された場合も同様である。

（3）被告が住居の明渡を直ちに認めたが、彼に明渡期間が許容されたときは、被告が訴え提起前に既に理由を述べて賃貸借関係の継続または事情に従って相当な明渡期間を求めていたのに、原告がそれを聞き入れなかった場合には、費用の全部または一部を原告に負担させうる。」

本条項1項、2項は、社会的な理由から、特定の賃貸借紛争のために、敗訴者負担の原則の例外を定めるものである。狭く解釈されるべき例外則だとされている。本条項は、建物に関する明渡紛争の費用について、可能な限り正当な決定を目的とするものである。すなわち、本条項は、91条及び92条に包含される費用負担の原則をほとんど放棄する。本条項は、同時に、単純化思考の放棄のもとに、敗訴の代わりに、衡平及び社会的観点に基準を求める。いい加減な事実の申述の事例において問題になる費用負担のおそれは、手続の規律を高め、それによって追求される適時かつ包括的な相手方の情報提供により同時に、可能な限り訴訟によらないで、和解により解決することを可能にする[13]。

3項により紛争の非訟的な解決を目的とする、訴訟前の努力が促進される。被告が訴え提起のきっかけを与えたときは、93条を超えて、一定の要件のもとで原告に費用が課されうる。建物明け渡しまたは建物賃貸借の継続が訴えられ、

またはそれらが反訴で主張されたときは、93b条が適用されうる[14]。

6　子供の事件における費用

　ドイツ民訴93c条「父性の取消の訴えが奏功したときは、費用は相互に放棄されるべきである。ドイツ民訴96条が準用される。」

　本条は、1998年の子供の権利法改正法 (KindRG) の発効までは、もっぱら費用正義に適うだけのものであった。それまで取消手続の当事者たりうるのは、もっぱら父親だけであり、その両親や子には資格がなかった。嫡出否認及び父性の承認の取消の制度が統一されたために、本条の改正が必要になった。本条は、KindRG 6条3号により追加され、1998年7月1日より発効したが、同じときに効力を生じたこの「子供の権利法改正法[15]」が嫡出否認と父親の承認の取消を父性の取消という一つの制度に統一したことを考慮したものである（ド民新1592条、新1599条）。今や母親も取消権を有する（ド民新1600条）。様々な事例のために強制的な費用請求の放棄という従来のルールに無限制に従うことにした。1996年6月13日の連邦政府草案にはあった、母親が自ら出生確定手続の当事者ではなかったが、結果的に余計なものとなった訴えが子または父親から提起されたときは、費用の全部または一部を裁量に従って母親に課すべきだという特別規定は、新しく制定された93c条には正当にも採用されなかった[16]。

　強制的な費用負担の放棄の例外なき固執は、衡平という理由から不可避の現実の必要に適している。なぜならば、ドイツ民法1152条1号、2号及びドイツ民法1593条に規定された父子関係の事例は、ドイツ民法1599条に従って原則として既判力ある取消によってのみ、再び効力を失わしめうるからである。認諾や放棄のようなルールは排除される。しかし、父性の有効な取消の場合に費用を91条によりもっぱら敗訴者に課すことも不公平となろう。その上取消は、公的利益にも関わっている。費用の放棄は、同時に費用法の実行可能性を考慮に入れている[17]。

　本条は、父性がドイツ民訴新640条2項2号によって取り消されるときにだけ、

適用しうる。いずれにせよ、勝訴に終わった場合にだけ、93c条は適用される。当事者がその手続を一致して解消されたと表明したときは、91a条、93c条に従って解決される。それ以外の場合は、91条に従って解決される。父性の取消が新ドイツ民法1600e条2項により父親の死後家庭裁判所でなされるときは、本条は適用されない。非訟事件手続では、FGG13a条が適用されうる[18]。

7 扶養事件における費用

ドイツ民訴93d条「請求を受けた当事者が、彼がその収入及び財産について通知する義務に従わず、または不完全にしか従わなかったことにより、法定の扶養義務に関する手続が開始する原因を与えたときは、手続の費用は、ドイツ民訴91条～93a条、269条3項の規定とは異なり、公平な裁量に従いその全部または一部を彼に負担させられうる。」

本条は、1998年4月6日に制定された「未成年者の扶養の統一に関する法律（KindUG）[19]（1998年7月1日より施行）」3条1号により改正された。本条の前身は、裁判官の形成裁判により、実体法により可能とされた（ド民旧1615i条）未払扶養料の猶予または免除を考慮に入れていた。実体法は今や猶予または免除を裁判官の形成権能のうちにあるものとしては規定していないのだから、この前提は喪失している。従来の規定に代わる93d条の新規定は、一定の範囲の者についてドイツ民法1361条、1580条及び1605条において定められている、これが扶養請求権または扶養義務の確定に必要な限りにおいて、相互に請求によりその所得及び財産について教示すべき義務と結びついている。要求により、所得額に関する教示義務は、証拠書類、なかんずく、労働者の証明書の提示を含みうる。新しい判例は、税額や負担についても教示義務があるとする[20]。教示義務の任意の履行は、扶養請求権の裁判外の解明及びルール作りを改善しかつ助長する[21]。新規定の前提条件は、91条から93a条まで及び269条3項（訴えの取下）に従って原則的に生じる費用負担義務とは異なり、義務者による教示義務の任意の履行の準備に彼が全く従わず、または完全には従わなかった事例につ

いて、本案における勝利にもかかわらず、法が彼に費用の全部または一部を負担させることによって作用することである[22]。費用負担のプレッシャーをかけることは、義務者の情報提供義務の裁判外の履行を促し、権利者に段階訴訟（254条）[23]という煩雑な方法を選ぶことを避けさせる。本条は、扶養義務者と扶養権利者の双方に関する、ドイツ民法1361条4項、1580条及び1605条の場合に適用されうる。本条は、特別規定として一般の費用負担規定の適用を排除する。それは、法律上の扶養義務が帰属する者の間の紛争に適用され、第三債務者との間の紛争には適用されない[24]。

8　請求権譲渡における費用

　ドイツ民訴94条「原告（譲受人）が、訴え提起前に被告（債務者）に移転を通知し、かつ要求に基づいてそれを証明することなしに、彼に移転された請求権を主張したときは、それが、被告が通知または証明の懈怠により請求を争う羽目になったことにより生じた限りにおいて、訴訟費用は彼（原告）の負担に帰する。」

　94条の意味における請求権は、ドイツ民法194条に定義された請求権と一致する。これは、原則として義務者の協力なしに他人に譲渡されうる。民法は、それから債務者への通知の必要性を導き出す（ド民404条以下）。ドイツ民法410条によれば、債務者は、譲渡が彼に書面で通知されていない限り、新しい債権者に、従来の債権者により譲渡に際して手交された証書と引き換えにのみ給付するをもって足りる。この法律行為的取引についてあてはまる債務者保護を94条は訴訟法に持ち込んだ。彼に譲渡された請求権を主張する債権者は、彼が請求権の譲渡を訴訟開始前に被告に通知せず、または証明しなかったことに対して訴訟費用の危険を負担する。立法者は、これを、勝訴にもかかわらず、秘密の譲渡により惹起された費用を原告に負担させうるように、費用の分担のために統一的な費用判決の原則を破るきっかけとした[25]。

9 懈怠または帰責事由がある場合の費用

ドイツ民訴95条「期日または期間を懈怠し、または、その過失により期日の変更、弁論期日の延期、弁論の続行のための期日の決定または期間の延期を惹起した当事者は、それにより生じた費用を負担すべきである。」

95条は、統一的な費用負担判決とは異なった費用分担の事例を規定する。その目的は、訴訟の引き延ばしを抑制することである。その実際上の意味は小さいが、それは、なかんずく、欠席裁判の枠内で、91条の一般的費用負担ルールが、ドイツ民訴330，331，341，343，345条により95条の原則を排除することによる。訴えの取下げに関する269条3項及び98条に包含されている費用規定もまた、95条の適用可能性を減少させる。同じことは、ドイツ民訴238条4項[26]、700条（強制執行命令に対する異議）、及び95条との関係で特別規定として現れるドイツ民訴344条の規定（欠席裁判の費用）についてもあてはまる。判例、学説上訴えの取り下げの場合、344条もまた適用されるとする見解が増えている。費用が91、92条により関係当事者に負担させられえない場合にのみ、本条により費用が負担させられうることもまた、95条の関与に消極的に作用する。95条とは無関係に、裁判所は、特別の、原則として取り消しうる裁判所費用法（GKG）34条の決定により、欠席した当事者、場合によっては両当事者に不利に、過失に依存した延滞料を課しうる[27]。

10 奏功しなかった攻撃及び防御方法の費用

ドイツ民訴96条「奏功しなかった攻撃または防御方法の費用は、彼が本訴で勝訴した場合でも、それを主張した当事者の負担に帰しうる。」

強行法的性質を有する94，95条の事例とは異なり、統一的な費用判決の原則とは異なった費用分担の事例である、96条は、裁判所の裁量に委ねられる費用負担を規定する。費用正義及び訴訟費用の節約という理由から、例外的に全部または一部の勝訴者に、彼によって主張された不適切な攻撃または防御の費用

が課せられうる。しかし、この狭く解釈されるべき特別規定は、その一義的な文言のために、攻撃または防御方法が、当事者が勝訴した本案の当事者に関わることを前提とする。96条は、仮処分手続にも適用される[28]。本条は、独立的証拠手続にも適用されうるが（証拠調べの結果、訴額の一部しか主たる事件の手続に係属しなかった場合）、訴えまたは上訴の取下げの場合は、適用がない。主たる事件の勝訴という観念を欠くためである[29]。

11　上訴における費用

ドイツ民訴97条「(1)　不奏功に終わった上訴の費用は、それを申し立てた当事者の負担に帰する。

(2)　上訴手続費用は、彼が原審の手続で主張することができなかった新しい事実に基づいて勝訴したときは、勝訴当事者にその全部または一部を負担させられうる。

(3)　1，2項は、離婚事件の付随事件である、ドイツ民訴621条1項3，6，7，9号に規定された種類の家事事件ならびに解消事件の付随事件である、ドイツ民訴661条1項5号及び7号に規定された種類のパートナー生活共同体の事件に準用される。」

本条1項は、その原因を与えた者が費用を引き受けるという考えを追求している。2項は、訴訟を引き延ばし、または注意して追行しなかった者に不利益を与えることにより、手続の迅速化に役立つ。3項は、離婚手続及びパートナー生活共同体の解消事件において非訟事件手続事件の判決が取り消された場合の費用の扱いの統一を目的とする。このように97条は、三つの異なった構成要件を規定する。統一的な費用負担原則とは異なり、それは例外的に費用の分担を定める。1項は、それが91，92条の原則によりどっちみち効力を有する、すなわち、敗訴者が法的紛争の費用を負担しなければならないと述べる限りで、本条は余計であるかのごとくみえるが、97条1項の強行規定の文言及び意味は、当事者が費用の問題において不奏功に終わった上訴の結果を、最終的に手続が

上告までなされたかどうかを問わないで、負担しなければならないことを明らかにする。費用判決なしになされるべき理由に関する判決（中間判決）の場合には、理由ありとする中間判決に対する上告が不奏効に終わったときは、勝訴者は、その上告手続で上告費用の償還につき裁判を受けうる[30]。請求権の理由を正当と宣言する判決に対する控訴が不奏功に終わった事例は、原告により主張された請求権が第一審において理由ありとされ、被告の控訴により否定されたが、原告の上告により訴えを棄却する控訴審の判決が破棄され、被告の控訴の棄却により原告の請求が再び認められた場合と同様にみられうる。97条1項に一致して、上告審は、不奏功に終わった被告に二つの上訴の費用を負担させなければならない[31]。他方において、訴訟の引き延ばしを防止するため、かつまた、事例正義という理由で、97条2項は、一定の要件のもとで上訴費用の全部または一部を勝訴した上訴者に負担させる。1項及び2項の費用分担の二つの構成要件の適用範囲が、その規定が準用されうるものも含めて、総ての民事訴訟手続に拡大されるのに反して、3項は、その適用領域を非訟事件手続という狭い領域に及ぼすのみである。上告の一部不承認及び上訴審における訴えの取り下げの場合は、97条と並んで92条もまた適用されうる[32]。

12　和解における費用

ドイツ民訴98条「成立した和解の費用は、当事者が異なったことを合意しない限り、相互に放棄されたものとみなされうる。同じことが、それが既に既判力をもって確定されているのではない限り、和解により解決された争訟の費用についてもあてはまる。」

98条は、訴訟上の和解から場合によっては裁判外の和解に至る、締結された和解の費用並びに和解により解決された本案の費用を誰が負担するかを定める。しかし、当事者自治の原則に従って、当事者は、法秩序が彼らに和解の締結を許容する場合はどこでも、和解費用の負担及び償還についても合意しうる。かような合意は、その他の点では強制的な98条の費用規定に優先する。もっとも、

その実際上の意味は狭い。なぜならば、当事者が本案では合意したが、費用負担についてはそうではない事例がしばしばみられるからである。これらの事例でも、98条の費用規定を黙示で補充する訴訟上の和解は、費用判決として費用を103条以下（費用確定手続）によって確定させる可能性を開く。98条は、費用判決なしの費用の確定を可能にすることにより、単純化に役立つものであるから、狭くではなく、広く適用されるべきである[33]。

13　費用判決の取消

ドイツ民訴99条「(1) 費用項目についての判決の取消は、本案の判決に対して上訴が提起されていない限り、許容されない。

(2) 本案の事件が、認諾に基づいて言い渡された判決により解決したときは、費用項目についての裁判に対して即時抗告がなされる。抗告についての裁判の前には相手方は審尋されるべきである。」

本条1項は、上級審の本案事件の判決と費用判決とがつじつまが合わなくなることを避けるために、費用判決の分離した取消を禁じている。その結果上級審は、費用判決のみをなすためにも、主たる事件の判決について吟味しなければならない[34]。訴額の事後的な変更の場合の費用判決の分離した取消もまた、許容されない。非訟事件手続法20a条1項（費用判決の取消し）と文言上一致する99条1項は、法的紛争の費用に関する判決の取消を制限する。上級審は、原則として職権で（308条3項）本案判決とともにのみ法的紛争の費用について判決を下さなければならない。上級審は、費用判決が取り消される場合にのみ、本案の新しい判決を免れる[35]。費用についての分離した判決が、取り消しえなくなった本案判決と矛盾する事態もまた避けられるべきである[36]。

これに対して、費用の項目に制限された反撃が、認諾判決に向けられているときは、かようにつじつまが合わなくなるおそれもないし、主たる事件の判決を吟味することもない。その結果2項は、例外的にこの場合費用宣告だけの取消を許容する。同じ理由から、分離した費用に関する上訴は、ドイツ民訴91a

条2項、269条3項（訴えの取下げ）、619条（人事訴訟における一方の配偶者の死亡）、626条（離婚の申立の取下げ）の場合にも、許容される。非訟事件手続法（FGG）20a条の場合には、99条2項は適用されない。破産法（InsO）4条により、破産手続においても、費用判決の分離した取消は生じない[37]。

14 共同訴訟の費用

ドイツ民訴100条「(1) 敗訴当事者が共同訴訟人である場合は、彼らは、費用償還について頭割りで負担する。

(2) 法的紛争への関与が著しく異なるときは、裁判所の裁量によって関与の割合が定められうる。

(3) 一人の共同訴訟人が特別の攻撃または防御方法を主張したときは、それ以外の共同訴訟人は、それによって惹起された費用につき責に任じない。

(4) 複数の被告が連帯債務者と判断されるときは、彼らは、3項の規定は別として、費用の償還についても連帯債務者として責任を負う。この責任が3項に規定された費用に拡大される民法の規定は、影響を受けない。」

100条は、複数の者が原告または被告として手続に関与している場合の費用負担を規定する。本条は、算定の単純化に奉仕するものである。本条1項は、共同訴訟において総ての共同訴訟人が敗訴した場合の相手方に対する費用負担を規定する。裁判費用のための国庫に対する責任は、規定されていない（GKG32条1項）。本条はまた、相手方に対する共同訴訟人の責任は規定するが、内部関係における共同訴訟人相互間の責任や共同訴訟人の勝訴の場合は規定していない。1項によれば、各共同訴訟人は、原則として頭割りで負担する。関与の程度が著しく異なっている場合は、裁判所は、関与の程度に従って費用の分担を定める。特別の攻撃または防御手段の費用は、裁判所は、3項に従って特別に処理する。本案について連帯債務者として責任を負う共同訴訟人の場合は、4項は、訴訟費用についてもまた連帯債務者としての責任を定める。1項及び4項の責任は、判決における明示的な宣明なしに生じる。2項及び3項の費用分担は、

費用判決において裁判所によって明示的に命じられうる[38]。

　本条4項は、連帯債務者が被告として全面敗訴した場合に、適用される。被告が第一審で連帯債務者として判決を受けた場合において、控訴審でも敗訴判決を受けたときは、費用について再び連帯債務者として責任を負う。このことは、控訴審でこれについての明示的な宣明がない場合でも、同様である。ドイツ民訴91a条により抗告審で、第一審で命じられた連帯債務者の責任が確認された場合も、抗告手続費用につき同じことがあてはまる。本条項前段によれば、個々の共同訴訟人の特別の攻撃、防御方法によって惹起された増加費用は、連帯責任の場合でも、特別に処理されうる。しかし、これらの費用についても民法の規定（ド民566条2項、767条2項）[39]に従って責任を負うときは、4項2文によってこれらの民法の規定の定めるところによる[40]。

15　補助参加の費用

　ドイツ民訴101条「(1)　補助参加によって惹起された費用は、主たる当事者の相手方がドイツ民訴91条〜98条の規定によって法的紛争の費用を負担しなければならない限り、その者がこれを負担すべきである。そうでない場合は、それは補助参加人が負担すべきである。
　(2)　補助参加人が主たる当事者の共同訴訟人であるときは（ド民訴69条）、ドイツ民訴100条の規定が準用される。」

　101条は、単純な補助参加（ド民訴67条）によって惹起された、補助参加人と彼によって補助されている主たる当事者の相手方との間の費用の償還義務を規定する。補助参加人は、その費用に関しては、原則として、彼によって補助された当事者と同じ立場に置かれる。補助参加人と彼によって補助された主たる当事者との間の訴訟上の費用償還請求は、理由づけられない。実体法上の費用償還請求権が認められうる場合は、別の訴訟によって主張されるべきである。共同訴訟的補助参加には、もっぱら100条が適用される。すなわち、共同訴訟的補助参加人は、費用償還義務に関して補助される主たる当事者の共同訴訟人

と同様に扱われる[41]。しかし、それに際して、当事者としての地位を欠く、共同訴訟的補助参加人にはまた、主たる事件につき判決を受けえないがゆえに、100条4項は適用されない。

101条は、主観的及び客観的に明らかに分裂した適用領域を有する。主観的には本条は、補助参加人と補助参加される者の相手方に関わる。既述のように補助参加人と補助参加される当事者との間には、法的紛争が存しないがゆえに、訴訟上の費用償還請求権は発生しない。共同訴訟的補助参加人についても同様である。客観的に把握される場合は、本条は、補助参加人によって惹起された費用についてのみ規定する。それは、補助参加人に発生した裁判外の費用である。補助参加人が、補助参加された当事者のために、攻撃、防御方法を用い、または、上訴し、それが奏功することによって、主たる当事者に費用が発生した場合は、これはもっぱら当事者が負担すべき法的紛争の費用である。補助参加される当事者が関与していない、補助参加人の上訴が不奏功に終わった場合はこの限りでない。それによって生じた費用は、97条によって補助参加人が負担すべきである。主たる当事者が攻撃、防御方法、上訴に反対である場合は、それによって生じた費用は、96条、97条により補助参加人に課される、補助参加の費用に加えられる[42]。

16　費用の確定—基礎と申請

ドイツ民訴103条「(1)　訴訟費用の償還請求権は、債務名義に基づいてのみ主張されうる。

(2)　償還されるべき額の確定の申出では、第一審裁判所になされるべきである。費用の計算書、その相手方に伝達されるべきコピー及び個々の費用の計算の正当化に役立つ証拠が添付されるべきである。」

費用判決は、当事者のいずれが相手方または補助参加人の訴訟費用を負担すべきかを決する。それは、これがなされるべき範囲もまた包含する。純粋な金額の確定手続としての費用確定手続（103条〜107条）は、91条以下によって償

還されるべき費用の具体的な金額を定める。確定手続は、費用基礎判決を前提とする。費用基礎判決では、相手方が訴訟費用を償還しなければならないか、場合によっては、どれだけの割合を償還すべきかが命じられ、確定手続では、どれだけの額であるかが定められる。この費用判決に基づいてなされる金額確定手続の目的は、償還義務の数額を示す強制執行名義（ド民訴794条1項2号）の創設である。費用確定手続の対象は、法的紛争において生じた費用償還請求権である。その訴訟上の主張は不適法である。反対に実体法に基づく実体法上の費用償還請求権は、原則として訴えの方法によってのみ実現されうる[43]。

　本条は、民事の法的紛争、家事事件、非訟事件手続（FGG13a条3項）に適用または準用される。当事者の弁護士の法定の報酬については、RVG11条2項に従って、本条が総ての手続に適用される[44]。RVG11条の手続においては、その1項によれば、弁護士により立て替えられた裁判費用もまた、確定されうる。督促手続では、103条以下の費用確定手続はなされない。督促命令は、ドイツ民訴699条1項3号が、執行命令は、699条3項が手続費用を包含するからである。103条以下はまた、仲裁手続にも適用されない[45]。

17　費用の確定—手続

　ドイツ民訴104条「(1) 費用確定の申立てに対しては、第一審裁判所がこれを決する。申立てに基づいて、確定された費用には、確定の申立状の提出のときから、ドイツ民訴105条2項の場合は、判決の言い渡しのときから、100分の5の利息が付せられうる。判決は、申立の全部または一部に合致する限り、申立人の相手方に費用計算書のコピーを添付して職権で送達されうる。申立人には、申立の全部または一部が棄却された場合にのみ、判決が職権で送達されるべきである。それ以外の場合は、通知は無形式でなされる。

　(2) 計算の顧慮のためには、それが信頼してなされたことで十分である。一人の弁護士に生じた郵便及び遠隔通信サービスの負担については、この負担が生じたという弁護士の保証で十分である。消費税額の考慮については、彼がその額を源泉徴収しえないという申立人の表示で十分である。

第5章　ドイツにおける訴訟費用の敗訴者負担—各論（例外）

(3) 判決に対しては、即時抗告が許容される。抗告裁判所は、確定の申立が依拠している判決が既判力を取得するまで、手続を中止しうる。」

　本条は、費用債権者に費用基礎判決に基づく訴訟上の費用償還請求権を金額に適って強制執行名義において確定させる方法を開くものである。立法者は、費用確定手続を主たる事件の付随的手続として組成した。

　費用確定の申立て（ド民訴103条）に関する裁判は、司法補助官が行う（司法補助官法〔RpflG〕21条1項）。司法補助官は、その裁判において原則として法にのみ従い、自ら判決する（RpflG 9条）。しかし、司法補助官法（RpflG）5条1項に規定された事例においては[46]、裁判官に呈示する義務がある。弁護士強制は存しない（RpflG 13条）。費用確定手続でも、法律上の聴聞の担保の要請が適用される。この法律上の聴聞は通例、相手方が判決前に申請に関する態度表明の機会を取得することによって担保される。このために彼にはそのコピーが手交される。単純な事例では、例外的にこの法律上の聴聞の原則的な担保の要請が無視される。法律上の聴聞の機会が与えられなかったときは、異議申立または抗告手続でその瑕疵が治癒される。相手方の聴聞は、通例文書でなされる。また費用確定手続における申立の考慮のためには、原則としてその疎明で足りる[47]。

　実務上は弁護士報酬に課せられる消費税の償還も問題になる。消費税額は、委託者が、それにつき源泉徴収をなしえないことを表明する場合には、原則的に考慮されうる。源泉徴収をなすことが正当化されるための標準時期は、弁護士報酬の支払い時期である。この規定は、1994年7月以来効力を生じた（裁判所費用法改正法〔KostRÄndG〕〔1994〕8条3項1b号、12条）。それによって二つの目的が追求されている。一つは、源泉徴収権者たる申請者が、客観的に正当化されない財産的利益を取得することを防ぐことである。もう一つは、迅速性及び実用性を目的とする費用確定手続が、税法上の問題の負担を課せられないことである。1994年6月までは、申請人に源泉徴収を正当化する事由が欠けている場合にのみ、彼に消費税が償還されるべきなのかどうかが議論され、連邦財政裁判所（BFG）はこれを肯定した[48]。これにより、税法上の問題が103条以下の手

続で議論されるべきことになった。しかし、裁判所の中にはこの判決を拒否するものがあった。その見解によれば、消費税の部分は、申請人に源泉徴収の権利があるかどうかを問わないで、償還されるべきであった。立法者が、この新規定によって争いを解決したかどうかが問題である[49]。

18 簡易な費用の確定

ドイツ民訴105条「(1) 確定の決定は、申立状の提出に際して判決の謄本がまだ付与されず、かつ謄本の付与の遅滞が生じていない限り、判決及び謄本の付与に際してなされうる。この場合特別の謄本及び確定決定書の送達は行われない。当事者には確定額が通知され、申込者の相手方には、費用計算書のコピーが添付される。確定決定と判決の結合は、確定の申立に部分的にのみ合致しない限りでも、なされない。

(2) 確定の申立は、当事者が判決の言い渡しの前にその費用の計算書を提出した場合は、必要とはされない。この場合相手方に伝えられるべき費用計算書のコピーは、職権で交付されるべきである。」

この規定は、費用確定の単純化及び迅速化を目的としている。これが実現されえなければ、司法補助官の義務的な裁量によってなされるその適用は、その要件が存在するにもかかわらず、なされないままになってしまうであろう。確定は分離した決定としてなされるのではなく、判決その他の債務名義においてなされる（105条1項）。従って、費用確定決定のための固有の強制執行条項やその分離された準備及び送達は不要である。強制執行開始前の2週間の待機期間（ド民訴798条）が欠如しているだけでなく、105条2項の要件のもとでは、費用確定の申立は不要である。これらは、手続の迅速化に役立つ。105条は、判決だけでなく、執行力ある決定または訴訟上の和解にも適用されうる。105条は、区裁判所またはラント裁判所の第一審手続にのみ適用される。これらの法廷においてのみ費用確定手続がなされるからである[50]。

第5章　ドイツにおける訴訟費用の敗訴者負担—各論（例外）

19　割合に応じた費用の分担

ドイツ民訴106条「(1)　訴訟費用の全部または一部が割合に従って分担されるときは、確定申立の提出後裁判所は、その費用の計算書を1週間以内に裁判所に提出することを相手方に求めうる。ドイツ民訴105条の規定は適用されえない。

(2)　1週間の徒過後判決は、相手方の費用を考慮することなしになされる。但し、相手方の、後で償還請求を主張する権利に影響を与えるものではない。相手方は、後の手続で生じた増加費用について責を負う。」

106条は、費用確定手続の単純化に資するものである。過剰の償還請求権を有する場合は、確定手続のみが行われ、この当事者のための費用確定決定のみがなされる。従って、相互的な強制執行の代わりに、一当事者による強制執行がなされる。本条は、相互的な費用償還請求権の、相殺でなく、差引計算の方法による割合に応じた費用の分担に際して、二重の確定を避けるために、一つの費用確定決定における統一的な確定をめざしている。

経済的にみると結果は異ならないとしても、相殺が行われるのではないと、正当にも指摘される。第2項により遅滞が避けられる。この規定は、費用基礎判決において訴訟費用の全部または一部が割合に従って分担される場合に適用される。要件が満たされた場合は、裁判所は、106条により手続をしなければならない。裁量の入る余地はない[51]。

20　紛争額変更後の費用の確定

ドイツ民訴107条「(1)　費用の確定後訴訟物の額が確定される裁判がなされるときは、この判決が、費用確定の基礎となっている価額の計算と異なる場合には、申立により費用の確定は相応に変更されうる。その申立は、第一審裁判所がこれを決する。

(2)　申立は、1ヶ月の期間内に事務所に提出されるべきである。期間は送達とともに開始し、これが必要とはされないときは、訴訟物の価額を確定する決

定の言い渡しとともに開始する。
  (3) ドイツ民訴104条3項の規定が適用されるべきである。」

　費用確定決定は、その中に個々の厳密に述べられた項目が記載され、または記載されていない限りにおいて、形式的かつ実体的な既判力が付与されうる。費用の確定が手数料に関わる限り、その額は通例訴額に依存する。申立による場合であろうと職権による場合であろうと、これが変更されたときは、107条は、衡平及び費用正義のために、既になされた費用確定決定の既判力を中断して、訴額に依存する項目を新たな訴額に適合させることを可能にする。当該項目の再検討は、その限度で107条によっては把握されない実体的な既判力と抵触する。107条の趣旨は実体的既判力への作用にある。訴額の変更に際して変更が許容されるが、既判力はない費用確定決定の場合は、新しい訴額への適合のために異議申立または抗告により取り消すことも可能だとされている。しかし、107条はそれを援用して、なお可能な上訴の代わりに、既になされた決定の変更が申し出られた場合にも適用されうる。変更が適時に申し出られなかったときは（107条2項）、107条の手続はなされない。訴額の引き下げの場合は、それによって利益を受ける当事者は、ドイツ民訴767条、794条1項、795条の執行異議訴訟または強制執行終了後は、不当利得返還訴訟を提起しうる[52]。

＜注＞
1) Münch. Komm. z. ZPO., para. 1-354, 2. Aufl., S. 670 ［Lindacher］.
2) RGBl. 1942 Ⅰ, S. 333.
3) Musielak, ZPO., 4. Aufl., S. 368 ［Wolst］.
4) Musielak, ZPO., 4. Aufl., S. 369 ［Wolst］.
5) BGH, NJW-RR. 1996, S. 256.
6) Münch. Komm. z. ZPO., para. 1-354, 2. Aufl., S. 709 ［Belz］.
7) RGZ, 142, S. 83.
8) Musielak, ZPO., 4. Aufl., S. 387-388 ［Wolst］.
9) Münch. Komm. z. ZPO., para. 1-354, 2. Aufl., S. 714 ［Belz］.
10) Musielak, ZPO., 4. Aufl., S. 388-389 ［Wolst］.
11) Münch. Komm. z. ZPO., para. 1-354, 2. Aufl., S. 722 ［Belz］.

12) Musielak, ZPO., 4. Aufl., S. 397 ［Wolst］.
13) Münch. Komm. z. ZPO., para. 1-354, 2. Aufl., S. 728 ［Belz］.
14) Musielak, ZPO., 4. Aufl., S. 400 ［Wolst］.
15) BGBl. I vom 16. 12. 1997, S. 2942.
16) Musielak, ZPO., 4. Aufl., S. 402 ［Wolst］；Münch. Komm. z. ZPO., para. 1-354, 2. Aufl., S. 733 ［Belz］.
17) Münch. Komm. z. ZPO., para. 1-354, 2. Aufl., S. 733 ［Belz］.
18) Musielak, ZPO., 4. Aufl., S. 402 ［Wolst］．ドイツ非訟事件手続法13a条（費用）「(1) 事件に複数の者が関与しているときは、裁判所は、それが衡平に適している場合は、事件の目的に適った解決のために必要な費用の全部または一部が当事者の一人から償還されるべきことを命じうる。当事者が不当な上訴または重過失により費用を惹起したときは、彼にその費用が課されうる。(2) 世話事件及び扶養事件では、裁判所は、ドイツ民法1896条から1908i条までの世話の措置または非訟事件手続法70条1項2文1号及び2号の扶養の措置が不当として禁止または制限され、または、その手続が措置についての裁判なしに終了した場合、当事者の経費の全部または一部を、それが目的に適った権利の追求のために必要である限り、国庫に帰せしめうる。1文の場合に、裁判所の活動が手続に関与していない第三者により惹起され、かつ同人に重過失があるときは、彼には手続費用の全部または一部が帰せしめられうる。扶養措置の申立が非訟事件手続法70条1項2文3号により却下または取り下げられ、かつ、手続上そのために管轄権を有する行政庁が扶養の措置を申し立てる正当な機会を提示しなかったことが明らかになったときは、裁判所は、その行政庁に属する団体に当事者の経費を負担させうる。(3) ドイツ民訴91条1項2号及び103条～107条の規定が準用される。(4) 費用償還につき異なった定めを置く連邦法上の規定は影響を受けない。」
19) BGBl. I vom 14. 4. 1998, S. 666.
20) OLG. Brandenburg, FamRZ. 2003, S. 239.
21) RT-Drucks. 13/7338, S. 33.
22) Münch. Komm. z. ZPO., para. 1-354, 2. Aufl., S. 735 ［Belz］.
23) 段階訴訟（Stufenklage）とは、被告が基礎になっている法律関係に基づいて義務を負うものの引渡し訴訟が、計算、財産目録の提示または宣誓に代わる保証の提供と結びついているときに、原告が要求する給付の特定の表示が、計算がなされ、財産目録が提示され、または、宣誓に代わる保証がなされるまで留保されうるという制度である（ド民訴254条）。
24) LAG. Düsseldorf, MDR. 2002, S. 1094.
25) Münch. Komm. z. ZPO., para. 1-354, 2. Aufl., S. 737 ［Belz］.
26) ドイツ民訴238条4項（再開手続）「再開費用は、それが相手方の不当な抗争により生じたものでない限り、申立人の負担に帰する。」
27) Münch. Komm. z. ZPO., para. 1-354, 2. Aufl., S. 739 ［Belz］.
28) Münch. Komm. z. ZPO., para. 1-354, 2. Aufl., S. 741 ［Belz］.

29) Musielak, ZPO., 4. Aufl., S. 405 ［Wolst］.
30) BGHZ, 20, S. 397 ; BGHZ. 54, S. 21.
31) BGHZ, 54, S. 21.
32) BGH. NJW-RR. 1996, S. 256 ; Münch. Komm. z. ZPO., para. 1-354, 2. Aufl., S. 743 ［Belz］.
33) Münch. Komm. z. ZPO., para. 1-354, 2. Aufl., S. 750 ［Belz］.
34) BGH. NJW. 1996, S. 466.
35) BGHZ. 131, S. 185.
36) Münch. Komm. z. ZPO., para. 1-354, 2. Aufl., S. 760-761 ［Belz］.
37) Musielak, ZPO., 4. Aufl., S. 413 ［Wolst］.
38) Münch. Komm. z. ZPO., para. 1-354, 2. Aufl., S. 768 ［Belz］.
39) ドイツ民法566条2項は、賃貸物譲渡の場合において、新賃貸人が義務を履行しなかったときは、譲渡人が連帯保証人として新賃貸人により賠償されるべき損害について責めを負うが、譲渡人が賃貸物譲渡を賃借人に知らせ、賃借人が告知が許容される最初の時期に告知しなかったときはこの限りでないと規定する。またドイツ民法767条2項は、保証人が主債務者により債権者に賠償されるべき告知及び権利追求の費用について責めを負うと規定する。
40) Musielak, ZPO., 4. Aufl., S. 417-418 ［Wolst］.
41) Münch. Komm. z. ZPO., para. 1-354, 2. Aufl., S. 778 ［Belz］.
42) Musielak, ZPO., 4. Aufl., S. 419-420 ［Wolst］.
43) Münch. Komm. z. ZPO., para. 1-354, 2. Aufl., S. 784 ［Belz］.
44) RVG11条（報酬の確定）「(1) 法定の報酬、42条により確定される一括手数料及び賠償されるべき費用（ド民670条）が裁判手続費用に属する限り、それは、弁護士または委任者の申立により第一審裁判所により確定される。支払われた額は控除されるべきである。(2) 申立は、報酬の弁済期が到来している場合にのみ許容される。確定前には当事者は聴聞されるべきである。ドイツ民訴104条2項3文を除く費用確定手続に関する手続規則の規定及び費用確定決定に基づく強制執行に関する民事訴訟法の規定が準用される。第一審裁判所の手続は、報酬は支払われない。報酬確定決定においては、決定の送達のために弁護士により支払われた経費を含めて判断されるべきである。その他の点では費用償還はなされない。これは、抗告手続にも準用される。(3) ……」
45) Musielak, ZPO., 4. Aufl., S. 422 ［Wolst］.
46) 司法補助官法5条は、事件の処理が憲法裁判所の判決を必要としたり、裁判官によって引き受けられるべき行為と密接に関連していたりする場合に、司法補助官に裁判官に事件を付託する義務を課している。
47) Münch. Komm. z. ZPO., para. 1-354, 2. Aufl., S. 795 ［Belz］.
48) BFG. NJW. 1991, S. 1702.
49) Musielak, ZPO., 4. Aufl., S. 434 ［Wolst］.
50) Münch. Komm. z. ZPO., para. 1-354, 2. Aufl., S. 820 ［Belz］; Musielak, ZPO., 4. Aufl., S. 440 ［Wolst］.

51) Musielak, ZPO., 4. Aufl., S. 441 ［Wolst］.
52) Münch. Komm. z. ZPO., para. 1-354, 2. Aufl., S. 825-826 ［Belz］.

第2節　民事訴訟法以外の規定

1　はじめに

　民事訴訟法以外の多くの手続法中にも、訴訟費用敗訴者負担原則ないし弁護士報酬敗訴者負担原則の例外規定が定められている。以下には、その主要なものを掲げよう。

2　労働裁判所法

（1）　総　説

　労働裁判所法（1979. 7. 2）[53] 12a条（費用償還義務）は、以下のように規定する。「(1)　第一審の判決手続においては、勝訴当事者の時間のむだによる補償及び訴訟代理人または補助人を関与させた費用の償還請求権は存しない。代理についての合意の締結の前に1文の費用償還の排除が指示されるべきである。1文は、原告が通常の裁判権、一般の行政裁判権、財政裁判権または社会裁判権を有する裁判所に訴訟を提起し、かつこれが法的事件を労働裁判所に移送したことによって被告に生じた費用については適用されない。
　(2)　第二審の判決手続で、費用がドイツ民訴92条1項によって相応に分担され、かつ一当事者が弁護士により、相手方が労働裁判所法11条2項2, 4及び5文の団体の代理人により代理されるときは、この当事者は、裁判外の費用につき、彼が弁護士により代理された場合と同様な立場に置かれるべきである。しかし、償還請求権は、その費用が個々の場合に事実上発生した限りにおいてのみ彼に帰属する。」

　本条は、1979年5月21日[54]の労働裁判所法改正法により新たに挿入されたものである。単に1項1文の規定のみが、旧規定61条1項2文に符合するだけであ

る。費用償還の排除は、既に1926年の労働裁判所法（ArbGG）61条1項2文及び同法の改正法に含まれていた。これは、営業裁判所法52条の規定に遡るが、それは、著しく広く把握されていた。非常に狭い解釈では、実際上、当事者に生じた裁判外の費用が全く稀な場合にのみ償還されうることに導く。3文の規定は、通常裁判所で被告に生じた費用は、労働裁判所への法的紛争の移行後も償還可能であり、ドイツ民訴281条3項（事件の管轄違いの場合の移送）によれば、被告の弁護士が訴訟代理を労働裁判所でも継続したかどうかを問わず、原告により償還されるべきだという1970年のラント労働裁判所判例を導入したものである[55]。

2項の団体代理人による代理における費用分担により、通例団体代理人による代理が、代理される当事者のために無償でなされるが、結局その団体への拠出により、権利保護保険におけるように費用の一部を既に支出していることに基づく不当さが除去される[56]。

反復給付の場合に一定期間を限って訴額とするGKG（裁判所費用法）42条の規定のようにこの規定は、当事者のための労働裁判所手続の費用額の引き下げにも役立つ。ドイツ民訴91条以下の規定との基本的な相違のために、当事者は、訴訟代理人の委託に際してこのことが教示される必要がある。1項2文は、それに役立つ。各当事者は、労働裁判所の第一審では、費用償還が原則としてなされないことを知るべきである[57]。

この規定は、労働裁判所の判決手続についてのみあてはまる。労働裁判所法2a条の決定手続においては、一方では、GKG2条2項によりこの手続では費用が徴収されず、他方では、費用負担義務はBetrVG（経営体規則法）40条のような実体法上の規範に従うという理由で、準用は必要とはされない。仲裁裁判所手続でも、原則としてこの規定の準用は生じないが、仲裁契約自体の中に当該規定が含まれている場合は、その例外となる。仲裁契約において手続に関して民事訴訟法が指示されているときは、費用負担義務について91条以下が適用される[58]。

（2）　第一審の判決手続

1項1文の費用償還の排除、すなわち、時間を無駄にしたことに対する補償及び代理人の関与のための費用の償還の排除は、第一審の判決手続についてのみあてはまる。督促手続や仮差押、仮処分手続でも、費用償還は排除される。第三者異議の訴えの場合も同様である。費用償還の排除は、まず訴訟上の費用償還請求権に関する。実体法上の費用償還請求権もまた、原則的に排除される。当事者は、まず、弁護士、団体代理人、補助人等に支払った報酬の償還を請求しえない。書類作成費用や郵便料金のような経費、旅行費用についても同様である。経費の償還は、弁護士の委託により、当事者がさもなければ支出したであろう費用を節約した範囲でのみ許容される（仮定的な当事者費用の清算）。しかし、そのためには、少なくとも評価のための現実の基礎が存在することが立証されねばならない。訴訟代理人によって遂行されねばならない、訴訟遂行のための準備活動もまた、原則的に費用償還請求権を生ぜしめない。私的な鑑定の入手についても同様であるが、それが訴訟を事実上促進した場合は例外が認められうる[59]。

　無駄になった時間に対する補償も排除される。従って、収入の喪失や訴え提起、訴訟代理人への訪問、書類の準備、調査の遂行に要した、無駄になった時間の補償は認められない。しかし、当事者が裁判所に出頭した場合において、それが期日遵守のためであるときは、宿泊、交通費、食事代等の費用は、償還可能である[60]。

　1項3文は、原告が管轄違いの裁判所に訴えを提起し、事件が労働裁判所に移送された場合の増加費用（GVG48条1項、17b条2項、GKG4条2項）ではなく、移送のときまでに管轄違いの裁判所で生じた総ての必要な費用が、償還可能だとする。法的争訟が労働裁判所から正規の裁判所に移送されたときは、労働裁判所で生じた弁護士費用は、移送先の正規の裁判所で弁護士費用が新たに生じた場合にのみ償還可能である[61]。

　権利の確保のために当事者自身に生じた旅行費用は、償還可能である。ドイツ民訴91条1項が適用される。これは、弁護士の旅行費用の償還義務についてもあてはまる。ドイツ民訴91条1項によれば、それは、目的に適った権利の行

使または権利の防御のために関与させることが必要である場合においてのみ、償還されるべきである。他の弁護士に代理してもらっていれば、より少ない費用で済んだであろうという場合でも、全部の旅行費用の償還が認められうる。旅行費用は、証人の旅行費用と同じ額について償還が認められる。宿泊及び食費もまた、旅行費用に含まれる。弁護士の委託により生じた費用の償還は、さもなければ当事者が支出することになったであろう、仮定的に計算された旅行費用の枠内で償還可能である。すなわち、1項1文は、敗訴当事者のために訴訟危険を制限しようとしているだけであり、不当な費用利益が彼に生じるべきではない。仮定的な旅行費用計算の枠内で委託された弁護士の費用もまた償還可能であることから、当事者が、弁護士による代理の場合に彼が支出したであろう額に至るまでは、旅行費用の償還を請求できることが導かれうる。より高額の費用は償還されえない。しかし、1項1文により第一審の労働裁判所手続では原則的に弁護士費用の償還ができないことは、それに矛盾する。かくして立法者は、裁判所所在地に居住している弁護士の委託が費用上有利であるとしても、当事者の権利行使のための旅行が、ドイツ民訴91条1項2文の趣旨で必要であることを示そうとしたと考えられる[62]。

　償還義務の制限は、強制執行手続には適用されない。1項1文は、遂行されるべき訴訟の危険を制限しようするだけであり、敗訴に関する危険がもはや存在しない手続のための費用を制限するものではないからである[63]。

　当事者の合意により1項1文とは異なって費用償還義務が引き受けられうる。これは、裁判外の和解または訴訟上の和解においても可能である。しかし、合意は一義的でなければならず、費用確定手続で、和解がどのように解釈されるべきかについての判断は下されえない[64]。

　弁護士の費用償還の排除を当事者に教示する義務は、弁護士により口頭または文書でなされる。弁護士の準備活動によって生じた費用の償還や時間の無駄の補償がなされないこともまた教示されるべきである。教示は代理契約の締結前になされねばならない。当事者が費用危険に関わりえない場合は、教示義務は不要となる。これは、権利保護保険に加入した委託者の場合に考えられる。

当事者が既に費用償還の排除を知っている場合も、教示は不要である。訴訟費用の扶助がなされる場合も、教示義務は喪失しない。この場合でも、場合によっては当事者が費用を負担しなければならないからである。教示義務の違反は、契約締結上の過失と考えられ、その違反は、損害賠償義務を発生させる。損害賠償請求権は、報酬請求権と相殺されうる[65]。

（3）　上訴手続

　控訴及び上告手続では、ドイツ民訴91条が制限なく適用される。団体代理人は弁護士と同視されるのだから、このための支出は、同様に償還が主張されうる。団体代理人が構成員の代理を無償で引き受けた場合にのみ、これは喪失する。団体代理人が弁護士であり、彼がその資格において団体構成員のために代理したときは、これによって生じた費用は、弁護士の場合におけるように償還されるべきである。これは、団体が敗訴したとすれば弁護士の費用を負担するであろう場合ですら、同様にあてはまる。その限りで、権利保護の付与は、権利保護保険におけると同様な原則に従う。弁護士がその資格においてでなく、単に団体の代理人として活動した場合は異なる。この場合彼は報酬を請求しないからである[66]。

　12a条2項は、第二審における費用分割に関する特別規定である。通例11条2項2，4及び5文の定義によれば、団体構成員のための団体代理人による代理は、無償でなされる。ドイツ民訴92条1項1文の費用分割に際して、これは、弁護士により代理される当事者に有利である。この中に存する問題を除去するために、費用清算手続では、各当事者が弁護士により代理されることが擬制される。団体代理人のついた当事者にも、擬制的な弁護士費用が見積もられ、これは、RVGにより算定されるべき弁護士報酬が問題になる限り、特別に知らされるには及ばない。単に、個別的に発生した特別の費用のみが、費用清算手続において団体代理人によって知らされるべきである。この償還請求権は、費用が実際に生じた場合にのみ主張されうる。12a条2項は、ドイツ民訴92条1項が準用される限りにおいて、抗告手続にも準用されうる[67]。

3　行政裁判所手続

（１）　序　説

　行政裁判所法（VwGO）154条以下は、いかなる費用が、裁判所による権利保護の付与のために行政裁判所手続の当事者から国家に支払われるべきか、また司法の機関としてのその活動のために代理人（弁護士）に支払われるべきかという問題を規定しているのではない。国庫に対して誰が費用債務者となるかは、もっぱらGKG（裁判所費用法）（49条以下）が規定する。154条以下は、当事者相互間で誰が、またいかなる範囲で、法的紛争に関して生じた費用を最終的に負担ないし償還しなければならないか（いわゆる負担義務）を規定する。154条以下は、訴訟手続、独立申立手続及び抗告手続に適用される。裁判所の手続については、原則として各当事者が、最初に彼に生じた裁判上及び裁判外の費用を自ら負担する。費用判決は、本案判決とともになされる。そのサービスの利用のために弁護士に対して負担する報酬は、RVGに規定されている[68]。

　154条以下に従った手続関与者への費用の分担に関する判決は、裁判事件であり、判決または決定により職権でなされる。次に、裁判所の判決に基づいて、司法補助官が、費用確定決定により162条によって定められた範囲で裁判所の費用判決によって償還されるべき（上訴審の費用を含む）費用を償還権利者の申請に基づいて確定する（164条）。上訴裁判所は、上訴者の不利益変更の禁止に服することなしに、費用判決を変更する権限を有する。確定されるべき費用額については、裁判費用及び弁護士費用においては、それらが162条によって償還可能である限り、法律上確定された報酬額及び事実上の経費が標準になる。164条の費用確定決定は、168条1項4号により債務名義となり、費用債権者は、それに基づいて彼によって最初負担された費用の償還を費用債務者に請求しうる[69]。

（２）　条文の規定

　154条（費用義務の一般規定）「(1) 敗訴当事者が手続費用を負担する。(2) 奏功しなかった上訴の費用は、上訴を提起した者が負担する。(3) 参考人には、彼が申請をなし、または、上訴をなした場合にのみ、費用が課せられうる。155

条4項の適用を妨げない。(4) 奏功した再開手続の費用は、それが関係者の過失により生じたものでない限り、国庫に課せられうる。」

155条（一部敗訴及び特別事例における費用義務）「(1) 関係者が一部勝訴し、一部敗訴したときは、費用は相互に放棄され、または、割合に従って分担される。費用が相互に放棄されたときは、裁判費用は、各当事者が半額ずつ負担する。他の者の敗訴部分が僅かであるときは、その関係人が費用の全部を負担しうる。(2) 申立、訴え、上訴その他の法的救済を取り下げた者は、費用を負担しなければならない。(3) 再開手続の申立により以前の状態で生じる費用は、申立人の負担に帰する。(4) 関係者の過失により生じた費用は、この者に課せられうる。」

156条（即時の認諾における費用）「被告がその行為により訴え提起の原因を与えたものでない場合は、被告が請求権を即時に認諾したときは、訴訟費用は、被告の負担に帰する。」

157条（代理人または被授権者の費用義務）1966年に削除

158条（費用判決の取消）「(1) 費用についての判決の取消は、本案事件の判決に対して上訴が提起されていない場合には、許容されない。(2) 本案事件の判決がなされていない場合は、費用についての判決は、取り消されえない。」

159条（共同訴訟における費用義務）「費用義務を負う当事者が複数の者から成るときは、ドイツ民訴100条が準用される。争いになっている法律関係が、費用義務を負っている者に対して統一的にのみ判決されうるときは、費用は、連帯債務者としての複数の者に課せられうる。」

160条（和解における費用義務）「法的紛争が和解により解決され、かつ、関係者が費用についていかなる規定も設けていない場合は、裁判費用は、各人が半額ずつ負担する。裁判外の費用は、各々の関係者自らが負担する。」

161条（本案事件の費用判決）「(1) 裁判所は、判決において、また手続が他の方法で終了したときは、費用についての決定により裁判すべきである。(2) 本案事件の法的紛争が解決したときは、裁判所は、113条1項4文の場合以外は、手続費用につき裁量に従って決定により裁判すべきである。従来の事実及び紛

争状態が顧慮されるべきである。(3) 75条の場合は、費用は、原告が、訴え提起前の訴願を考慮に入れるべきときは、常に被告の負担となる。」

　162条（費用義務の範囲）「(1) 費用とは、裁判費用（報酬及び経費）及び目的に適った権利の追行または権利の防御のために必要な、手続前の費用を含む関係者の出費である。(2) 弁護士、法的な補助人、租税事件の場合は、税理士の報酬及び経費は、常に償還可能である。手続前の問題が未解決である限り、裁判所が、手続前の問題のために代理人の関与が必要と表明したときは、報酬及び経費は、償還可能である。公法上の法人及び官署は、郵便及び遠隔通信サービスのための事実上必要な支出の代わりに、連邦弁護士報酬規則26条2文に規定された概算額を請求しうる。(3) 参考人の裁判外の費用は、それを裁判所が公平に基づいて敗訴当事者または国庫に課する場合にのみ、償還可能である。」

　163条（公的な権利主体の費用義務）1975年に削除

　164条（費用の確定）「第一審裁判所の書記官は、申立てにより償還されるべき費用の額を確定する。」

　165条（費用確定に対する異議申立て）「関係者は、償還されるべき費用の確定を取り消しうる。151条が準用される。」

　（3）　弁護士報酬の償還

　償還可能性は、この場合も、162条1項の必要性の留保のもとに認められる。弁護士を関与させることが信義則に反する場合、特に、それが明らかに不必要である場合にのみ、弁護士費用の償還が認められない。従って、例えば、法的知識のある官吏がいるにもかかわらず、町は、弁護士に代理権を委託し、それによって生じた費用の償還を請求しうる[70]。また明らかに見込みがないとはいえない義務づけ訴訟を起こされた大学についても、基本的に同じことがあてはまる。これに対して、明らかに見込みのない訴訟が大学に対して起こされた場合や大学の許可権に関する仮の権利保護手続で、理由なく純粋に形式的な取消申立がなされた場合は、この限りではない。弁護士を関与させる必要性は、例えば、それが労働組合によって権利保護の方法で引き受けられたり、権利保護保険によって塡補されたりするために、弁護士費用が直接に当事者に負担をか

けない場合でも、認められうる。控訴被告の弁護士費用は、通例、控訴が期間の遵守のためにのみなされたときでも、償還可能である[71]。

　162条2項1文によれば、法律上規定された報酬及び経費のみが償還可能である。自らを代理した弁護士についても償還請求が認められ、またRVGに従い、償還額には消費税も含まれる。これに対して、より高額の合意された報酬の償還は認められない。通例弁護士の旅行費用は、彼がその事務所を訴えられた裁判所の所在地ないしは地区、または、委託者の住所地ないしはその近在に有する場合にのみ、償還が可能である。事務所を他の地区に有することにより生じた増加費用は、1項の意味の関与が必要であった場合にのみ、償還可能である。裁判所所在地または関係者の居住地に住んでいる弁護士のいずれも持っていない専門知識を有し、または法的紛争に関わる特別事情に基づいて特別の信頼関係が存在する弁護士に委託するような場合がこれである。関係者がその弁護士を特別によく知っていて、彼を信頼しているという事情は、この弁護士への委託により生じた旅行費用のような、高額の費用を正当化しない[72]。

　複数の弁護士に同時に委託することによる増加費用は、通例、困難な分野への特別の知識が必要とする場合にのみ、償還可能である。それ以外の場合は、原則として必要な仲介弁護士の費用を含む、一人の弁護士の費用の額に至るまでしか償還されない。訴えが通常の裁判所から行政裁判所に移送された後で関係者の弁護士が変更したことによる増加費用もまた、償還されない[73]。

　仲介弁護士の費用は、関係者の居所が外国にあるため、遠く隔たっていたり、ドイツ語が十分にできなかったりするという理由で、訴訟代理人と直接に連絡をとることが当事者にとって不可能であるとか、それが期待できない場合には償還可能である。委託者が業務に不案内であり、かつドイツ語を知らない場合も同様である[74]。

　共同訴訟の場合は、一当事者が自己の弁護士に代理権を委託したときは、その者は、自己の弁護士のための費用の償還を請求しうる。共同訴訟人が共同の代理人を有しているに過ぎないときは、彼らは、その費用の償還を主張しうるが、原則として（裁判所の費用判決がそれとは異なったことを言っていない限り）、各

人がドイツ民訴100条に従って彼に帰属する割合のみを主張しうる。もっとも、共同訴訟人が、連帯責任に基づいて資力を有しない、他の共同訴訟人のために支払わなければならない過剰部分を含む。共通の代理人を選任した共同訴訟人の一部が敗訴したが、他の者は勝訴した場合は、相手方は、費用を割合に従って負担しなければならない[75]。

委託者に対する代理人の報酬請求権に関する確定手続費用（RVG11条）は、2項の意味における費用には属さない。従って、それは、敗訴した訴訟の相手方には転嫁されえない[76]。

4　社会裁判所手続
（1）　序　説

訴訟費用は関係者の裁判費用と裁判外費用を含み、裁判費用は、社会裁判所およびラント社会裁判所手続では、ラントが、連邦裁判所手続では連邦が、負担する。社会裁判所の費用規定は、他の裁判所の費用規定とは著しく異なっているが、近年は次第に他の裁判所の費用体系に近づいてきている。当初例外なしに社会裁判所手続には裁判所費用法（GKG）は適用されなかった。手続は無料でなされた。関係団体及び公法上の施設は、勝訴、敗訴とは無関係に比較的低額の一括手数料を支払わなければならなかった（SGG〔社会裁判所法〕183条、184条、以前の一括手数料額に関する規則〔1955年3月31日〕）[77]。弁護士報酬についても、（低額の）一括報酬を内容とするRVG 3条の特別規定が適用される。このような体系が、社会国家の考えによって基礎づけられた。自然人は、社会的に劣った立場に置かれているという理由で、社会裁判所においては原告として費用に関して優遇されている。しかし、この体系については、次第に批判と議論が高まってきた。戦後のドイツの経済的発展に直面して原告が社会裁判所において、労働者や賃借人のような他の裁判所における原告よりも原則的により強い保護が必要であるかどうかが問題になった。そのため特定の事件については、弁護士報酬が枠報酬の基礎の上にではなく、訴額に従って算定されることになった（RVG3条1項2文）。最初の第一歩は、1975年になされ[78]、BRAGO116

第5章　ドイツにおける訴訟費用の敗訴者負担―各論（例外）

条2項に新たに規定された。その規定は、1990年に拡大された[79]。

第6次社会裁判所改正法（6. SGGÄndG v 17. 8. 2001）[80]は、給付権利者、ないし、新183条に詳しく規定された者のための費用免除の原則及び一括費用の体系の原則（184条）に固執する。新たに、原告も被告も183条に列挙された優遇される者に属さない手続にGKGが適用される（197a条）。これらの事例では、裁判費用は、GKGの規定により徴収され、社会裁判所法（SGG）184－195条は適用されず、行政裁判所規則（VwGO）154－162条が準用される。この6. SGGÄndGは、社会裁判所の手続に、費用に関して全く異なった原則が適用される二つのカテゴリーを設けたといえる。一方では、費用免除と一括費用を内容とするSGGの費用規定、他方では、GKG及びVwGOの費用規定の並存は、法的保護の体系及び裁判所による権利保護の付与を少なからず複雑化する。その結果議論がなお継続することになった[81]。

2002年1月2日から適用される社会裁判所法は、以下の如くである。原告または被告が183条に列挙された者である手続には、基本的に従来の体系（優遇される者、すなわち、被保険者、給付受給者等の費用の免除、優遇されない原告または被告のための184条の一括費用、敗訴者費用負担は認めないが、新192条のもとで認められる過失者費用負担の可能性、GKGの不適用、裁量に従った費用判決〔193条〕）が適用される。この手続では、更に、社会裁判所が184条から192条において国家と関係者の間の費用関係を規定し、192条から197条において関係者間の費用の償還を定めるが、他の手続秩序は、後者の関係に制限され、関係者と費用債権者としての国家との関係に関する規定は、GKGに委ねられる。183条の手続については、従来と同様以下に述べる原則が適用される[82]。

関係者への費用の償還は、目的に適った権利の追行または権利の防御に必要な費用に関わる（193条2項）。この場合184条1項に従って費用負担義務を負う者の支出は、原則として償還可能でない（193条4項）（183条により優遇されない原告または被告はこの限りでない）。裁判外の費用の主要な項目は、法律上の規定に従って算定される弁護士費用である（RVG、以前のBRAGO）。それ以外は、償還権のある関係者自身に発生した費用がこれに加えられる[83]。

113

国家に対する費用負担義務（184条の一括費用）の確定は、所轄庁の事務官により（189条）、関係者相互間の費用判決は、職権により判決で、または、決定でなされる（193条）。費用基礎判決に従って、第一審の司法補助官が、償還されるべき費用の額を確定する（197条、強制執行名義は、199条1項3号）。197a条に述べられた手続にはGKGが適用される。184条－195条は適用されない。裁判所の費用基礎判決にはVwGO（行政裁判所規則）154－162条が適用される。敗訴当事者が費用を負担しなければならない（VwGO154条1項、2項）。一部勝訴の場合は、費用は、VwGO155条1項に従って分担される。補助人は、VwGO154条3項、162条3項のもとで費用償還請求権の債務者または債権者となりうる。事件が解決したときは、費用判決は、公平に従ってなされる（VwGO161条）。裁判費用（報酬及び経費）及び手続前の問題の解決に関する費用を含む、関係者の必要費も償還可能である（162条）。費用額及び費用の確定は、これまで通りSGG197条に従ってなされる[84]。

　社会裁判所手続には、ドイツ民訴91条から107条までの規定は、原則として適用されない（通説）。SGG202条によって[85]、ドイツ民訴91条2項4文、91a条の準用が問題になる（193条によっても、従来の事実及び紛争状態を考慮して公平に従って判決されるべきである）。訴え及び上訴の取り下げに関する費用規定は、全く関与し得ない（ド民訴269条3項2文、516条3項1文[86]）。ドイツ民訴に規定されている自動的な処理は、SGGには存在しない。GKGの法的思考もまた、部分的に関与させられうる（例えば、誤った見積もりがある場合の追加請求に関するGKG20条）。SGG197a条の手続では、ドイツ民訴の規定は、VwGO154条－162条がなんら規定を包含していない場合にのみ、関与させられうる[87]。

　SGG183条以下の適用領域は、裁判手続費用に限られ、行政手続、異議申立手続には適用されない。これらの規定は、訴訟法上の費用償還請求権のみを規定し、契約、不法行為、扶養義務に基づく場合のような実体法上存しうる費用償還請求権はそれとは区別される。実体上の請求権は、訴えにより主張されうる。費用確定手続は、この場合問題とはならない[88]。

（2）　主要な法文

SGG183条（費用の免除）「社会裁判所手続では、彼らがその各々の資格において原告または被告として関与するものである限り、被保険者、遺族給付受領者を含む、給付受領者、障害者またはその特別権利後継者については、社会第一法典56条により、費用は免除される。その他の権利承継者が手続を開始した場合は、訴訟上の手続の費用は、免除される。勝訴の場合にこれらの者の一員になるであろう者は、1文及び2文に列挙された者と同視される。93条3文、109条1項2文、120条2項1文及び192条は、影響を受けない。

　184条（一括費用）「(1) 183条に列挙された者に属さない原告及び被告は、各々の紛争事件につき費用を支出しなければならない。費用は、紛争事件が係争したらすぐに発生する。それは、各々の裁判について支払われるべきである。その紛争事件のために、督促手続（182a条）が先行する限り、督促命令の申請手続の費用が裁判所費用法により算定される。

　(2) 費用の額は、社会裁判所手続につき150ユーロ、ラント社会裁判所手続につき225ユーロ、連邦社会裁判所手続につき300ユーロである。

　(3) 裁判所費用法2条が準用される。」

　193条（費用償還に関する判決）「(1) 裁判所は、判決で、関係者相互間で費用を償還しなければならないか、償還するとすれば、どのような範囲で償還しなければならないのかを裁判しなければならない。督促手続が先行する場合は（182a条）、裁判所はまた、いずれの関係者が裁判費用を負担しなければならないかを判決する。裁判所は、手続がそれ以外の方法で終了した場合は、申立てにより決定で裁判する。

　(2) 費用とは、目的に適った権利追行または権利の防御に必要な関係者の支出である。

　(3) 弁護士または法的補助人の法律上の報酬は、常に償還可能である。

　(4) 184条1項に列挙された費用義務者の支出は、償還できない。」

（3）　弁護士報酬の償還義務

　SGG193条3項によれば、弁護士または法的補助人の法律上の費用は、常に償還可能である。司法補助官は、弁護士の選任が余計なものであるかどうかを調

査しえない。ただし、弁護士の選任が軽率であるなど極端な場合や明らかに費用軽減義務に違反する場合は、この限りでない。法律上の報酬のみが償還される。これは、2004年7月1日以後はRVGによって算定される。193条4項の標準に従って、原則として、RVG3条1項1文によって課される枠報酬額が償還されるべきである。旧法によれば、枠報酬は、手続前の問題に関する裁判外の代理についてだけでなく、社会裁判所、ラント社会裁判所及び連邦社会裁判所の代理についても、BRAGO116条によって算定されたが、新法では、弁護士報酬は、GKGが適用されえない事件においては、RVG3条1項1文及びVV前注1によって算定される。裁判上の代理については、手続報酬は、社会裁判所では、VV3102号により40ユーロから460ユーロ、ラント社会裁判所では、VV3204号により50ユーロから570ユーロ、連邦社会裁判所では、VV3212号により80ユーロから800ユーロである。場合によりVV3106号、3205号ないし3213号の標準による期日報酬が加えられる。この報酬は、規定されている口頭弁論が被告との合意により行われないで、または、裁判所の回答により解決され、あるいは、手続が口頭弁論なしで認諾により終了した場合でも発生する。また、場合によっては、VV1006号及び1007号によって合意報酬が加えられる。手続前の問題に関する裁判外の代理の場合は、弁護士には、40ユーロから520ユーロの枠内でVV2500号に従って活動報酬が帰属する。この場合、明示的な規定によれば、240ユーロ以上が要求されるのは、活動が複雑であるか、困難な場合に限られる。行政手続における先行する活動の場合は、VV2501号により40ユーロから260ユーロの報酬が要求される。枠内における報酬の具体的確定は、RVG14条に従う。これに、VV7000号から7008号の負担（コピー、郵便料金、移動の費用、消費税）が加わる。より高額の合意された報酬の償還は、認められない。裁判所所在地に居住していない他の土地の弁護士のための旅行費用は、必要な限りで償還可能である。SGG193条は、ドイツ民訴91条2項1文とは異なり、その限度で例外規定ではない。ドイツ民訴は、通常の裁判管轄権に向けられているのだから、SGG202条の関与は存しない。関係者は、社会法の専門家または特別の信頼を置いている弁護士を関与させることもできる。裁判所所在地に

も関係者の住所地にも居住していない弁護士に委託する場合もある。期日における弁護士の旅行費用は、原則的に主張されうる。それは、旅行費用が事物の意味と著しく離齟しており、それ以外の費用と見られる場合にのみあてはまらない。訴訟代理人による現場調査費用もまた、事実上の関係が問題になる場合に、償還可能となりうる[89]。

複数の共同訴訟人が共通の一人の弁護士に委託している場合は、その他の要件が存在していれば、訴訟代理人の割合に応じた報酬のみの償還を請求しうる。複数の弁護士を選任している場合は、一人の弁護士の費用のみが償還されうる。しかし、各共同訴訟人は、自己の弁護士を選任しうる。一人の関係者が二人の弁護士を選任しうる例外的な場合は、特殊な知識を持っている等、狭い要件のもとでのみ認められる。仲介弁護士の費用は、通例、訴訟代理人のところへの情報収集旅行の額の範囲でのみ補償されうるが、個人的な情報収集が時間の無駄であり、または、費用がかかり、かつ、文書による情報収集が期待できない場合や、仲介弁護士が協議前の事情に基づいて、関係者自身よりも詳しい知識を有し、あるいは、外国の関係者がその関係及び言語能力を信頼している、仲介弁護士としてのドイツの弁護士に委託した場合は、例外的に（通常の弁護士に準じた）費用が償還されうる[90]。

弁護士の交替の場合、関係者に過失がなく、交替が必要な場合にのみ、二人目の弁護士の報酬の償還が可能である。新しい訴訟のための弁護士の交替は可能である。関係者が団体代理人の代わりに弁護士によって代理される場合は、償還請求権は帰属しない。弁護士が自分の事件のために活動するときは、彼が弁護士を委託した場合に準じて、報酬及び経費の償還を請求しうる。弁護士が、破産管財人、遺産管理人、遺言管理人のような、公的な受託者として活動した場合も同様である。弁護士が自己の事件について活動した場合は、消費税の償還を請求しえない[91]。

5 刑事訴訟手続

(1) 序説

費用法は、当初ドイツ刑事訴訟法（以下「ドイツ刑訴」、カッコ内は「ド刑訴」と略）(StPO) 496条から506条に規定されていた。ド刑訴464条以下の規定は、1924年に導入された[92]。464条以下は、主に刑事訴追によって生じた国庫の費用、すなわち、刑事訴追機関及び裁判所の手数料及び経費を誰が負担すべきかについて規定する。更に、本法は、刑事手続の防御または関与に基づいて被疑者（ド刑訴467, 467a, 469, 471, 472, 473条）、私訴原告（ド刑訴471－473条）、付随私訴原告及び付随私訴権利者（ド刑訴472, 473条）、附帯訴訟の被害者（ド刑訴472a条）及び付随的関与人（ド刑訴467a, 469, 470, 472b条）に生じた必要な裁判外の負担が誰に帰属するかを規定する。ドイツ刑訴464条以下は、個々の刑事事件で生じた費用（手数料及び経費）についてのみ規定する。464条－464b条は、費用及び経費の項目の訴訟法上の取扱いを規定する。それに対して、465条以下や464c条は、刑事手続により生じた費用の負担及び償還義務を規定する。従って、これらの規定は、ドイツ刑訴344条2項及び352条の意味における手続上の規定には属しない。しかし、それらは実体的な刑法ではない。上級審での刑罰加重禁止の規定（ド刑訴331, 358条）は、費用判決には適用されない[93]。

関係者が国庫に対して負担しなければならない費用の額及び計算方法に関する規定は、裁判所費用法（GKG）の中に見出される。GKG40条から47条は、裁判費用について費用算定の基礎を規定する。GKG11条付則1は、6110号以下で個々の手数料要件のもとでの手数料額または手数料率を定める。国家に支払う経費の範囲は、9000号以下に規定されている。総ての訴訟の裁判費用の額の標準は、既判力をもって宣言された刑罰の種類と重さに依存する（GKG40条1項）。手数料及び経費の確定は、個々的に、固有の手続である、費用算定手続（GKG4, 5条）でなされる。いわゆる費用の算定は、司法行政行為（Justizverwaltungsakt）であり、費用決定機関でなされる。個々的には、GKG4条が規定する。異議申し立ては、GKG5条がこれを定める。費用の徴収は、1974年の取立及び徴収規則（EBAO）及び司法徴収規則（JBeitrO）によりなされる[94]。

ドイツ刑訴464条以下及びGKGの規定は、少年裁判所法（JGG）2条により少年裁判所手続にも適用されるが、JGG74条、109条2項によれば、少年（18歳から21歳までの者も含む）に対する手続においては、少年刑法の適用に際しては、裁判所は、費用の負担がしばしば少年刑法の目的に矛盾するがゆえに、被告人に費用及び手数料を負担させることを無視しうる。租税刑法手続においては、ドイツ刑訴464条以下が制限なく適用される。秩序罰に関する法律（OWiG）の反則金手続についても原則としてドイツ刑訴の費用手続が適用されるが（vgl. OWiG46条1項、105条）、反則金手続には適切でない規定は適用されない[95]。

（2）　主要条文

ドイツ刑訴464条（費用及び経費判決）「(1) 各判決、各略式命令、及び各々の取調開始の裁判は、誰が手続費用を負担しなければならないかについて決定をしなければならない。

(2) 誰が必要な負担をするかについての裁判は、裁判所は、判決または手続を終了させる決定の中でこれをなす。

(3) 費用及び必要な経費についての裁判に対しては、即時抗告が許容される。1項に述べられた本案裁判の取消が抗告人に許容されていないときは、それは許容されない。抗告裁判所は、裁判が依拠している確定された事実に拘束される。費用及び必要な経費に関する限り、判決に対して即時抗告が、その他の点では控訴または上告がなされたときは、控訴裁判所または上告裁判所は、控訴または上告に関する限り、即時抗告についての裁判についても管轄権を有する。」

464a条（手続費用、必要な経費）「(1) 手続費用とは、国庫の手数料及び経費である。公訴の準備のために生じた費用や犯罪の法的効果の執行費用も、費用に属する。それが有罪判決を受けた者の申立によって生じた限り、再審手続（ド刑訴364a条及び364b条）から生じた費用もまた、既判力ある判決により終結した手続の再審申立費用に属する。

(2) ①　証人の補償について適用される規定に従う、必要な時間の無駄に対する補償、及び②　それがドイツ民訴91条2項によって償還される限りにおいての、弁護士の報酬及び経費もまた関係者の必要な費用に属する。」

464b条（費用の確定）「関係者が他の関係者に償還しなければならない手数料及び経費の額は、関係者の申立により第一審裁判所によって確定される。申立により、確定された手数料及び経費が確定申立のときから利子を生ずべきことが言い渡されうる。利率、手続、及び、裁判の執行には、民事訴訟法の規定が準用されうる。」

464c条（翻訳者の負担）「ドイツ語を解さない、聴力または言語能力に障害のある被疑者のために、翻訳者または通訳が関与させられるときは、それによって生じた経費は、彼がこれを有責な懈怠その他の方法で有責に不必要に惹起した限り、被疑者に課せられる。これは、467条2項の場合を除き、明示的に言い渡されなければならない。」

464d条（割合に従った負担の分担）「国庫の経費及び関係者の必要な経費は、割合に応じて分担させられうる。」

465条（有責判決における費用及び経費）「(1) 手続費用は、それが、彼がそのために有罪判決を受け、または、彼に対する矯正保安処分が命じられた行為のための手続により生じた限りにおいて、被告人が負担しなければならない。この条項の意味における有罪判決は、彼に刑罰の留保の警告が与えられ、または、裁判所が刑罰を思いとどまった場合にも存在する。

(2) 一定の刑を重くし、または、軽くする事情の解明のための捜査により特別の経費が生じ、かつ、この検討が被告人の利益に帰したときは、裁判所は、被告人にそれを負担させることが不公平である場合には、発生した負担の一部または全部を国庫に課さなければならない。これは、特に、被告人が個々の分離しうる犯行の一部のために、または、複数の法律違反の各々のために、有罪判決を受けなかった場合にあてはまる。1文及び2文は、被告人の必要な経費について準用される。

(3) 被告人が判決の既判力が生じる前に死亡したときは、その遺族は、費用の責任を負わない。」

466条（共犯者の責任）「同じ犯行に関して刑罰の言い渡しを受け、または、矯正保安処分が命じられた共犯者は、連帯債務者として経費について責任を負う。

これは、指定された弁護人または通訳の活動、及び、執行、仮の留置または未決拘留により生じた費用、ならびに、もっぱら共犯者に向けられた捜査活動により生じた経費については適用されない。」

467条（有責判決がなされない場合の費用及び経費）「(1) 被疑者が無罪判決を受け、彼に対する主手続の開始が拒絶され、または、彼に対する手続が中止される限り、国庫の負担及び被疑者の必要な経費の負担は国庫に帰属する。

(2) 被疑者が有責な懈怠により惹起した手続費用は、彼に帰属する。彼にその限りで生じた経費の負担は、国庫には帰属しない。

(3) 被疑者の必要な経費は、被疑者が、彼が、その負担に帰する犯行を行ったという自白において仮装したことにより、公訴の提起を惹起したときは、国庫には課されない。裁判所は、① 公訴の提起が、被疑者の陳述が自ら重要な点で真実に反し、または、その先に行った表明と矛盾し、または、彼が告訴に関して表明したにもかかわらず、重要な免責事情について沈黙したことによって惹起され、または、② 犯罪行為がなされても、手続の障害が存在するというだけの理由で、有責判決がなされない場合は、被疑者の必要な経費を国庫に課することを無視しうる。

(4) 裁判所が、これをその裁量によって許容する規定により手続を中止したときは、被疑者の必要な経費を国庫に課することを無視しうる。

(5) 被疑者の必要な経費は、手続が先行する一時的な中止（153a条）の後で最終的に中止されたときは、国庫に課されえない。」

467a条（捜査手続の中止の場合の経費）「(1) 検察官が公訴を取り下げ、手続を中止したときは、公訴が提起された裁判所は、検察官または被疑者の申立により、この者に生じた必要な経費を国庫に課さなければならない。467条2－5項が準用される。

(2) 付随的関与人（431条1項1文、442条、444条1項1文）に生じた必要な経費は、裁判所は、1項1文の場合、検察官または付随的関与人の申立により国庫または他の関与人に課しうる。

(3) 1項及び2項の裁判は、取消し得ない。」

468条（無罪の場合の費用裁判）「相互的な名誉毀損または身体侵害の場合は、一方または双方の有責判決の費用は、一方または双方が無罪とされたことによって排除されない。」

469条（告発者の費用義務）「(1) 裁判外の手続にすぎないとはいえ、故意または軽率になされた告発により惹起されたときは、裁判所は、彼が聴取された後で、告発者に手続費用及び被疑者に生じた必要な経費を課さなければならない。付随的関与人（ド刑訴431条1項1文、442条、444条1項1文）に生じた必要な経費を裁判所は、告発者に課しうる。

(2) いかなる裁判所もその事件に関与していなかったときは、裁判は、検察官の申立により主手続の開始を管轄した裁判所によりなされる。

(3) 1項及び2項の裁判は、取り消しえない。」

470条（告訴の取下げ）「手続が、その条件となっている告訴の取下げにより中止されたときは、告訴人は、費用並びに被疑者及び付随的関与人（ド刑訴431条1項1文、442条、444条1項1文）に生じた経費を負担しなければならない。それらは、彼が引き受けの準備があると表明する限り、告訴人または付随的関与人に、関与人に負担させることが不公平である限り、国庫に課せられうる。」

471条（私訴の費用）「(1) 提起された私訴の手続においては、有責判決を受けた者は、私訴原告に生じた必要な経費もまた償還しなければならない。

(2) 被疑者に対する訴えが棄却され、または、この者が無罪とされ、または、手続が中止されたときは、手続費用ならびに被疑者に生じた必要な経費は、私訴原告の負担に帰する。

(3) 裁判所は、① それが私訴原告の告発の一部のみに応ずるものであり、② 些細であることを理由に、383条2項（390条5項）に従い手続を中止し、または、③ 反訴が起こされたときは、手続費用及び関係人の必要な経費を相応に分担させ、または、義務に適った裁量により関係人の一人に負担させうる。

(4) 複数の私訴原告は、連帯債務者として責任を負う。複数の被疑者の責任に関して私訴原告に生じた必要な経費についても同様である。」

472条（付随的原告の必要な経費）「(1) 付随的原告に生じた必要な経費は、彼

（被告人）が付随的原告に関わる犯行により有罪判決を受けたときは、被告人に課されるべきである。

（2）裁判所が、これをその裁量によって許容する規定に従って手続を中止したときは、これが特別の理由から衡平に適う限り、1項に列挙された必要な経費の全部または一部を被疑者に課しうる。裁判所が、手続を先行する一時的な中止（153a条）の後最終的に中止したときは、1項が準用される。

（3）1項及び2項は、406g条の権能の確保において引き続き付随的原告としての権利者に生じた必要な経費について準用される。同じことは、検察官が377条2項に従って訴追を引き受けた場合の私訴原告の必要な経費についてあてはまる。

（4）471条4項2文が準用される。」

472a条（補償請求権の費用）「（1）犯行から生じた請求権を認める判決の申立が認許される限り、被告人は、それから生じた特別の費用及び被害者の特別の経費を負担すべきである。

（2）裁判所が申立についての裁判を無視し、請求権の一部が被害者に認められず、または、被害者が申立を取り下げたときは、裁判所は、義務に適った裁量に従って、その限りで生じた裁判上の経費及びその限りで関係人に生じた必要な経費を誰が負担するかを裁判する。裁判上の経費は、関係人にそれを負担させることが不公平である限り、国庫に課せられうる。」

472b条（付随的関与人における費用）「（1）国家帰属、没収、没収の留保、破棄、使用禁止または違法状態の除去が命じられたときは、付随的関与人に関与によって生じた特別の費用が課されうる。付随的関与人に生じた必要な経費は、それが公平に適する限り、被告人に、独立手続においては他の付随的関与人にもまた課されうる。

（2）反則金が法人または社団に課せられるときは、これらの者は、465条、466条に従って手続費用を負担しなければならない。

（3）1項1文に述べられた付随的効果の命令または法人または社団に対する反則金の確定が無視されたときは、付随的関与人に生じた経費は、国庫または他

の関与人に課せられうる。」

　473条（上訴の場合の費用と経費）「(1) 取り下げられ、または、不奏功に終わった上訴の費用は、それを提起した者の負担に帰する。被疑者の上訴が不奏功に終わり、または上訴を取り下げたときは、それにより付随的原告、または、406条の権能の確保において引き続き付随的原告として権利を有する者に生じた必要な経費は、被疑者に課せられるべきである。1文の場合に付随的原告だけが上訴を提起し、または継続したときは、それにより生じた必要な被疑者の経費は、付随的原告に課せられるべきである。

　(2) 1項の場合に検察官が被疑者または付随的関与人（ド刑訴431条1項1文、442条、444条1項1文）の不利益において上訴を提起したときは、彼に生じた必要な経費は、国庫に課せられるべきである。検察官によって被疑者または付随的関与人の利益において提起された上訴が奏功した場合も同様である。

　(3) 被疑者または他の関与人が、上訴を特定の抗告事項に制限し、かような上訴が奏功したときは、必要な関与人の経費は、国庫に課されるべきである。

　(4) 上訴の一部が奏功したときは、裁判所は、関与人にそれを負担させることが不公平である限り、報酬を減額し、かつ、生じた経費の一部または全部を国庫に課さなければならない。これは、関与人の必要な経費についてもあてはまる。

　(5) 刑法69条1項または69b条1項の命令（運転免許証または外国運転免許証の剥奪の命令）が、その要件が、単に、運転免許の一時的な剥奪（111a条1項）、運転免許証の保管、押収または差押（刑法69a条6項）の期間のためにもはや存在しないというだけの理由で、維持されない限り、上訴は不奏功とみなされる。

　(6) 1項－4項は、費用及び①　既判力ある判決により終了した手続の再審、または、②　追加手続（439条）の申立により惹起された、必要な経費についても準用される。

　(7) 前の状況の再開費用は、それが、相手方の理由のない異議より惹起された限り、申立人の負担に帰する。」

　（3）　費用負担義務の原理

第5章　ドイツにおける訴訟費用の敗訴者負担─各論（例外）

　検察庁が犯罪行為の捜査及び訴追義務の履行のために活動した場合、それが法律規定によって裁判費用（手数料及び経費）の形で他の刑事手続の関係者に課されえない限り、それによって生じた財政上の経費は国家が負担する。関係者のかような負担を許容し、または、規定する条項の基礎にある統一的原理を探求する試みが再三なされている。しかし、様々な考慮が負担規定及び免責規定に影響を与えたがゆえに、統一的原理の探求は、無駄に終わっている。刑事訴訟法上費用負担を過失に結びつけた規定もあり（ド刑訴464c条、467条2,3項、469条）、当初、法は過失主義に従うという見解も主張されたが、今日の通説は、第三者の費用負担を定める規定の大部分は、原因主義に基づくと主張する[96]。この場合原因主義の概念は、擬制であるだけではない。通例行為者は、しばしば疑いがかけられ、または、彼に対する手続が行われても、ドイツ刑訴465条1項に規定された結果が生ずることを認識する状況になかったのである。しかし、彼は、（立証された）構成要件を満たす行為により法律上訴追されねばならない、この意味で手続により惹起された費用の原因を与えた。これに対して、刑事手続の本来の惹起者は、国家であるとする見解は、国家が個人による原因惹起に対して二次的に反応しているにすぎないという立場を否認する。ドイツ刑訴473条1項もまた、上訴審の費用が問題になる限り、原因主義から出発する。理由のない上訴により費用を惹起した者は、不奏功に終わった上訴の費用を負担しなければならないというのである。しかし、（立証された）違法な構成要件の実現により手続を惹起した者が、手続費用を負担するという意味の一般的原因主義は、必ずしも刑事訴訟法のとっている立場とはいえない。なぜならば、ドイツ刑訴465条及び467条は、費用負担義務を手続の終了に結びつけ、違法な構成要件実現にもかかわらず、彼が錯誤（ド刑訴17条）により免責されるときは、被告人は費用を免れるからである。同様な考慮は、無条件に違法な行為には依存しないドイツ刑訴470条の費用責任にもあてはまる。行為の特別の性質から費用責任を導く考えは、責任が行為者の過失に基づく限り、原因主義とは相容れないが、それが客観的に違法な、刑事訴訟法上の効果を伴った行為による場合は、この限りでない[97]。

衡平の考慮（ド刑訴465条2項、470条、472a条2項、473条4，6項）及び社会復帰の観点（ド刑訴459a条4項、459d条2項）もまた、費用負担義務に影響を及ぼしうる。しかし、不当な苛酷さの回避のために必要と考えられる場合に、公平に従って、関係者の費用及び経費について判決する権限を一般的に裁判所に与える規定は存しない。事件の意味と訴訟費用の支出の間の比例分配の厳格な命令も存しない[98]。

附帯私訴（ド刑訴471条）については、別の原則があてはまる。費用負担の義務は、民事訴訟の原則に近い。それによれば、勝訴か敗訴かが費用負担義務を決する。これに対して、付随訴訟の費用規定（ド刑訴473条1項3文）は、基本的に原因主義に従う[99]。

（4） 負担償還の原則

国庫からのまたは第三者の負担における被告人その他の手続関与人の必要な経費の償還を定める規定もまた、統一的な基本思考に基づいているのではない。有罪判決が下っていない、手続の終了した被疑者（ド刑訴467条1項）が問題になる限り、被疑者が客観的に不当なまたは不奏功に終わった国家の訴追に対する防御により被った損害の特別犠牲に対する補償として、それを特別犠牲請求権と呼ぶことができよう。経費償還請求権を特別犠牲請求権と呼ぶことは、「人権及び基本的自由の保護に関するヨーロッパ協定（MRK）（1950年）」6条2項の無罪推定からの帰結である。しかし、有罪判決が下されていない、手続の終了した被告人のための経費の償還は、一般的な刑事訴訟法の原則ではない。この場合償還請求権は、被告人のためにかなり拡大されているが、ある範囲で再び狭められている実定法上の限界内においてのみ存在する。原則的に償還請求権は、手続がドイツ刑訴467条1項に規定された方法で終了し、かつ彼に対してもまた、共同過失、または、国庫の不当な負担の回避という観点のもとに（ド刑訴467条2－4項）、一部強制的で、一部任意の制限が存在する場合にのみ、被疑者（ド刑訴157条）に許容され、その手続が先行する仮の中止（ド刑訴153a条）[100]の後で最終的に中止された被疑者は、ドイツ刑訴467条5項により、経費償還請求権があるものとして扱われる。これに対して、公訴の提起に至らず、捜査手

第5章　ドイツにおける訴訟費用の敗訴者負担―各論（例外）

続が中止された場合は、公訴が提起されているドイツ刑訴467a条1項の場合を除くと、被疑者には経費償還請求権は帰属しない。しかも、これは、立法者の見解によれば、公訴が提起されていない限り、被疑者にとって、弁護人の援助を求める機会がないからではなく、着手された捜査手続が多数に上るため、一般的な経費償還義務が困難な国庫の負担に導き、ひいては刑事訴追機関の着手の麻痺に導くであろうからである。従って、その限りで、法は、経費と結びついた捜査手続に巻き込むことを社会生活上関係者の固有の危険領域に属する出来事とみなしている。しかし、被疑者が後で着手された捜査手続の過程で一定の刑事訴追措置により、単に巻き込まれたという限度を越えて損害を被ったときは、再び犠牲請求権の観点のもとで「刑事訴追措置のための補償法（StrEG）（1971年）」の規定の標準に従う補償が観察に現れる[101]。

それに対して、ドイツ刑訴469条の被疑者の償還請求権は、損害賠償請求権の考えがその基礎になっている。ドイツ刑訴470条では、原因主義の思考が貫徹している。附帯私訴手続の償還請求は、裁判費用の負担義務よりも強い程度において民事訴訟上の負担償還ルールに近い原則に従っている。附帯訴訟の枠内の負担の償還は、一部は原因主義に従い（ド刑訴473条1項3文）、一部は原因主義と結びついた民事訴訟上の償還規定から導かれうる（ド刑訴472条）。その他ドイツ刑訴472条では衡平思考が重要な役割を占めている[102]。

（5）　弁護士の報酬と経費

　弁護士の報酬と経費は、それがドイツ民訴91条2項により償還されるべき限り、必要な負担となる。それは、弁護人（ド刑訴137条）、付随的関与人の代理人（ド刑訴434条1項、442条1項、444条2項）、私訴原告の補助人または代理人（ド刑訴378条）、付随的原告（ド刑訴397条1項、378条）、または、ドイツ刑訴51条により秩序罰が命じられた証人のような第三者としての弁護士についてあてはまる。刑事弁護人になることが認められた大学教授（ド刑訴138条2項）及びドイツ刑訴138条2項によって許容された法的補助人も弁護士と同視される。しかし、BRAGO（RVG）は大学教授には適用されない。弁護人選任の権利保護保険の存在は、通説によれば、償還可能性や報酬の額に影響を及ぼさない。同じことは、

職能団体や労働組合、使用者による費用の引き受けの場合にもあてはまる。しかし、保険料や職能団体の費用は、必要な経費ではない[103]。

弁護士の協力の必要性は問題にはならない。償還可能性は、総ての審級で刑事訴訟法に従って弁護士の活動がその事件で許容されているかどうかに依存する。それは、弁護人、私訴原告または付随的原告の補助人、付随的関与人の代理人、及び、ドイツ刑訴51条1項により秩序罰を命じられた証人を代理した弁護士についてあてはまる（反対説あり）。ドイツ刑訴137条1項2文[104]に違反する弁護活動、138a条1項[105]に違反する弁護活動、146条[106]に違反する弁護活動の場合は、償還は認められない。被告人が適時に免責事情を証明する資料を提出していれば、経費を回避することができたであろうかどうかは問題ではない。許容されてはいるが、目的を欠く弁護人の活動の場合は、それから生じた報酬の償還請求権は認められない。それは、例えば、弁護人が有責な被告の欠席により停止された公判に出席したような場合である。弁護人が、検察官が控訴または上告手続をとった後で理由の宣明またはその取り下げをなす前に助言によりまたは文書で活動した場合にも不必要な活動と認められるかどうかは議論がある。少なくとも、有罪の判決を受けた者の条件付の釈放に対する検察官の抗告の場合は、不必要な活動とはいえないとするのが一般である[107]。

法定の報酬が償還される（ド民訴91条2項）。報酬規定がない場合は、納税規則（AO）408条2文が準用される[108]。RVG VV Teil 4 の枠内でどれだけの額が償還されうるかは、枠報酬を定めるRVG14条1項に述べられた事情に依存する。弁護士により決定された報酬の相当性は、費用確定手続で検討される。報酬合意が法定の報酬を越える場合は、償還義務は存しない。特別の事情があったり、特別の困難があったりする場合も、例外は認められない。このような解釈は、憲法上も疑われていない[109]。国選弁護人が被告人と合意した付加的な報酬も償還不能である。弁護人の経費（VV Teil 7）は、それが個々的に必要であった限り、償還される。特に、書類作成代、事物に適った弁護のために必要とされる複写費、よその土地での期日のための旅行費用が問題になる。例外的に免責のための証人の探求のための国外旅行が必要なものとみなされうる[110]。

第5章　ドイツにおける訴訟費用の敗訴者負担―各論（例外）

　旅費、日当のような増加費用は、その者がその特殊分野で特別の専門知識を持っているとか、裁判所所在地に刑法や税法の専門家たる弁護士がいない、被告人自ら裁判所所在地から遠いところに居住している、弁護人の委託に際して手続がその事務所所在地で遂行されることを期待できたという理由で、訴訟地に居住していない弁護人を関与させるために必要な場合にのみ、償還される（ド民訴91条2項）。被告人の弁護人に対する特別の信頼があることや弁護士の評判がよいことは、通例意味をなさない。裁判所がよその土地の弁護士の選任を決定した場合は、原則として彼が裁判所所在地に居住していないことから生じた増加費用もまた償還可能である[111]。

　原則として複数の弁護士の費用は、必要な、被告人の責めに帰すべからざる事由による弁護士の交替の場合を除いて、それが一人の弁護士の費用を越えない限りにおいてのみ償還される（ド民訴91条2項）。それは、内容が複雑で、困難な手続においても同じである。外国での犯人の拘留では、国内の弁護人と並んで、当地の弁護士の協力が求められうる。国選弁護人と私選弁護人が相次いで活動した場合は、私選弁護人の費用については、国選弁護人の費用との差額のみが償還される。私選弁護人と並んで、被告人の要求により、または、被告人または弁護人の責めに帰すべき事由に基づいて、国選弁護人が選任される場合も同様である。しかし、裁判所がドイツ刑訴143条[112]に反して国選弁護人の選任を取り消さず、または、犯人保護の理由で、または、手続進行の確保のために、私選弁護人と並んで国選弁護人を指定した場合は、総ての私選弁護人の費用が償還されうる。警察の事情聴取に際しての同席のために委託された弁護士の費用は、弁護人の旅行費用の額に至るまで償還可能である。租税刑法手続では、弁護士報酬と並んで、税理士の協力のための費用もまた、償還可能である。被告人に二人の国選弁護人が指定された場合でも、無罪の宣告に際して彼に、それが一人の弁護士の報酬及び負担を超えない限りでのみ、必要な経費が償還されるべきである[113]。

　自己の事件においては、弁護士は、被告人として報酬は償還されない。ドイツ民訴91条2項の規定は、民事手続に関するものであり、刑事手続には適用さ

れない。それは憲法上も疑いない[114]。私訴手続で自ら弁護する弁護士についても同様である[115]。それに対して、私的付随訴訟の原告として、弁護士は、ドイツ民訴91条2項に規定された範囲において報酬及び経費の償還を請求しうる[116]。

<注>

53) BGBl. I, S. 853, ber. S. 1036.
54) BGBl. I, S. 545.
55) Gelmelmann・Matthes・Prütting・Müller-Glöge, Arbeitsgerichtsgesetz, 5. Aufl., 2004, S. 508.
56) Gelmelmann・Matthes・Prütting・Müller-Glöge, a. a. O., S. 508.
57) Gelmelmann・Matthes・Prütting・Müller-Glöge, a. a. O., S. 508.
58) Gelmelmann・Matthes・Prütting・Müller-Glöge, a. a. O., S. 509.
59) Gelmelmann・Matthes・Prütting・Müller-Glöge, a. a. O., S. 509-510.
60) Gelmelmann・Matthes・Prütting・Müller-Glöge, a. a. O., S. 513.
61) Gelmelmann・Matthes・Prütting・Müller-Glöge, a. a. O., S. 514.
62) Gelmelmann・Matthes・Prütting・Müller-Glöge, a. a. O., S. 515-517.
63) Gelmelmann・Matthes・Prütting・Müller-Glöge, a. a. O., S. 517.
64) Gelmelmann・Matthes・Prütting・Müller-Glöge, a. a. O., S. 517.
65) Gelmelmann・Matthes・Prütting・Müller-Glöge, a. a. O., S. 518.
66) Gelmelmann・Matthes・Prütting・Müller-Glöge, a. a. O., S. 520.
67) Gelmelmann・Matthes・Prütting・Müller-Glöge, a. a. O., S. 521.
68) Kopp/Schenke, Verwaltungsgerichtsordnung, Kommentar, 13. Aufl., 2003, S. 1699.
69) Kopp/Schenke, a. a. O., S. 1699.
70) 2002年9月の日弁連の調査によれば、ドイツでは今日では行政訴訟の場合は、被告たる行政庁は、弁護士に事件を委任しないことにより、勝訴の場合に事実上敗訴者に対して弁護士費用の償還請求をしていないとのことである（日弁連『総括資料集』（2005年）163頁など）。
71) Kopp/Schenke, a. a. O., S. 1699.
72) Kopp/Schenke, a. a. O., S. 1745.
73) Kopp/Schenke, a. a. O., S. 1745-1746.
74) Kopp/Schenke, a. a. O., S. 1746.
75) Kopp/Schenke, a. a. O., S. 1746.
76) Kopp/Schenke, a. a. O., S. 1746.
77) BGBl., I S. 180.
78) G. v. 20. 8. 1975, BGBl. I S. 2189.
79) G. v. 20. 8. 1990, BGBl. I S. 1765.

80) BGBl. Ⅰ S. 2144.
81) Meyer-Ladewig/Keller/Leitherer, Sozialgerichtsgesetz, Kommentar, 8. Aufl., 2005, S. 995.
82) Meyer-Ladewig/Keller/Leitherer, a. a. O., S. 996.
83) Meyer-Ladewig/Keller/Leitherer, a. a. O., S. 996.
84) Meyer-Ladewig/Keller/Leitherer, a. a. O., S. 996-997.
85) SGG202条「本法が手続について規定を置いていないときは、両手続の原則的な違いがこれを排除しない場合には、裁判所構成法（GVG）及び民事訴訟法が準用される。」
86) ドイツ民訴269条3項（訴えの取下げ）「訴えが取下げられた場合、法的紛争は係属しなかったものとみなされる。すでになされたが、既判力を有しない判決は、無効の宣告を必要とすることなく効力を失う。原告は、法的紛争につき既判力が付与されておらず、または、それが被告に他の原因によって命じられえない限り、その費用を負担する義務を負う。訴えの係属前に訴状の提出の機会が喪失し、かつ、訴えがその後遅滞なく取り下げられたときは、費用負担義務は、従来の事実及び紛争の状況を顧慮して公平な裁量に従って決定される。」516条3項（控訴の取下げ）「取下げは、なされた上訴の喪失及び上訴により生じた費用の負担義務を生ぜしめる。これらの効果は決定により宣言される。」
87) Meyer-Ladewig/Keller/Leitherer, a. a. O., S. 999.
88) Meyer-Ladewig/Keller/Leitherer, a. a. O., S. 999-1000.
89) Meyer-Ladewig/Keller/Leitherer, a. a. O., S. 1034-1035.
90) Meyer-Ladewig/Keller/Leitherer, a. a. O., S. 1035-1036.
91) BFH. 120, S. 333.
92) Bekanntmachung v. 22. 3. 1924, RGBl. Ⅰ, S. 299.
93) Löwe-Rosenberg, Die Strafprozessordnung und das Gerichtsverfassungsgesetz, 25. Aufl., 2001, Vor para. 464.
94) Löwe-Rosenberg, a. a. O., Vor para. 464, 4.
95) Löwe-Rosenberg, a. a. O., Vor para. 464, 8.
96) Vgl. BVerfGE. 18, S. 302；31, S. 137.
97) Löwe-Rosenberg, a. a. O., Vor para. 464, 14.
98) Löwe-Rosenberg, a. a. O., Vor para. 464, 17.
99) Löwe-Rosenberg, a. a. O., Vor para. 464, 18.
100) ドイツ刑訴153a条は、それが公訴の公的利益を除去するのに適切であり、かつ、罪の程度が重くない場合に、被疑者に一定の給付等の負担及び指示を与えるのと引き換えに一時的に公訴の提起を猶予する制度である。
101) Löwe-Rosenberg, a. a. O., Vor para. 464, 19-21.
102) Löwe-Rosenberg, a. a. O., Vor para. 464, 22.
103) Lutz Meyer-Gossner, Strafprozessordnung, 46. Aufl., 2003, S. 1425.
104) ドイツ刑訴137条1項（弁護人の選任）「被疑者は、手続がいかなる段階にあるかを問わず、弁護人の臨席を求めうる。選任される弁護人の数は3人を超ええない。」

105) ドイツ刑訴138a条1項は、犯罪行為に関与したり、被疑者と自由に接見しうる立場を利用して犯罪行為等を行ったり、判決を受ける被疑者に便宜を図ったりした者が弁護人になることを禁じている。
106) ドイツ刑訴146条「弁護人は、同時に同じ犯罪行為の複数の被疑者を弁護することはできない。一つの手続で彼はまた、同時に異なった犯罪行為の複数の被疑者を弁護することもできない。」
107) Lutz Meyer-Gossner, a. a. O., S. 1426.
108) 納税規則（AO）（1977年）408条2文は、「報酬及び経費が法律上規定されていないときは、それらは、弁護士の法定の報酬及び費用の額にいたるまで償還されうる」と規定する。
109) BVerfGE. 1968, S. 237.
110) Lutz Meyer-Gossner, a. a. O., S. 1426-1427.
111) BVerfG. NJW. 2001, S. 1270.
112) ドイツ刑訴143条「国選弁護人の指定は、その後ですぐに別の弁護人が選任され、かつ、この者がその選任を承諾したときは、撤回されるべきである。」
113) Lutz Meyer-Gossner, a. a. O., S. 1427-1428.
114) BVerfGE. 53, S. 207.
115) BVerfG. NJW. 1994, S. 242.
116) Lutz Meyer-Gossner, a. a. O., S. 1428.

第6章　ドイツにおける弁護士報酬敗訴者負担の原則に対する批判

第1節　はじめに

　ドイツでは1980年に民訴法が改正されたが、それに先立つ数年間民事訴訟制度についての改革論議が高まった。これらの議論は、①訴訟費用の無償化、②手数料率の見直し、③（強制的）権利保護保険の導入、④訴額減額規定の類推、⑤弁護士強制制度の廃止、⑥訴訟費用敗訴者負担の見直し、⑦訴訟費用の租税類似化など多岐にわたるものである[1]。この時期に学者、実務家によってこれらの問題に関する幾つかの論文が発表されたが、それらの多くは、ドイツでなにゆえに弁護士報酬の敗訴者負担の原則がとられているのか、あるいはその打開策としてどのような方法が考えられるかを端的に問題とするものであり、弁護士報酬敗訴者負担の原則を導入すべきかどうかが議論されている今日の日本人にとって興味深い主張、指摘を数多く含む。本章では、この時期に論文を書いて弁護士報酬敗訴者負担を批判したドイツの学者、実務家の主張を忠実に再現することによって、弁護士報酬敗訴者負担の問題に取り組んでいる我々日本人にとっての検討課題を提供したい。

<注>
1)　金子宏直『民事訴訟費用の負担原則』20頁参照。

第2節　エーリッヒの見解

　エーリッヒ（フランクフルトアムマイン行政裁判所判事）によれば、敗訴という

事実によって敗訴者が勝訴者にその訴訟費用の償還義務を負うという原則が今日の法的理解に適するか否かが問題となりうる。それは、費用の敗訴者への転嫁に対する勝訴者の利益が、単に勝訴が勝訴者を、表面的であるとしても正しいものとし、敗訴者を正しくないものとするがゆえに、保護に値するものとなるとする19世紀の個人主義及び法実証主義の産物である。この立場では、訴訟経過が不確かであることが相手方の費用を敗訴者に負担させることと矛盾することは考慮されない。18世紀まで遡れば、今日モデルとして役立ちうる、うまく考量された費用償還原則を見出しうる。当時は、当事者の利益が保護に値することは、単なる結果ではなく、訴訟遂行上の誠実さ（Redlichkeit）によって測られた[2]。

　18世紀の訴訟法もまた、「通常は敗訴者が勝訴者に費用を賠償しなければならない」という原則を知っていたが、この原則は、現行ドイツ民訴91条とは幾分異なった意味を有していた。すなわち、敗訴者が相手方の費用を償還しなければならないのは、彼が敗訴したからではなく、その権利の追行または権利の防御が軽率ないし恣意的（mutwillig）だったからであり、かつその限りにおいてである。そうであること、すなわち、彼が無謀にも（temere）訴訟を行ったことは、もちろん敗訴に基づいて推定される。しかし、この推定は反論可能であり、訴訟経過から敗訴者が代わりの方法によってその事件につき正しかったことが明らかになったときは、反証されたものとみなされ、費用償還義務は喪失した。それは、例えば、訴訟上法律上疑わしい問題の判決が問題になり、敗訴者がこの問題について裁判所によって認められていない法的見解を主張した場合に認められる。敗訴者がそのために法学部の鑑定意見をもらってきた法的見解は、当然にそれに代わるものとみなされた。個人の鑑定意見に対しては、他の私人の同意を得ていない見解ほど馬鹿げたものはないがゆえに、抑制的であった。無謀な訴訟の推定は、更に、敗訴者が彼によってなされるべき立証に成功することはできなかったが、立証行為が彼の主張の正しさのために若干の蓋然性をもたらしたときは、反証されたものとされた。上級審で初めて敗訴した者もまた、無謀な訴訟当事者とはみられなかった。なぜならば、第一審の裁

判官がその事件を正しいと判断したときは、多くの者が、彼が正当な原因で訴訟を行ったと信じるかもしれないからである。権利追行または権利の防御の適法性の単なる主観的な確信ではもちろん十分ではない。論拠を提出することなしに、自分が正しいという者は、相手方の費用の償還義務を免れない[3]。

　従って、当時の訴訟法によれば、費用償還義務は、敗訴者が推測上の軽率な訴訟行為により相手方に費用を惹起したことに対する訴訟上の刑事罰であり、かような訴訟上の刑事罰は、個々の事例で勝訴者にも帰しえた。結局費用償還義務を負うのは、無駄な訴訟に原因を与えた者、すなわち、その権利追行または権利の防御に論拠がないことを知り、またはそれを当然知るべき立場にある、換言すれば、訴訟を無駄に（正当な理由なく）惹起し、相手方にそれによって費用を負担させた者のみであった。それに対して、その権利を真摯に行使し、または防御する者は、彼が裁判に敗訴したからといって相手方の費用を負担すべきものとはされなかった[4]。

　そのルールは、帰趨がはっきりしない事件における総ての訴訟及び裁判の、すなわち、基本的に偶然によって左右される勝訴ないし敗訴の性質の厄介な疑わしさという現実的な評価だけでなく、なかんずく、現実の利益状況のための正しい痕跡とも矛盾することになる。法の多義性、訴訟経過の不確定さ、裁判官の認識能力の避けられない限界及びそれから生じる訴訟経過の不安定さは、法共同体に運命的に課される負担とみなされる。各当事者は、勝訴者も敗訴者もそれを割合に応じて分担すべきである[5]。

＜注＞
2) Hans-Georg Ehrich, Kostenerstattung——Erfolgsprämie oder Prozessstrafe, ZRP. 1971, S. 252.
3) H.-G. Ehrich, ZRP. 1971, S. 252-253.
4) H.-G. Ehrich, ZRP. 1971, S. 253.
5) H.-G. Ehrich, ZRP. 1971, S. 253.

第3節　フェヒナーの見解

　フェヒナー（テュービンゲン大学教授）によれば[6]、ドイツ基本法（憲法）19条4項は、国民の裁判を受ける権利につき明示的に定めている。「ある者が公的権力によりその権利を侵害されたときは、彼には裁判手続が保証される。」これに対して、私人に対する私的権利の裁判上の追求は、以前から当然のこととされてきた。かような権利追求の憲法上の保証は、直接かつ不可避的に法治国家から生じる。私的な権利を裁判上追求する可能性は、既にドイツ基本法2条1項の「人格の自由な発展に対する権利」の中に包含される。それにより権利の裁判上の主張に対する基本権がそもそもより原初的かつ基本的な基本権とみなされうることが明らかである。基本法は、更に、「裁判所では各人が法律上の聴聞を請求する権利がある」と定める（ドイツ基本法103条1項）。

　それにもかかわらず、私人の裁判を受ける権利が十分に確保されているとはいえない状況が存在する。1960年代のことであるが、大企業に構造転換の波が襲った頃、330を越える株式会社で少数株主が問題のある手続で会社から排除された。ごく僅かな事例でのみ、それが裁判所の手続に委ねられた。この手続で資本力のある少数株主は、総会決定を取り消し、その利益を裁判上主張した。しかし、資本力のない小数株主にとっては、巨額の費用に鑑みて、訴訟のリスクが極めて高いことが明らかであった。彼らは、示談金と引き換えにその会社における地位を捨てねばならなかった。その決定は、予期される費用に鑑みて正しいことがわかった。なぜならば、連邦憲法裁判所が、その後会社持分に対する株主の所有者的利益が企業のコンツェルンへの統合の利益に劣ると判示したからである[7]。

　これ以外にも費用の危険が裁判上の権利追行の事実上の障害となっている数多くの事例がある。既に10万マルク[8]の訴額の事件において費用は、5桁の数で推移している。なかんずく、経済生活上の特定の争訟では、訴額は、数百万マルクに達していることが稀でない。百万マルクの訴額の場合、敗訴すれば、

第6章　ドイツにおける弁護士報酬敗訴者負担の原則に対する批判

裁判費用及び弁護士費用は、十万マルクに達する。鑑定が認められるときは、裁判費用及び弁護士費用を上回りうる付加的な費用が生じる。かような事例は、なかんずく、大企業、コンツェルン、カルテルと中小企業との間の訴訟で生じる。しかし、それは非商人にも生じうる。経済的な弱者と経済的な強者との間の不均衡が示される。大企業相手に訴訟をする中小企業にとっても、危険は負担しきれない。月給しか得ておらず、それ以外の収入のない被用者や小役人にとって、既に数千マルクの費用の危険は、もはや期待できない。庶民が小さな財産を持っているとしても、それは個人の生活の経済的な保証をなすものであり、不確実な訴訟という冒険の犠牲にするわけにはいかない。その制限は、有利な訴訟の結果の機会が両当事者にとって同様に大きい場合に、特別に耐えられないものとして受け止められる[9]。

　この関係の法的判断にとって二つの点が意味を有する。第一は、訴訟に対する障害の程度に関わる。数多くの事例で費用の危険は、将来的に経済的存在または社会的地位の重い危殆化を招来する程度に達している。それによって法的意味において訴訟提起の困難が生じているだけではない。訴訟はむしろ経済的に不能なものとなっている。形式的な訴えの保証にもかかわらず、訴えの道は事実上もはや開かれていないのである。第二の点は、この障害の原因に関するものである。この場合、経済的に弱い当事者が、強い相手方の報復または加害（取引関係の解消、相手方の勢力内にいる第三者への加害、地位の喪失など）を恐れたがゆえに、その権利を裁判上主張しない事例が問題になるのではない。費用規定の障害は、むしろ法秩序自体の中にある。実定法の中に基礎づけられている訴え提起の障害が問題になるのである[10]。

　訴え提起の障害とは、関係者を他人の私的な恣意に委ねることを意味する。それに対して彼が法的な手段を用いて防御することが法律上の規定によって否定されているのである。それは降伏であり、疑いもなく、民主主義に対する暗い陰である。訴えに対する障害は、他方において、強い当事者の側では、それ自体既に有利な状況の更なる保護を意味する。訴え提起の障害は、現行法によって惹起された訴訟上の攻撃不能に導く。それは、大企業のための司法上の

免責特権という結果をもたらす。この不均衡は、費用危険を理由づける敗訴が、防御だけでなく、攻撃においても、弱者に対する訴訟上の威嚇として負担をもたらすことにより高められる[11]。

　経済的に弱い当事者は、財政的な理由から権利を追求することができない。稀ならず彼は、財政的に力を持っている相手方によりあらかじめ、明示的にかつ文書によって、彼が裁判所に訴えた場合にまたは財政力を有する相手方の防御訴訟が展開すれば克服しなければならない高額の費用の危険を指摘される。それに際して実際上、訴訟を継続すれば多くの事例で存続しないであろう、有利な地位の主張に関する威嚇が問題になる。有利な訴訟の見込みがある場合ですら、経済的に弱い当事者は、訴訟に勝つまでは、財政的に破滅だと言うのが一般である[12]。

　興味ある例を挙げよう。少数株主が、その株式会社からの独立性が取消権を行使する株主にとって保証されていないようにみえた公認会計士の選任に関わる総会決議の取消の訴えを提起した。第一審では、訴額は、3万マルクとされた。第二審手続開始時に、訴えられた株式会社は、訴額の引き上げを求めた。その少数株主は、裁判所が訴額を5万マルクに引き上げた後で、控訴を取り下げた。ヒュッテンヴェルケ・ジーガーラント株式会社の事例では[13]、少数株主が、その株式会社と別のヒュッテンベルクとの間で締結されるべき子会社化契約に関わる総会決定の取消訴訟を起こした。訴額は、第一審のラント裁判所では、500万マルクとされ、抗告審では、上級ラント裁判所によって5万マルクに引き下げられ、控訴審では50万マルクとされた。その少数株主は、7万マルクを超える費用危険及び彼の手中に一株しかないことをものともせず、憲法裁判所に違憲抗告をしたが、敗訴に終わった。この場合稀ならず、相対的に小さい実体上の利益に鑑みて、それがそんなにひどいものではないといわれることがある。しかし、訴訟上多数派が少数派の利益を奪い取ろうとしている場合には、特別の考慮が必要である[14]。

　現在の費用ルールは、基本的な憲法上の原則に抵触している。訴え提起の障害により個人を私人の恣意に委ねることは、憲法の基本的価値である人間の尊

厳を奪うことである。同時に司法的手続の保証を弱めることは、法治国家の原理とも抵触する。人格の自由な発展という基本権（2条1項）及び法の下の平等という基本権（3条1項）もまた侵害される。19世紀には事業者と労働者は、自由な立場で労働契約を締結し、その条件を合意することができるものとされていた。周知のようにこの自由は、今日では報酬の命令に従うか、それとも飢えるかの労働者の自由として特徴づけられている。現行のドイツの基本法は、このような不平等を是正しようとしている。訴え提起が形式的に可能であっても、事実上妨げられていることは法治国家の原則と抵触する。このもう一つの帰結は、相手方を訴訟上論駁できないこと、すなわち、無力な者の費用で権力者の持っている権力が固定化し、永久的なものとなることである。それは、社会国家の原則と抵触する。法形式主義は、特権を持っているグループの利益のためのカモフラージュとなるのみである[15]。

　このような事態はどのようにして緩和されうるか。訴訟費用扶助法はこの問題には役立たない。費用の一時的な免除の要件は、ドイツ民訴114条に「意図された権利の追行及び権利の防御が、十分な勝訴の見込みを有しなければならない」、「当事者が、彼及びその家族にとって相当な扶養の侵害なしに、訴訟費用を争うことができない場合でなければならない」と規定されている[16]。差押えの対象となる資産または処分しうる財産があれば、訴訟費用扶助によることはできない[17]。法人の場合は、ドイツ民訴114条4項（現行116条2号）によれば、更なる要件として、「権利の追行または権利の防御を怠れば、一般的な利益に抵触するであろうこと」が加わる。現在の実務は、この要件を、法人の経済的な関係が広範な不利益をもたらすであろう場合にのみ認めている。法人が財務上弱いというだけでは、大抵の場合一般的にそれは問題とならない。従って、小さな企業は、全く救済されないことになる。かくして現行の（1980年及び1994年の改正以前の〔筆者注〕）訴訟費用扶助法が、現在の社会的法治国家にあまり適合的でないことが明らかである[18]。

　学説は、訴訟費用の問題についての明らかに好ましくない状況にもかかわらず、この問題にあまり触れてこなかった。学説上は、経済的に強い当事者と弱

い当事者の訴訟法上の地位の平準化の意味での短い肯定的な指摘が見出されるに過ぎない。判例もまた、現行の規定を伝統的な意味で解釈し、憲法適合性を検討することなしに、それらを適用する。それに対して、現行法（1969年当時〔筆者注〕）の改正の動きは注目に値する。改正法は、不平等の状況が著しくかつ頻繁な領域で制定されている。特許、株式、不正競争の分野がそれである（特許法53条1項、1965年9月6日の株式法247条、不正競争防止法23a条〔現行12条4項〕、商標法31a条〔現行商標法142条〕、実用新案法17a条〔現行26条〕）。この場合大資本、財政上優位な立場にある者、市場の支配力を有する者が、より有能な弁護士、著名な鑑定人を含む包括的な手段をもって、みるべき資産のない小株主、発明者、中小企業に対峙するのである。これらの法律のほとんど文言上一致した新規定では、訴額は、係争裁判所により、個々の事例の総ての事情、なかんずく、当事者にとっての事件の意味を考慮して、公平な裁量によって決せられると規定する。1937年の株式法199条6項では、一方的に、「会社の取り消される決定の維持に対する利益を顧慮して」と規定されていた。一致して次のように定められている更なる新規定は、もっと影響が大きい。「当事者が、訴訟費用の負担がその経済的状態を著しく危殆化するであろうと信ずるときは」、裁判費用、弁護士費用及び場合によっては相手方によって出捐された費用もまた、その経済状態に適合した訴額の一部に従って計算されうる。この場合訴訟の成功の見込みの検討はなされない。連邦議会に1968年に提出された立法草案によれば、費用につき便宜を受ける当事者は、将来的に、裁判所または相手方に生じた負担からもまた免責されるべきである[19]。この新規定に対しては、これを全面的に肯定する見解や制限的に肯定する見解が現れたが、否定説もあった。フェヒナーは、上記の法改正は、好ましい前進を意味するが、適用範囲を狭い領域に限定しているという[20]。

<注>
6) フェヒナー論文については、金子・前掲書20頁以下に紹介がある。
7) BVerfGE. 14, S. 263.
8) 1マルクは、約80円として計算してよいであろう。

第6章　ドイツにおける弁護士報酬敗訴者負担の原則に対する批判

9) E. Fechner, Kostenrisiko und Rechtswegsperre, JZ. 1969, S. 350.
10) E. Fechner, JZ. 1969, S. 350-351.
11) E. Fechner, JZ. 1969, S. 351.
12) E. Fechner, JZ. 1969, S. 351.
13) FAZ. vom 9. 11. 1965, S. 18.
14) E. Fechner, JZ. 1969, S. 351-352.
15) E. Fechner, JZ. 1969, S. 352.
16) 1980年に次いで1994年にもドイツ民訴114条が改正され（PKHÄndG vom 10. Okt. 1994（BGBl. S. 2954））、今日では「その個人的及び経済的事情により訴訟遂行費用を工面することができず、その一部のみをまたは分割してのみ工面しうる当事者は、意図された権利追行または権利の防御が十分な勝訴の見込みを有しかつ軽率とはみられない場合に申立により訴訟費用扶助を受ける」と規定されている。現行法上は、総ての収入が訴訟費用に投入されるべきであるが、連邦社会扶助法85条1号、86条の基本額の、夫婦間では100分の64、他の法定の扶養義務の場合は、100分の45がそれから除外されるべきだと規定されている（ド民訴115条1項2号）。
17) 現行法上は、当事者の財産も、それが期待されうる限り訴訟費用に投入されるべきであるが、相当期間内に譲渡または担保化により金銭に替えうる場合でなければならないとされている（ド民訴115条2項）（Thomas/Putzo, ZPO., 22. Aufl., S. 273 [Reichold]）。
18) E. Fechner, JZ. 1969, S. 352.
19) BT-Drucksache V/2324, WRP. 1968, S. 272.
20) E. Fechner, JZ. 1969, S. 353.

第4節　ドイプラーの見解

　ドイプラー（テュービンゲン大学助手）は、三つの事例を挙げて論じる。

① Sが靴の取引を開始した。多額の銀行融資を受けて、彼は、彼が主要な製品としてアンナ（Anna）という名称の靴を製造する小さな靴メーカーを設立した。計画が予定通り進めば、取引額は年に100万マルク、準利益は年約10万マルクになるはずであった。製造開始後2ヶ月してSは、アーマ（Ama）という名の洗剤を製造する洗剤会社から訴えられた。その企業は、Sにドイツ民法823条1項に基づきアンナ（Anna）という名称の靴のそれ以上の販売をしないように求めた。アーマとアンナがまぎらわしいというのがその理由である。アーマは卓越した市場支配力を有しており、それが水で薄められるという。Sは、弁

護士を選任し、弁護士は、彼に、裁判所は訴額をドイツ民訴3条に従って自由裁量で決すると伝えた。それは100万マルク、あるいは単に10万マルクになりうる。第一の場合は、裁判費用及び弁護士費用は、敗訴すれば控訴審までで約10万マルクに、第二の場合は、約1万9,000マルクになるであろう。恐らくそれが市場支配力を有することやまぎらわしいものであることの確定に関わる鑑定が必要となり、費用の増額は5万マルクから10万マルクになるであろう。

② Aは、3万マルクの私的財産と月々1,000マルクの収入があった。その妻を亡くした父親は、Aを相続人から排除し、彼の妹Sを唯一の相続人に指定した。Sは、父親を騙して、20万マルクの父親の財産を取得するために、父親に遺言を作成させたのかもしれなかった。Aが、Sに対してドイツ民法2339条3号（現行2339条1項3号）、2342条により相続欠格の訴えを起こすとすれば、裁判費用及び弁護士費用は、Aに帰する遺留分により訴額が単に15万マルクになるがゆえに、第一審から上告審までで約2万5,000マルクになった。彼は、ドイツ民訴114条の訴訟費用の扶助は受けられない。

③ 資産のない学生Sが、X市に10万マルクの価値のある絵画の引渡を訴求した。それは、市がナチスの時代にその亡くなった父に贈与したものであった。その訴えは、連邦最高裁によりドイツ民法138条に基づいて棄却された。ドイツ民訴117条（現行123条）により訴訟費用扶助により影響を受けない市の費用償還請求権は、少なくとも1万マルクに達した[21]。

④ ケーベルによれば[22]、ある娘が婚約者によって妊娠させられたが、その後婚約は解消された。彼女は、彼に3,500マルクの損害賠償を請求した。第一審の裁判費用及び弁護士費用は、約700マルクに達した。彼女は、自分の財産は持っておらず、1ヶ月350マルクの収入があるだけであった。ラント裁判所は、訴訟費用扶助の適用を拒絶し、出産費用及び必要となる買い入れのための費用が填補されるかどうかの問題を検討しなかった。

ドイプラーによれば、基本法上要求される裁判所へのアクセスの権利は、その主張を妨げる総ての経済的な障害が除去されることを要求する。これは、可能な限り貧しい者と富める者との間の完全な武器の平等を実現することを意味

する。この要求に適しない法状況は、基本法違反である。それは、個別的に裁判所へのアクセスを保証する基本法の規定に違反する。それと並んで、恣意的な行為の禁止を定めるとともに、経済的な平等をも要求する基本法3条1項にも違反する。その限度で基本法14条（私有財産権保護規定）との緊張関係が存在する[23]。

ドイプラーは、このような立場から、裁判費用及び弁護士費用の計算が訴訟物の総額によって期待しえない費用危険に導く場合は、特許法53条（現行144条）、株式法247条2，3項、不正競争防止法23a条（現行23b条）、商標法31a条（現行商標法142条）、実用新案法17a条（現行26条）のルールが類推適用されるべきだと主張する。当事者が敗訴の場合にその財産またはその生活水準に重要な損失を被ることは、期待しえないというのがその理由である[24]。この立場では、上記①〜④の事例のいずれにおいても敗訴当事者が救済される。事例①で問題になる鑑定費用のような負担は、訴額とは無関係で、敗訴当事者によって負担されなければならないとされているが[25]、この点は法の欠缺だとしている[26]。

＜注＞
21) Vgl. BGHZ. 36, S. 395 ; BB. 1962, S. 427.
22) Koebel, NJW. 1964, S. 393.
23) ドイツ基本法3条1項「総ての人間は、法の下に平等である。」；14条「(1) 所有権及び相続権は保証される。内容及び限界は法により定められる。(2) 所有権は義務を伴う。その利用は、同時に公衆の福祉に奉仕すべきである。(3) 収用は公の利益のためにのみ許容される。それは法律によりまたは補償の種類及び程度を定める法規に基づいてのみなされうる。補償は、公衆及び関係者の利益の正当な顧慮の下でのみ決定される。争いのある場合は、補償の額のために通常裁判所への訴えが許容される。」
24) W. Däubler, Bürger ohne Rechtsschutz？ BB. 1969, S. 551.
25) OLG München, BB. 1959, S. 1185.
26) W. Däubler, BB. 1969, S. 548-549.

第5節　ゼーツェンの見解

前記フェヒナーの論文に触発されたゼーツェン（判事補）は、訴額が2,000マ

ルク（小額訴訟）である場合でも、費用は、控訴審判決を取得するまでに両審で証拠採用がなされる場合は、訴額を超えることが少なくないと指摘する。しかし、特許法53条（現行144条）や株式法247条2，3項のようなルールをそれ以外の訴訟一般に類推適用すべきだというドイプラーの見解に対しては、これらの訴訟でも、実際上訴額を低く見積もって敗訴の場合の費用負担を軽減するという立法趣旨がうまく機能していないことに鑑みて推奨すべき限りではないとする[27]。敗訴当事者が負担すべきであった費用は、敗訴当事者の弁護士及び勝訴当事者が負担することになるが、その理由は明らかでないというのである。そのため弁護士協会も、不正競争防止法23a条（現行23b条）、商標法31a条（現行商標法142条）及び実用新案法17a条（現行26条）に反対の立場である[28]。

　ゼーツェンは、従来の法状況によれば、第一審及び第二審で勝訴したが、上告審で敗訴した当事者は、第一審からの総ての費用を負担しなければならないが[29]、各審級で区々の判決が下されたときは、それは訴訟当事者の責任領域には属しないとする。訴訟によって国家による意思形成に関与するだけの当事者は、第一審判決後その判断が覆されることに対して費用の点でも負担に任ずべきではないというのがその理由である。彼は、第一審で勝訴したが、上告審で敗訴した当事者は、ドイツ民訴91条1項に従って全審級の費用を負担する必要はなく、第一審の費用のみを負担すれば足りるとする。この立場では、上訴したが奏功しなかった場合は、上訴した当事者が上訴の費用を負担するというドイツ民訴97条は維持されるべきことになる[30]。

　彼は次のようにも述べている。法律や規則の解釈について疑問が発生することは不可避である。立法府も行政府も拘束力ある法解釈の指針を出すことはできないし、弁護士による紛争の判断も拘束力はないから、当事者は法的紛争の解決のために裁判に訴えるしかない。その者の不利益において判決という形の法のメッセージが与えられる者に、法的状態の解明の費用が課されるとすると、これは法律状態が一義的でない場合、敗訴者に過失がなければ正当化されえない。この領域での原因者責任は、権利の取得を個々人にとってかなりの経済的負担を伴う危険行為にする。社会的法治国家ではこれは不相当なように思われ

る。なぜならば、総ての人間が法の下で平等であるという基本法3条の思想は、その経済的な資力を考慮することなしに、誰にとっても法的サービス機関を利用することを可能にすべきだからである[31]。

　訴えが、被告が彼にとって認識しうる不利な法状態に服さず、その義務を履行しようとしないためにのみ必要とされるときは、本来法的紛争ではなく、被告が回避しうるのに惹起された、債務名義の取得手続が問題になる。この場合彼に費用を負担させない理由はない。これに対して、真正な法的紛争の場合は、両当事者の裁判費用及び弁護士費用を引き受けるのが社会的法治国家の任務であろう。しかし、法的紛争と権利実現手続とははっきり分けられるものではなく、いわば一つの訴訟の二つの側面であり、費用負担の範囲を、訴訟が法的議論または事実の争いによりどの程度まで決定されるのかに依存させることを裁判所に可能にさせる公平原則が推奨される。不適当な主張は、当事者の領域に属し、手続の開始が証拠採用に依存する限り、彼らによりその費用が負担されるべきである。法的紛争が問題になっているにすぎないときは、それが不明確である場合にのみ費用の免責について理由があるのだから、上訴したが不奏功に終わった者は、控訴の提起に理由があり、または上告が勝訴の見込みを有しなかったわけではない場合にのみ費用償還義務を免れるといえるであろう。ドイツ民訴546条2項（現行543条2項）に基づき上級ラント裁判所により許容された上告においては、両当事者の費用の免責は例外なく行われるべきであろう。また勝訴の見込みがないわけではないときは、ドイツ民訴271条（現行269条）、515条（現行516条）による訴え、控訴または上告の取下げの場合に原告、控訴、上告人に費用を負担させることは、不当であろう[32]。

　特許法36q条「(1) 手続に複数の者が関与しているときは、特許裁判所は、これが公平に適う場合には、手続費用の全部または一部を一当事者に負担させることを定めうる。それは、なかんずく、それが公平な裁量に従って請求権および権利の目的に適った確保のために必要であった限りにおいて、当事者に生じた費用の全部または一部が一当事者によって償還されるべきこともまた定めうる（現行80条1項）。(2) 特許裁判所は、抗告費用が返還されることを命じう

る（現行80条3項）。(3) 1項及び2項の規定は、抗告、申出または異議申立の全部または一部が取り下げられた場合にも、適用される（現行80条4項）。」この規定は、連邦最高裁への特別抗告、特許裁判所への特許無効の訴え及び連邦最高裁への控訴にも準用されるべきである。特許法36q条（現行80条）は、実用新案法10条（現行18条）に従って、特許裁判所及び連邦最高裁での実用新案消除手続にも準用される。商標法13条（現行商標法90条）においても特許法の費用規定が同様に準用される。連邦特許裁判所1969年6月25日決定によれば[33]、「特許法36q条（現行80条）は、抗告手続の遂行がもともとほとんど勝訴の見込みがないことを示すのではなく、判決が抗告をするのがもっともだと思わせる場合に、敗訴の場合でも費用負担を認めない可能性を与える」。かような原則の民事訴訟費用法への拡大は、費用危険及び訴え提起の妨害を除去し、それによって大きな制度的な変更なしに、国民と司法との距離を縮めることは適切である[34]。

<注>
27) U. Seetzen, Prozesskosten und sozialer Rechtsstaat, ZRP. 1971, S. 36. 同旨：Erdsiek, NJW. 1964, S. 913；OLG, Celle, NJW. 1964, S. 1527.
28) Vgl. AnwBl. 1964, S. 168.
29) Thomas/Putzo, ZPO., 4. Aufl., para. 91 Anm. 2a.
30) U. Seetzen, ZRP. 1971, S. 36.
31) U. Seetzen, ZRP. 1971, S. 37.
32) U. Seetzen, ZRP. 1971, S. 37.
33) Mitteilungen der deutschen Patentanwalte 1969, S. 194.
34) U. Seetzen, ZRP. 1971, S. 37-38.

第6節　ボーケルマンの見解

1　様々な費用規定改革提案とその検討

ボーケルマンは次のようにいう。費用法はわかりにくく、かつ複雑である（不確かな訴額の決定及び費用の様々な発生原因及び額を考えれば十分である）ため、費用の計算は、かような問題につき経験があり、または、かような計算のための尺

度を使いこなせる者にとって可能であるにすぎない。更に、費用の負担と勝訴との結びつきは、どっちみちより確かな計算を許容しない。この訴訟を危険な賭け事の領域に追いやる、全てか無かの原則は、不必要な訴訟を避けるという目的設定に関しては全く双方向に作用する。すなわち、特別に用心深くかつ判決の予見可能性の欠落を知っている者は、自分が正しいと信ずる理由がある場合でも、訴えを起こさない。逆に、独善的または特別に無知であり、かつ彼の権利が許容されないと想像することのできない者が、彼の勝つ機会が客観的に相対的に少なく、かつ話し合いが可能な場合でも、訴えを提起することが起こりうる[35]。

更に、財産的な負担を伴う防御手段は、負担が各当事者の経済的な状態に従って段階づけられる場合にのみ、総ての当事者において同じ効果を有しうるのではないか。それに反して、ドイツの訴訟費用は、総ての者にとって特定の標準額に従った同じ費用が要求され、かついずれにせよそれが高額であるため、二つの審級を越える裁判手続において訴額を超える結果になりうるがゆえに、経済的強者にとっては計算しうる項目であるが、経済的な弱者にとっては、訴訟に対する障害となる。その結果、当事者は自己の法的地位を放棄するか、恣意的な和解に服することになる[36]。

連邦憲法裁判所判決の中にも、社会国家の原則と結びついた一般的平等の原則が、富裕な者と貧しい者の訴訟上の地位をあまねく均等にすることを要求し、権利の追求が貧しい者にとって著しく困難となるべきではないと述べるものがあるが[37]、あまねくとか著しく困難となるべきではないという言葉は曖昧であり、また前記フェヒナーやドイプラーの指摘の反響は、当初はあまり大きくなかったといわれる。その理由は、費用負担は一般的には知られているが、なかんずく公には変更することのできないものとして受け止められていること（及び当事者自身によってそれが受け入れられていること）にあるとみられた[38]。しかし、現在の訴訟費用規定に反対する声も大きくなってきており、次のような様々な提案がなされている。①　特定の社会的に重要な訴訟の種類（賃貸借、扶養、離婚）における費用の免責、②　弁護士強制の廃止、③　訴訟費用扶助法の拡充、

④ 公平原則による訴額の減額、⑤ 審級における勝訴及び公平原則に従った当事者間の費用の分担、⑥ 一般的な権利保護保険の導入。

①について　その基礎をなしている実体的な法律問題が、特別に重要な社会的な事件として現れているような手続のための費用の免責を肯定することが考えられる[39]。しかし、その作用は、社会的な強者の利益と社会的な弱者の利益とに関して双方向的であろう。すなわち、実体法が社会的な敗者を保護すればするほど、費用の免責は、大抵は経済的な強者（賃貸人や扶養義務者）に有利に作用するであろう。更に、この原則を最後まで貫徹して、もっと多くの手続の種類を包摂しなければならないとすれば（例えば、分割支払訴訟、普通契約約款に基づく訴訟）、国家による負担能力の限界に容易にぶつかるであろう[40]。

②について　弁護士強制の廃止は、費用の低額化を可能にする。しかし、それは法律の素人である当事者に不利に作用し、弁護士を選任する必要はないという口実のもとで、高額の費用負担を無批判に存続させることになりうる。腕のよい弁護士を選任することの可能な富める者に有利な結果となろう[41]。

③について　訴訟費用扶助法は改正されるべきである。レーエ[42]及びアイケ・シュミット[43]の提案、なかんずく、敗訴の場合の相手方弁護士のための費用の引受、貧困要件の緩和、勝訴の見込みの吟味の廃止は、そのために全く適切である。しかし、訴訟費用扶助法の改正をしても、それで決して十分とはいえない。個々人の所得にふさわしい費用を定め、残りは、国庫の負担とすることまではできない。国庫負担とすることがそれと結びついた家計及び税負担のために実現できないとすれば、総ての改正において貧困の確定のための相対的に低い出発点が残ることになろう。従って、少なくともいわゆる中間層に属する者は、一部免責の更なる可能性があるとしても、訴え提起が妨げられるに違いない[44]。

④について　株式法247条2項、特許法53条（現行144条）、不正競争防止法23a条（現行12条4項）を類推して経済的に弱い当事者のために一般的に訴額の減額の可能性を認めることは[45]、国家が所得の喪失を補塡する場合を除き、弁

護士の一般的な所得の喪失が耐えられるかどうかについての検討を前提とする。基本的にこの提案では個々人の資力のより強力な観察が問題になる。しかし、ボーケルマンによれば、これに関して、公平判決（裁量判決）に依拠すべき、訴額を用いる曲芸のような間接的な措置は、あまり適切な手段とはいえない。この場合、個々人の費用負担の可能性の直接的な考慮ないし費用の見積りが様々な訴額に際して相当かどうかという問題から始めねばならない[46]。

　⑤について　　ゼーツェンは、費用が審級における勝敗に従って分担されるべきだと提案した[47]。すなわち、訴訟が法的不明確さに基づいて遂行された場合は、費用（裁判費用）は免責される。また、なかんずく特許法36q条（現行80条）のモデルにより当事者間に費用が再分割される。すなわち、裁判官は、公平原理（裁量原理）に基づいて、敗訴者による完全な費用償還の原則から乖離した判決をなしうる。そして、事物の根本的な意味により上告に際して費用は免除される。軽率で見込みのない訴訟追行の場合にのみ、裁判費用を請求しうる。しかし、シュナイダーは、このゼーツェの見解がユートピアだとする[48]。ボーケルマンによれば、法的紛争の裁判上の解決がもはや主に個人主義的なものとして観察されるのではなく、社会的効用を伴った社会的任務とみなされればみなされるほど、この主張は、単なる空論にすぎないように思われる。訴訟目的のこの評価が、公的な担い手と私人との間の費用分担にとって本来的に決定的なものとすれば、国家のより大きな財政上の負担が問題になる限り、かような論理の力は過大評価されているといえよう。殊に、アメリカ及びスウェーデンでは、当事者は少額の裁判費用の負担のみで済ませ、これを税金でまかなうことが可能であるのだから、絶えず必要な財政上の支出の可能性を探すべきである。今日でも司法補助制度の費用は、主に税金でまかなわれている[49]。

　上告を根本的な意味のある事例に制限し、それによって主に法的形成のために整備するという傾向に鑑みて、法的形成の費用を個々人に負担させうるかどうかが事実上問題になるように思われる。この場合もまた訴えの障害は、生じた費用よりも高額の訴額の限界にある。審級の勝敗及び公平の考量に従った当事者間の費用の分担の提案は、初歩的なものであり、十分に構成されたもので

はない。もちろん、様々な審級の判決につき当事者が責任を負わない場合には、弁護士費用を含むこれらの費用を国家に負担させることが考えられる。しかし、その場合、上級審の裁判官が財政的事情もまた考慮してその判決をなす危険性が存在しうる。ゼーツェンの提案は、敗訴者費用負担の原則が維持される限りにおいて、通例何ももたらさないであろう。それは、予めの計算にとってあまりに不確かであるため、訴え提起の障害をほとんど除去しえないであろう[50]。

⑥について　権利保護保険の要求は、訴訟費用による裁判所へのアクセスの困難を除去する唯一の現実的な逃げ道であるように思われる。毎年個々の事件について評価される約100マルクという保険料が高すぎるという理由でそれを拒絶するのは、我々を納得させるものではない。保険料の評価を他の基準で考えることも考慮に値しよう。しかし、権利保護保険の導入による解決には問題がある。まず、負担の分割がこれによって保護しようとしている者の利益にならないのではないかと考えられる。また、低所得の者が支払わなければならない金額が高すぎるように思われる。このことは、裁判所の利用がこれまで長い間総ての市民にとって等距離になかったことを考えれば、なお更である。訴訟費用保険制度を導入するとしても、中小の企業もまた訴訟費用の負担に対する保護が必要となろう。他方において所得制限は相対的に高く設定する必要があろう。更に、一当事者が結果の見込みを予め検討しうるが、他方当事者はこの限りではないという問題も生じうる。また、総てのありうる訴訟当事者を権利保護保険に参入させるとすれば、保険料が貧しい者にとって租税の負担よりも高額になること以外に、これが租税によってまかなわれる司法とどうして区別されるのかわからない。その区別は、なかんずく弁護士費用が私的な保険によってまかなわれるのか、それとも公的な保険によってまかなわれるかにあるだけだといってよいであろう。更に、訴訟費用保険が民間の保険会社によってなされるとすれば、訴訟が保険会社によって支配される危険がある。保険会社は、費用が訴訟の帰趨と結びついている限り、訴訟の帰趨に直接的な自己の利益を有することになり、できるだけ安価な訴訟遂行に利益を見出すことになろう[51]。

2 ボーケルマンの費用改革提案

ボーケルマンは、次のような費用規定の改革提案をする。

（１）　所得に応じた費用の段階づけ

もうすぐスウェーデンで実現される提案によれば[52]、弁護士費用は、当事者の所得に従って定められる。またスウェーデンでは、裁判費用は、証人のための費用のようなごく狭い範囲でしか発生しない。弁護士費用については、例えば、1年間で2万2,000クローナ（約1万4,700マルク）以下の所得しかない者は、通常費用がどれだけの額になるかを問わないで、35マルクを支払えばよいだけである。残りは国家が負担する。当事者によって支払われるべき最高額は、扶養義務を顧慮した所得表に基づいて決められる。

一般的な見解に基づいて、国家による総ての費用の負担が経済的に無理であるが、裁判所は、総ての者に開かれているべきであり、法的紛争の裁判所による解決は、単に当事者の私的利用の場合だけではないことから出発する場合には、国家の制度としての裁判所の利用者に負担させられる訴訟費用を税金によって補填すべきことになる。少なくともそれが弁護士強制を伴った訴訟に由来する限り、弁護士費用についても同様である。スウェーデンの提案は、この観点からは首尾一貫している。それが費用の再配分に関する進歩的な段階づけという租税法上の原則に合致するからである。かようなルールによって貧困者をどうするかという問題の総てが解消される。恐らく弁護士の利用もまた増大し、弁護士に相談する機会も増えて、訴訟が回避されることにもなろう。

スウェーデンのモデルに関する報告によれば、敗訴者の相手方弁護士に対する費用償還義務は、通常の費用原則に従って機能する。これは敗訴に対する罰のようにも思われるが、軽率にでなくなされた訴訟においてはほとんど正当化されないように思われる。軽率で思慮のない訴訟遂行や意図的な訴訟遅延等の場合は、特別の費用負担を甘受すべきだといえよう。いずれにせよ、敗訴者はドイツにおけるよりも有利な立場に立つことになろう。彼が自らの弁護士費用をその所得に従ってのみ負担し、裁判費用は支払う必要がないためである。従って、彼は、ドイツでは裁判所に訴えることを非常に困難にする、弁護士費

用の二重負担をおそれるには及ばない。しかし、スウェーデンの提案が裁判所に対する機会均等な訴え提起のために最善の可能性を提供するとしても、そのためにスウェーデン政府が負担する費用は、年間2,700万クローナに上ると見積もられている。このように費用のかかる改革の実行可能性を考えると、残念ながら、権利保護のためにあまりにも代償が大きいという評価をなさざるをえない[53]。

（２） 費用負担と訴訟の帰趨

公費で訴訟費用を負担することが明らかに耐えられないことの承認は、多分費用負担と訴訟の帰趨の結びつきというドイツのシステムにも基づくものである。勝利者として、費用負担なしに決着することの期待、及び敗訴者は、彼が違法であったがゆえに、総ての費用を負担するのが正当だという一般的な観念は、訴訟費用による訴え提起の妨害という問題を覆い隠すのに適当である。なぜならば、それらは訴訟の経験が乏しい場合には、各人が、耐えられない経済的負担をおそれることなしに、法的紛争に決着をつける可能性を有する、すなわち、彼が現実に正しいという感じを抱かせうるからである。既に訴訟の勝者及び敗者という用語が、費用償還義務が戦争における勝者とちょうど同じように、もっぱら訴訟における勝利から生じるというゴルトシュミットの言葉[54]を単に笑うべき警句としてすませることはできないのである。

訴訟上の勝者に対する費用償還義務は、損害賠償法上の思考に由来する。これは20世紀の初めに詳しく議論されたが、今日ではほとんど忘れられてしまったように思われる。この費用負担ルールは、純粋な過失原則に従った費用負担に対する前進とみられる。客観的な結果責任は、より客観化された帰責原理に従った損害賠償法の一般的な傾向に一致する。敗訴者が費用を負担しなければならないことは、一当事者が費用を負担しなければならず、かつ勝訴者が敗訴者よりも常に正しいというジレンマからの逃避とみなされた。それによって違法は当事者間で段階的に分割されず、過失とは無関係な帰責原因が正当化されるというのである[55]。そこからこの命題が導かれる、生じた損害の古典的な個人的賠償では、それは全く正しいといえるかもしれない。訴訟費用の分担につ

いては、それは今日幾分奇妙なように思われる。なぜならば、それは、法的紛争を主として個人的なもの（もっぱら当事者の利益のための主観的権利の行使）とみる者によってのみ主張され、当初から確定していた正当な判決から出発するからである。すなわち、その場合にのみ権利の裁判上の確定のために生じた費用は、そもそも損害とみなされうる。客観的な結果責任について語ることは、敗訴者の訴訟行為において加害結果が勝訴者の負担に帰することを前提とする。さもなければ、結果はもはや加害行為ではなく、単に訴訟の帰趨に関わるにすぎないためである。原因主義もまた、この場合役に立たない。なぜならば、両当事者が裁判所に裁判を求めることによって費用を惹起した、すなわち、費用を惹起したものとはいえない手続の帰趨を受け入れなければならないからである。イタリアでは、この原則は、各々の権利が純粋な権利でなければならず、国家が当事者間の紛争に際して裁判上の決着を指示することによって減弱されてはならないことによって正当化されている[56]。しかし、これら総ての正当化は、正当な権利及びそれに基づく正当な判決に基づいている。しかしながら、裁判所のなすことが総て正しいというわけではない。そして我々は、唯一正しい判決を承認することについてはより敏感になっている。これは、一般的な正義の観念に関してだけでなく、判決が手続によりどのようにして勝ち得られるかに関してもまたあてはまる。手続は、当事者間の紛争を判決しうるまでにすることに役立つ（判決は保証されている）。その結論は、確定したまたは選択しうる規範の形式的なプログラムにどれだけの価値を置くかにかかわらず、手続上ないし手続により獲得されうる。いつでも呼び出しうる、その結果予め計算しうる判決発見の条件プログラムは、いつも稀である。しかし、しばしば両当事者は、彼らの合意がなければこの方法でのみ紛争の実行可能な解決が可能であるがゆえに、訴訟につき同じ利益を有し、かつ同じ利用勝手があるようにみえる。手続は、勝訴者にいかなる損害ももたらさない。それは、法的紛争が一当事者によって軽率にあるいは明らかに無思慮になされた場合はあてはまらない。事実関係または法律関係の紛争が生じている大部分の事例では、勝訴者に対する全部の費用償還義務のための納得させる理由は存しないのだから、後で敗訴

者に、彼が裁判所に訴える権利を行使し、彼に明らかに結果を見通す千里眼的な才能がなかったという理由で罰を与えるべきではない[57]。

損害賠償法的な観念に基づいて敗訴者費用負担を説明することは、今日ではあまりみられない。この原則は、簡潔に、国民の意識の中に入っており、裁判官にとって時間のロスなく、簡単に把握できること、すなわち、それ自体費用節約的であることによって説明されている[58]。費用が多額になり、それが訴額が小さい場合これを超過しさえすることを考えるならば、単純化という理由づけが相当だと読むことは皮肉であるように思われる。なぜならば、単に付随事項である費用が、主たる事項と同じように時間及び努力の投下を犠牲にすることは許されないとされているからである[59]。更に、単純性はまた、単に無批判に主張されているにすぎない。すなわち、例えば、原告または被告が複数いる場合など、費用を勝敗に従って分割することは、いつも単純であるわけではない。他面、例えば、各当事者が自己の裁判外の費用を自ら負担しなければならないルールが、どうして少なくとも全く同じように簡単に把握できないのであろうか。費用負担のための一般的な公平条項（裁量条項）ですら、ほとんど手続経過を知っている裁判官に大きな負担を求めるものではないであろう[60]。

これは、もちろん基礎において理論的というよりも訴訟政策的な問題である。しかし、この観点からもまた、費用と訴訟の帰趨との厳格な結合からの脱却を考慮すべきである。少なくとも軽率な訴訟遂行の場合を除いて、自己の裁判外の費用を当事者自身に負担させることは[61]、ドイツの現在のルールとは異なり、おそらく一方では、不必要な訴訟を行わず（必然的に唯一正しい判決という観念は、訴訟を増加させる）、他方では、存在する訴えの障害を除去することに導きうる。なぜならば、一方では、当事者の計算が容易になり、他方では、負担が自然に適って決して今ほど重くならないであろうからである。かくして、実際その側でいつも費用額の増加を惹起し、財産の乏しい家計にとって大抵は特別に不利な結果を生じる、多面的な訴訟額の増加及び遅滞もまた、防止されうる。私的な権利保護保険の加入は、それによって同様に拡大し、多分資産保険としてすら安価なものとなりうる。もちろんかような提案は、なかんずく世間一般の賛

同はほとんど得られないであろう。さもなければ訴訟を決してなしえないと信ずるがゆえに、各人は、基本的に常に勝訴者と自己を同一視する。完全勝訴及び権利が存在するという原則は、念頭に浮かびやすい。しかし、そうはいってもフランスでは1958年に訴訟法の改革により費用規定の相当な変更がなされたし[62]、イギリスでは、総ての費用は、1925年のJudicature Act（裁判所法）までは訴訟の帰趨に依存したが、今では裁判官が広範な裁量権を有している（現在は1998年民事訴訟規則44, 3条（1），（2）（b））[63]。もっともスウェーデンでは、改革は逆の経過をたどっている。1948年までは各自の弁護士は自ら負担しなければならなかったが、今や敗訴者が費用償還義務を負う[64]。弁護士報酬敗訴者負担の原則の改革には、もちろん、勝訴者―敗訴者という考えからの決別を理解させるために、司法の公開性の強化及びなかんずく裁判官の少数意見の公開が付随するに違いない。これは、貧困な当事者が、訴訟上弁護士強制がない場合、現在におけるよりも弁護士を選任することが少なくなるという、すぐ念頭に浮かぶ危険に対してもまた役立ちうるであろう。なぜならば、この反応は、あまり熟考されていないからである。二人の弁護士に支払わねばならないことに比べると、この者に確実に支払わなければならないとしても、ただ一人の弁護士にのみ費用を支払わなければならないことは、もっと甘受しうるといえよう[65]。

　その他、この関係で費用償還義務が認められていないアメリカで実際に受け取られている成功報酬について触れてみたい。それはドイツでは弁護士としての身分にふさわしくない、あるいは非倫理的であるとすら受け取られている。権利は買うものではないと考えられているためである。実際上成功報酬は、一見したところ訴えを起こすことを容易にするためにはそれ自体として過ぎたものである。敗訴者は、大きな財産上の犠牲をおそれるには及ばない。他方勝訴者は、常になお余剰を取得する。このことはもちろんより詳しく検討されなければならない[66]。

（3）　費用負担と訴額

　費用負担義務からの決別に際して、意識的に当事者が訴訟のための費用を高額にしないという前提のもとで、費用負担が個々の場合に経済的に耐えられう

るようにみえるかどうかもまた示されうる。勝訴した者にとって自己の費用の負担にもかかわらず、なにかが残っていなければならない。これは、しばしば主張されたことであるが、費用が5,000マルクまでの低い訴額である場合に、二つの審級で訴額を越えるという事実に導く。それは、ドイツの強い逓減的な費用の段階づけの結果である[67]。従って、より低い訴額の場合に訴訟遂行が経済的にほとんど割に合わないことは驚くに足らない。それは、いずれの当事者が結果的に費用を負担するかを問わない。このことが訴訟を遂行する財産的な可能性に特別に不利に作用することも驚くにあたらない。なぜならば、通例比較的少ない所得及び財産しか有しない者が、低い訴額の事件でも訴訟を起こし、二重の喪失を経済的に克服しえないからである。類型的に経済的に強い当事者と弱い当事者が対峙し、通例高い訴額の事件について訴訟を行う事例では、後者のための訴額の引き下げが考慮されるべきである。しかし、低い訴額の事件に関わる訴訟を一般的に妨げたいと誰も主張しないであろう。これは、訴額と比べた場合の高すぎる割合的負担からの帰結である[68]。

　高い訴額の訴訟が低い訴額の訴訟当事者に金を出すべきこと、すなわち、通例経済的強者の負担で費用が分担されるべきことが再三再四提案される。しかし、これは、本来労務の投下が費用の額を決定するがゆえに、訴額に従った費用計算が一般的に事実上の費用額において計算されるとすれば誤った原理であるという前提のもとでのみ正当なものとなりうる。高い訴額の訴訟は、裁判官による長期間の審理が要求されるというラウトマンの観察に従えば、これは決して確かではないように思われるが、高い訴額の訴訟において労務の投下が低い訴額の事件とそんなに違わないことから出発するならば、経済的強者が金を出し、費用を分担するという主張は正当であろう。しかし、原則に適って、すなわち、訴額に従った費用の計算が相当であるという前提のもとで議論すれば、逆に、低い訴額の事件につき訴訟を行う者が最高の負担に任じるべきことになる。従って、それが税金の逓増的な段階づけが行われている税法とパラレルに議論されることが当然頭に浮かぶとしても、経済的強者の負担で費用を分担するという意味での費用分担は認めるべきでないように思われる。それに際して、

第6章　ドイツにおける弁護士報酬敗訴者負担の原則に対する批判

高い訴額の場合に現在よりも重く負担することではなく、低い訴額の場合にあまり負担しないことが問題になる。恐らく、社会主義諸国で採用されていたような、事実上逓増的なまたは総ての訴額において同じ費用は、資本主義国では採用されえないであろう[69]。なぜならば、それは経済的な力の大きな落差を看過し、個々の者が経済的に力のある相手方に対して防御することを困難にするからである。小さな企業の大企業に対する訴え、環境保護に関する市民の訴え、消費者団体の訴えなどを考えることができる。この場合フェヒナーが数多くの事例を使って明示したように、費用危険は、大抵は非常に高い訴額のために耐ええない。フェヒナーがかような事例から出発して、衡平原則に従った訴額の減額の一般的な適用の提案に辿りついているのは理解しうる。この場合費用表の小さな改定ではどっちみち役に立ち得ない。しかし、これは、財産の乏しい当事者が小さな訴額の事件について訴訟を起こす日常的な事例との区別もまた理由づける。この場合訴訟提起の困難さの除去は、もっぱら訴額によって計算される割合的に小さい費用負担の中にある。割合的に最高度の費用が訴額の3パーセントだとすれば、訴えの提起は、これらの通常の場合著しく容易になるが、これについては、我々は社会的理由から責任がある[70]。旧東ドイツでは、民事、家事及び労働事件手続の改正で、逓減的段階づけが廃止された（原則として3パーセント[71]）。逓減的段階づけの多少の変更はかような理由から考慮されるべきである。

　裁判費用の場合は、これはすぐにでも可能であろう。弁護士費用の場合は、もちろん若干の軽視すべきでない困難が生じるであろう。それが経済的に関心を呼ばないであろうがゆえに、弁護士が小額の訴訟を軽視する可能性がある。国家が弁護士強制により彼らにその所得の少なからざる部分を保証するとしても、理論としては弁護士に、彼らが非経済的な訴訟の引受もまた受忍しなければならないことを指示しうる。収入の補償は、同様に弁護士強制によって保証される、高額の訴額の事件における収入によってなされる。しかし、ある弁護士は主に小額事件を扱い、他の弁護士は、通例高額の事件を扱うことを認めることが想起される。顧客層は総ての弁護士に同様に振り分けられないからであ

る。しかしながら、その場合弁護士間の所得の違いは、逓減的な費用の段階づけの変更により高められるであろう。従って、社会的に弱い当事者のための負担の分担の変更の代償は、主として社会的に弱い弁護士のメンバーが負担しなければならない。これが正しいとすれば、付随的な手段によりこの作用を除去または緩和する場合を除いて、弁護士の訴額の費用の相応な変更は、ほとんど支持しえないであろう。主として小さな訴額の事件を引き受ける弁護士のための補償が創り出される、弁護士会によって設立される基金を考えることができる。かような弁護士間の補償は意味がある。なぜならば、弁護士会全体が、訴額に応じた法定の費用の利益及び不利益を享受する、すなわち、この規定からある者が利益を受け、他の者が不利益を受けるべきではないと考えられるからである。固定的な費用原則に固執する限り、当事者の訴え提起を弁護士費用の額により困難にせず、かつかような社会的考慮により費用補填なしに働かねばならない弁護士に補償を与える可能性が探求されねばならない[72]。

＜注＞

35) E. Bokelmann, Rechtswegsperre durch Prozesskosten, ZRP. 1973, S. 164.
36) E. Bokelmann, ZRP. 1973, S. 164.
37) BVerfGE. 22, S. 86.
38) E. Schmidt, JZ. 1972, S. 680；E. Bokelmann, ZRP. 1973, S. 681.
39) E. Schmidt, JZ. 1972, S. 681.
40) E. Bokelmann, ZRP. 1973, S. 165.
41) E. Bokelmann, ZRP. 1973, S. 165.
42) Röhe, ZRP. 1970, S. 274-275. 反対：Speckmann, ZRP. 1971, S. 71.
43) E. Schmidt, JZ. 1972, S. 680.
44) E. Bokelmann, ZRP. 1973, S. 165-166. 1980年（BGBl, I/1980, S. 677）及び1994年（BGBl, I/1994, S. 2954）に訴訟費用扶助規定は改正を受けた。それによれば、敗訴の場合の相手方弁護士のための報酬の引受、勝訴の見込みの吟味の廃止は立法化されなかったが、訴訟費用の月賦払が認められ（ド民訴120条）、また訴訟費用として出捐することが義務づけられない収入の割合が明確化された（ド民訴115条）。
45) W. Däubler, BB. 1969, S. 551.
46) E. Bokelmann, JZ. 1973, S. 166.
47) U. Seetzen, ZRP. 1971, S. 35-38.

48) E. Schneider, Jura 1971, S. 111-112.
49) E. Bokelmann, ZRP. 1973, S. 166.
50) E. Bokelmann, ZRP. 1973, S. 166.
51) E. Bokelmann, ZRP. 1973, S. 167.
52) E. Lehmann-Brauns, FAZ. vom 8. 3. 1972.
53) E. Bokelmann, ZRP. 1973, S. 168.
54) Goldschmidt, Der Prozess als Rechtslage, 1925, S. 117-118.
55) Hellwich, Lehrbuch des dt. ZPR., Bd. 2, 1907, S. 48.
56) Chiovenda, Istituzioni di Diritto Processuale Civile, vol. 2, 1934, p. 495 ; Satta, Diritto Processuale Civile, 7. ed., 1967, p. 96.
57) E. Bokelmann, ZRP. 1973, S. 169.
58) Vgl. Stein-Jonas, ZPO., 19. Aufl., 1972, para. 91 Anm. 1 ［Pohle］.
59) Stein-Jonas, ZPO., 19. Aufl., para. 91 Anm. Ⅱ, 1 ［Pohle］.
60) E. Bokelmann, ZRP. 1973, S. 169.
61) H. -G. Ehrig, ZRP. 1971, S. 252-253 ; Hagen, Elemente einer allgemeinen Prozesslehre, 1972, S. 68がすでに提案している。
62) Vgl. Herzog, Civil Procedure in France, 1967, p. 542-545. フランスでは1976年に弁護士費用を当事者の負担とすることが不衡平である場合に、裁判官が相手方にその定める額の支払を命じうるという規定が置かれたが、1991年に原則的に弁護士費用として裁判官が定める額を敗訴者負担とする旨の改訂がなされた。もっとも、今日でも衡平や当事者の経済的事情によって敗訴者負担をさせないことができると規定されており（フランス民事訴訟法700条）、経済的弱者に対しては、各自負担または実質的な片面的敗訴者負担制度のもとで訴訟が行われている（日弁連『総括資料集』167頁以下）。1976年の法改正につき詳しくは、堤龍弥「弁護士費用の敗訴者負担に関する一研究」神戸学院法学11巻4号（1981年）34頁以下参照。

同様に弁護士費用敗訴者負担制度の採られているオランダでも、近親間の訴訟は各自負担であり、また市民間の事件や真実解明が困難な事件などは裁判官の裁量で各自負担とすることができるし、負担させる額についても裁判官が大幅な裁量権を有している（日弁連『総括資料集』44-45頁、171頁以下）。
63) イギリスでは13世紀に訴訟抑制のために弁護士報酬敗訴者負担制度が導入されたが、カウンティコートの8割を占める小額訴訟は各自負担とされてきたため、市民が当事者となる多くの事件は各自負担とされてきたし、それ以外の訴訟についても、法律扶助によって低所得者が救済されてきたが、財政支出を削減するために条件付成功報酬制度（勝訴の場合2倍までの弁護士報酬を依頼者が弁護士に支払い、敗訴の場合は、相手方弁護士の報酬（通常その5～20パーセント程度）のみを負担するもの）が導入されるなど、改革のための試みが続けられている（日弁連『総括資料集』12, 44, 100, 113-114, 178頁以下、我妻学「英国における近時の民事司法改革の動向」東京都立大学法学会雑誌39巻1号（1997年）152頁以下、2号（1998年）6頁以下、40巻1号88頁、2号（1999年）2頁以下、同

「英国における1999年司法へのアクセス法」東京都立大学法学会雑誌41巻1号(2000年)49頁以下、2号(2001年)92頁以下、同「英国における訴訟費用敗訴者負担原則」石川明先生古稀祝賀現代社会における民事手続法の展開上巻(2002年)215頁以下)。
64) Vgl. Ginsburg-Bruzelius, Civil Procedure in Sweden, 1965, p. 367ff.
65) E. Bokelmann, ZRP. 1973, S. 169-170.
66) E. Bokelmann, ZRP. 1973, S. 170 Anm. 79.
67) 弁護士費用については、訴額に応じて逓減する基数が定められ(2004年弁護士報酬法13条)、それに一定の倍数をかけて各々の報酬額を算出してそれらを合算し、それに若干の調整費や消費税額を加えて算定される。1970年代にはBRAGOの下で弁護士報酬が算定されていた(本書第4章第2節2参照)。裁判所に支払う裁判費用もまた逓減する(2004年裁判所費用法34条)。
68) E. Bokelmann, ZRP. 1973, S. 170.
69) (旧)東ドイツにつき、Nathan, Das Zivilprozessrecht der DDR, Bd. 2, 1958, S. 269ff.；Niethammer, NJ. 1954, S. 298-305. ニートハンマー論文は、東ドイツが手続の総ての種類についてまだ西ドイツと同じ費用規則をとっていた時期に書かれたものである。ニートハンマーは、どうして同じルールが資本主義国では弱い国民層には不利に作用するのに、社会主義国ではその利益に作用するのかを理由づける。このイデオロギーの眼鏡を通じてみると、弁護士の同様に高額の報酬は、西ドイツでは支配階層がこれを支持したために、弁護士を養うのに役立ったのに対して、東ドイツでは、労働者の利益におけるサービスのための相当な賃金支払に役立った。不十分な訴訟費用扶助法は、西ドイツとは異なり、東ドイツの当時の労働者は、十分な報酬を得ていたがゆえに、全く不利な結果を生じなかったという。しかし、この場合政府による思想教育が感じられる(E. Bokelmann, ZRP. 1973, S. 171 Anm. 84)。
70) Vgl. BVerfGE. 11, S. 139-149(訴額が訴訟上の請求のために高すぎるため、市民がそれにより訴えを起こすことが事実上不可能になるときは、これは基本法違反となる)。
71) Fiedler-Woischnik, NJ. 1970, S. 186.
72) E. Bokelmann, ZRP. 1973, S. 171.

第7節　バウムゲルテルの見解

1　現行訴訟費用負担ルールの問題点

今日一般に、社会的、経済的弱者のために基本法3条に規定された権利保護領域における機会の平等を保証するには、現在(1994年改正前)の訴訟費用扶助法が不十分であることについては意見の一致が存在する。これは、裁判前及び裁判外の領域についてだけでなく、裁判手続についてもあてはまる。この場合

第6章　ドイツにおける弁護士報酬敗訴者負担の原則に対する批判

　機会不平等の原因は、まず第一に、現行規定に従って訴訟費用扶助法の適用を受けることのできない低所得者の訴え提起を事実上妨げる高額の訴訟費用に見出しうる。適切にも訴訟費用による訴え提起の妨害について語られる。異なった教育程度もまた権利保護の領域における機会の不平等に導きうる。貧弱な教育のために十分に自己の見解を表明することのできない者は、教育を受けた者よりも官署または裁判所に自己の事件を持ち出すことがはばかられる。この状況が理解されているとしても、機会均等が達成される道については非常に議論がある。フェヒナーのセンセーショナルな論文（本書136頁以下参照）は、なかんずく、費用償還義務の除去または緩和を含む、費用負担の除去の提案を行った。

　以下では、権利保護保険の強制または訴訟費用扶助法の改正が機会均等のための適切な方法であるかどうかの問題に絞って検討する。この問題は、フリッツ・バウアが議論したところであるが[73]、同様な提案は、1926年にベンディックスが既にしている（本書184頁参照）。彼は、権利保護金庫による訴訟費用扶助の解決を提案した[74]。しかし、バウアの提案に対しては多くの論者は、否定的な立場を採った。

　ようやく近年になって、費用負担の原則や費用の相当性の問題が基本法3条、19条4項及び20条[75]の観点のもとで詳しく検討されるようになった。民事訴訟の敗訴者や刑事訴訟の有罪とされた被告の裁判費用の負担義務もまた、憲法上の観察方法においては問題となる。連邦憲法裁判所は、この義務を原因主義によって理由づけたが[76]、ヴィルケは、その理由を費用法における公的扶助の判決前の中立性に見た[77]。

　弁護士費用は、なされたサービスに対する報酬である。基本法上は、なかんずく、社会的に相当な補償を欠く弁護士強制が基本法2条、12条1項2文及び14条[78]と調和するかどうかが問題になる。民事訴訟については手続及び費用法上の報酬額及び算定の基準は、弁護士強制、費用償還および法定費用の結合という観点のもとで観察されうる。この結合は、社会的にみると、弁護士費用の当事者の負担がドイツでは、成功報酬や原則的な費用合意の原則がとられていた

161

り、スウェーデンのように弁護士の報酬がその労務給付に従って算定される国と比べて、平均的に著しく少ないという長所を有する。スウェーデンのような国では弁護士費用が訴額を通例上回ることが驚きに値する[79]。その結合は、他方において、弁護士業に、弁護士強制がそれに与える独占的地位によりその存在を保証するが、この結合の一部である法定の費用が弁護士の経済的存在をもはや保証しない場合、同時にジレンマを招く。このような危虞が存在することを弁護士の高額な事務所費用及び人件費に関するフランツェンの論文が示す[80]。例えば、成功報酬の導入によりこの危虞に対処しようとすると、結合体系におけるかような変更は、二つの他の柱、なかんずく弁護士強制にも影響を及ぼす結果になる。同じことは、しばしば議論される時間給の導入についてもあてはまる。費用危険はこの場合もはや計算しえない。スウェーデンの例は、この種の費用計算が資力の乏しい者に必ずしも適切ではないことを示す[81]。結合体系の変更により不可避的に惹起されるであろう、弁護士強制の緩和が公衆及び弁護士自身の利益になるかどうかは疑わしい[82]。

　弁護士強制が存在するような手続については、基本法3条（法の下の平等）及び103条（被告人の基本権）は、訴訟費用扶助法を要求する[83]。独占的地位から生じる、弁護士業にとっての弁護士強制と結びついた経済的利益は、憲法上の観点のもとで弁護士が富裕者と非富裕者の間の法のもとでの機会均等の惹起に関する社会的寄与を与えることを正当化するように思われる[84]。しかし、継続的に増大する弁護士の物件費及び人件費に鑑みて、どの範囲まで弁護士にかような社会的寄与が要求されうるのかが問題になる。個々の事件でも、弁護士が小さな訴額の通常の訴訟においてもまた被っているような経済的犠牲を弁護士に期待しうるとしても、幾つもの小額事件を引き受けている場合は、その犠牲の限界を越えてしまう。弁護士の犠牲への過度の要求をなす場合、非富裕者についた弁護士が富裕者についた場合ほど努力をしない危険もまた存在する。更に、非富裕者による自由な弁護士の選定は、著しく困難になる。このジレンマは、フースマンが提案したような[85]、弁護士強制の廃止によっては解決されえない。かような強制の解消は、社会的弱者に損失を与えるだけでなく、結合へ

の闖入により費用体系の完全な変更及び他のヨーロッパ諸国のような訴訟の一般的な高額化を招くことになろう。このジレンマの解決は、訴訟費用扶助法の改革によってのみなされうる。弁護士の利益を考慮しない改革は、富裕者と非富裕者との機会の均等に反するであろう。刑事事件では、費用枠の体系が最も適切な解決である。費用枠により弁護士は、個々の事例で適切な報酬を受け取りうる。この費用枠のための弁護士の決定権の再導入は[86]、個々の弁護士が度をすごすという危険をもたらす。これは、刑事事件における権利保護の不当な高額化に導きうる[87]。

2 社会保険の意味での強制的権利保護保険の導入の問題点

民事訴訟にとっては、社会保険の形での強制的権利保護保険による基本的な額を越える裁判費用の引受は、司法制度の総ての費用の一般への転嫁を意味する。これは民事訴訟の機能には適さない。公衆の利益の強調は、裁判費用をゼロにする提案におけるのと同様に、過度の評価に基づくものである。かような負担の分割の変更が民事訴訟の機能関係におけるアクセントの移動にも導くことは否めない。民事訴訟の総ての費用を負担する公衆は、例えば、裁判官に社会政策的観点のもとで私法関係のルールに関するより強固な形成権能が移されることにより、市民の私法分野へのより強い影響を要求する。これは、司法が政治的目的の貫徹に関する手段として用いられることに非常に容易に導きうる。従って、それが非常に容易に市民の自由領域の制限に一変しうる民事訴訟の機能の変更の危険を内包するがゆえに、バウアの提案は、原則的な理由から否定されうる。強制的な権利保護保険の導入に対する憲法上の観点のもとで決定的な抗弁に対して、強制的権利保護保険の導入に関する考量の意味は後退する。

社会的に正当な解決は、所得に従った権利保護保険のために保険料の段階づけを要求する[88]。これは再び保険料の計算を組織的に著しく困難にする。バウア[89]やフランツェン[90]は、強制的権利保護保険を導入した場合の訴訟の増加を危惧する。私的な権利保護保険の経験は、かような予測の反証となるというバウアの見解は、アメリカのルイジアナ州における強制的な権利保護保険の制限

的な導入の経験により反駁される。そこでは事件の数は70パーセント増加したにとどまる[91]。

　更に、どのような方法で無思慮で軽率な訴えを防止するかが問題になる。権利保護の付与の前に予めの調査が行われねばならない。この選択手続の裁判所への導入は、裁判所がいずれにせよ既に過度の負担をしているがゆえに問題とならない。しかし、弁護士は、強制的権利保護保険では私的権利保護保険とは異なり総ての市民の財産に関わるのだから、その経済的な費用の利益に鑑みて、判断者としては不適切である。官署の介在を考えうるが、予めの総体的な検討に際して、それについて判断するのが基本法92条[92]に従ってもっぱら第三者の権限に属する、権利保護の付与が問題になるのである。権利保護が許容されない事例の選択の官署への移行は、政治的権力にあまりにも容易に権利保護の付与への影響を与えるだけであろう。かような官署への権限の割当にはまた、基本法101条1項[93]違反が存するであろう。唯一の解決は、その拒絶的な予めの決定に対する異議申立の可能性を伴った職務上独立した司法補助官の介在であろう。しかし、これはその司法補助官がこれまでよりもはるかに広い範囲で民事事件につき教育を受けることを前提とする。司法補助官に資力の乏しい者への裁判外の助言が委ねられるべきかどうかの問題に関連して以前述べたように、司法補助官の任務のかような拡大は、実際上司法補助官が裁判官の地位に近くなること及び司法補助官の任務が変わることに導くであろう。要するに、強制的な権利保護保険の導入に際して必要となるであろう法的紛争の予めの検討は、非常に問題であり、実現不可能である[94]。

　社会保険という形での強制的権利保護保険は、更に、弁護士のあり方にも干渉するであろう。弁護士は、少なくとも経済的に保険制度に依存することになろう。経済的観点のもとで強制的権利保護保険は、弁護士にとって、それが彼に全部の報酬を支払い、その結果彼が費用塡補的にだけでなく、利益もまた得て働く場合に大きな意味をもってくる。弁護士が保険弁護士になるという強制的権利保護保険の導入に対してしばしば提起される異議は、明らかに権利保護保険が弁護士に弁護士費用規則（現行RVG）が予定するよりも少ない報酬を支

払うという観念から出ている。かような解決においては、弁護士は明らかに保険医よりも劣悪な地位に置かれる。大多数の保険医療患者は、保険医に利益をもたらすが、保険弁護士には、少ない報酬しか得られない大多数の事件は、高額の弁護士費用を考慮すると経済的な損失しかもたらさない。少ない弁護士報酬で働かせる強制的権利保護保険は、機会均等の命令から生じる社会的負担を弁護士に転嫁する。弁護士は、報酬増加の合意によってのみその経済的存在を確保しうる。その場合、明らかに保険弁護士と保険弁護士よりうまく弁護活動を行う私的弁護士の対立が生じるであろう。かような報酬増加合意が行われることは、機会の均等を妨げるであろう。従って、強制的権利保護保険は、それが総ての弁護士報酬をまかなう場合にのみ、機会均等をもたらしうる。このようにしてのみ、機会均等の重要な前提である自由な弁護士の選択もまた確保されうる[95]。

　強制的権利保護保険の導入に対してはまた、その場合、訴訟が他律的に行われ、それによって人々の権利が保護の埒外に置かれることが強められると反論される[96]。これは訴訟の帰趨に対する権利保護保険者の固有の利益によって理由づけられる。責任保険（Haftpflichtversicherung）については、このことは、保険が責任保険法（PflVG）3条により紛争の客体自体に関わるがゆえに、適合的であるかもしれない。それに対して、被保険者の勝訴に対する権利保護保険者の関心は、単に費用填補義務から生じるものである。私的権利保護保険という現在存在する方式においては、任意に被保険者により選任された弁護士の関与は、訴訟が他律的に行われるという方法では作用しない。弁護士は委任者の利益のみを代弁する。彼は、代弁者としてそれ以上権利保護の埒外に置かれることに対してすら活動する。強制的権利保護保険の導入に際して、もちろん、弁護士業務の保険制度への財政的依存の危険が生じる。その場合、財政的ないし政治的な、いずれにせよ事件とは無関係な保険組織の利益が個々の訴訟に影響を及ぼしうることもまた排除されえない。しかし、その場合、他律的に行われる訴訟の危険は、人々が権利保護の埒外に置かれることにではなく、政治的な権力が市民の訴訟に影響力を行使するところにある[97]。

165

ドイツ連邦共和国の人々の16パーセントのみが生涯で一度は民事裁判所と関わりを持つことを考慮して、既に強制的権利保護保険の民事事件への導入が人々の目には不合理だとすれば、このことは、より高められた程度において刑事事件についてもあてはまる。費用負担義務は、一般的に正当と考えられる原因主義に基づくものである。なかんずく交通刑事事件において各々の市民がいつでも巻き込まれうる刑事事件の費用危険に対して、各人は自己を防御すべきである。ここに私的権利保護保険の主要な任務が存在する。保険料の支払という形での総ての市民への負担の転嫁の方法による総ての刑事犯罪人の費用及び報酬の免責は、正義感情に矛盾する[98]。

3　権利保護保険の関与のもとでの訴訟費用扶助のモデル

　社会保険の形での強制的権利保護保険の導入が権利保護における機会の平等を惹起するのに不適当だとすれば、これが訴訟費用扶助法の改正によって到達されうるかどうかが明らかにされるべきである。訴訟費用扶助法のルールは、これまで裁判所における機会均等を惹起するには適当でないことが明らかになった[99]。それは以下の点において明らかになる。①ドイツ民訴（旧）114条1項の意味での貧困の概念、②成功の見込みの統計的な検討、③関与する弁護士の報酬の違い、④ドイツ民訴（旧）125条の追加支払い義務、⑤ドイツ民訴117条（現行123条）の訴訟費用扶助が費用償還義務に影響を与えないという規定、⑥上訴期間の影響、⑦司法修習生を付することに関するドイツ民訴（旧）116条及び法人への訴訟費用扶助の要件に関する114条4項（現行116条2号）の規定。

　例えば、訴訟費用扶助の認可のために二重の差押免除額を定めたり、ドイツ民訴（旧）114条1項の意味における予備審査の関門をずらしたりするという方法での改定の試みでは中途半端であろう。現行（1980年及び1994年改正以前）の訴訟費用扶助法の根本的な改正のみが広い中、下層のための費用のバリアーが除去されることに導きうる。救貧法から人々一般に同じ機会を与える訴訟費用扶助になることが必要である。それによって同時に訴訟費用扶助法の差別的な性質が除去されるであろう。訴訟費用扶助は、明らかに市民から国家により完

全には費用の問題が取り去られないというように形成される。人々にとって期待可能な範囲において市民には、その人生の運命について自ら配慮をなすことが委ねられるべきである[100]。

　機会の均等は、貧者の弁護士と富裕な者の弁護士の報酬の違いが一掃される場合にのみ到達される。その場合にのみ、弁護士が訴訟費用扶助を受ける者のために、富裕な依頼者の場合と同じ熱心さで職務を遂行することが確保される。著しく高額な弁護士の費用についても、もはや弁護士に訴訟費用扶助法の社会的負担を委ねることは正当化されないように思われる。このような体系のみが信頼関係の創設のために必要な自由な弁護士の選択をも保証する。かくして国家に弁護士報酬の引受を義務づけることは提案されるべきでない。むしろ総ての弁護士報酬は、訴訟費用扶助法の改正に際して生ずる市民と国家との間の分担のための基礎となる。その分担は、連邦社会保障法（BSHG）（旧）79条のルールにもっともよく比肩される最低所得の限界までは総ての訴訟費用を扶助し、かつ特定の所得の限界までは逓減的な訴訟費用扶助額を給付するという方法でなされうる。この場合訴訟費用扶助を受ける者は残額を自弁しなければならない。上限を比較的高額に設定する場合には、中間層の下位グループもまた包含されることに到達されうる[101]。

　訴訟費用扶助は、裁判費用、証人及び鑑定人のための負担の完全なまたは部分的な猶予並びに弁護士費用の分担において存在する。しかし、総ての弁護士報酬の引受は、納税者に過度の負担をかけるため、訴訟費用扶助料の受取人と国家との間の相当な分担が必要である。原則として国家は、貧者の弁護士報酬の額までは負担に任ずべきである。その所得が上限と下限の間に存在する訴訟費用扶助料の受取人にとって、私的な権利保護保険契約の締結によって自ら付加的な訴訟費用のための配慮をなすことが期待されうる。かような契約の締結は、この関係において自己に対する義務の意味でのオブリーゲンハイトである。連邦社会保障法（旧）79条の意味での社会的扶助の権利者に同価値の弁護士代理を創出するために、国家は付加的にこの階層のために権利保護保険者との集団的な締結により、全部の報酬の支払がなされる場合の自由な弁護士選択の可

能性を創設すべきである。これらの階層のために国家は、その場合訴訟において貧者のための弁護士費用を支払い、残りの報酬は、権利保護保険によりまかなわれるべきであろう[102]。

　ここに提案されたモデルにおいては、費用償還義務は、機会均等の惹起の障害とはならない。訴訟費用の危険が権利保護保険により減殺される低所得者は、財政的懸念なしに権利保護の可能性を取得しうる。彼は敗訴の場合に、相手方に償還されるべき費用の塡補を受けうる。償還義務の中に存する威嚇的要素は、この構成においても、中間層に属する訴訟費用扶助権利者が私的な権利保護保険契約の締結を積極的に行うようになるがゆえに、依然としてなんらかの効果を有する。オブリーゲンハイト（義務）の存在は、この場合特別に明らかである。同時にこれにより私的に自ら配慮することが活発になる。法政策的に見るとそれは、社会国家への流れに逆らう重要な要素である。以上に提案された訴訟扶助の混合的モデルに対して、権利保護保険の考慮のもとに、訴訟扶助を社会扶助の権利者に制限し、訴訟扶助の遂行をグループ保険契約の締結により権利保護保険者に委ねる方が簡明であるとの提案も考えられる。国家にとってこれは行政上の明確化を意味する。しかし、かような簡単かつ明瞭に人の心を捉える解決には疑念が存在する。費用のバリアーによって最も影響を受ける中間層の下位グループが、国家の訴訟扶助から排除されることになるからである。このグループにはもっぱら私的な権利保護保険による手当のみが割り当てられる。しかし、活発な広告をした場合ですら、このグループの人々の高い割合が自ら手当てすることを計算に入れることはできない。これらの者の間で自ら配慮することの価値が多くの人々の意識の中に入ってきた場合ですら、国家的な訴訟扶助を徐々に形成することを考えうる。なかんずく、中間層の下位グループのためにその制度は、無条件に必要である。以上提案された訴訟費用扶助の混合モデルは、私的な権利保護保険者の関与のもとで社会扶助の受給者という社会的弱者層及び中間層の下位グループに様々な方法で完全な権利保護を可能にする。自由な弁護士の選任及び完全な弁護士報酬の作出によって保険による委任者と私的な委任者との間の差別もまた解消される[103]。

第6章　ドイツにおける弁護士報酬敗訴者負担の原則に対する批判

4　まとめ

　要するに、社会保険の形での強制的権利保護保険の導入は、民事訴訟の機能と矛盾する。それは、司法が政治的目的の遂行の手段になるという危険を内包している。強制的権利保護保険は、社会的には保険料が所得に比例して定められる場合にのみ正当になる。強制的権利保護保険のモデルは、軽率または無思慮に提起される訴えを排除するために、法的紛争の予めの検討を要求する。かような直列的な手続は、実際上は実現しえない。強制的権利保護保険は、弁護士業の保険組織への財政的依存をもたらす。費用合意が蔓延するという危険もまた存在する。このような強制的権利保護保険と費用との結合の援用は、機会の均等と抵触する。刑事事件においては、強制的権利保護保険は、一般的に正当とされる費用原因主義と矛盾する。訴訟費用扶助の根本的改革のみが、現在の費用のバリアーを克服することに寄与しうる。機会の均等は、訴訟費用扶助の分野で自由な弁護士選任の原則が導入される場合にのみ実現されうる。そのためには、弁護士に十分な報酬を与えることが必要である。訴訟費用扶助は、社会的扶助の受給者という下層に属する人々だけでなく、広い中間層の下位グループもまた包含する。このグループに属する者は、費用への期待しうる寄与をなすべきである。弁護士費用は以下のような方法で分担される。国家が訴訟費用扶助の枠内で貧困者の弁護士費用の額においてのみ弁護士費用を付与すべきである。残りの報酬は、訴訟費用扶助の受給者が自ら支出すべきである。社会的扶助の受給者については、国家は、権利保護保険者とのグループ保険契約によりこの残りの報酬につき手当をなすべきである。他の訴訟費用扶助受給者には、私的権利保護保険契約の締結により自ら手当をなすオブリーゲンハイトが帰する[104]。

<注>

73)　F. Bauer, Armenrecht und Rechtsschutzversicherung, JZ. 1972, S. 77f.
74)　Bendix, Die Justiz 1925/26, S. 188.
75)　基本法19条4項「ある者が公権力によりその権利を侵害されたときは、彼には法的救済の道が開かれるべきである。他の管轄が基礎づけられないときは、通常の訴訟手続が

認められるべきである。10条2項2文は影響を受けない。」

　20条「(1) ドイツ連邦共和国は民主的かつ社会的国家である。(2) 総ての国家権力は国民に由来する。それは選挙及び投票を通じて国民により、立法、執行権力及び司法の特別の機関により行使される。(3) この秩序を除去しようとする者に対して総てのドイツ国民は、他の救済が不可能な場合、抵抗権を有する。」

76) BVerfGE. 18, S. 302.
77) Wilke, Gebührenrecht und Grundgesetz――Ein Beitrag zum allgemeinen Abgabenrecht, 1973, S. 70.
78) 基本法2条「(1) 各人は、彼が他人の権利を侵害せずかつ憲法上の秩序または公序則に反しない限り、その人格権の自由な展開に対する権利を有する。(2) 各人は、生命及び肉体が損傷されないことに対する権利を有する。人格の自由は不可侵である。法律に基づいてのみこれらの権利が侵犯されうる。」

　12条1項「総てのドイツ国民は、職業、労働場所及び職業訓練を受ける場所を自由に選択する権利を有する。職業の遂行は、法によりまたは法に基づいて規定されうる。」

79) Franzen, NJW. 1973, S. 2054.
80) Franzen, NJW. 1973, S. 2054.
81) Franzen, NJW. 1973, S. 2054.
82) Baumgärtel, Chancengleichheit vor Gericht durch Pflichtrechtsschutzversicherung oder Prozesshilfe？ JZ. 1975, S. 427. バウムゲルテルはケルン大学教授である。
83) Vgl. BVerfG. NJW. 1959, S. 716.
84) Vgl. BVerfG. NJW. 1971, S. 187.
85) Hussmann, DB. 1970, S. 2309f.
86) Vgl. BT-Drucks. 7/3243. 反対：Bundesrat, BT-Drucks. 7/3498.
87) Baumgärtel, JZ. 1970, S. 427-428.
88) E. Bokelmann, ZRP. 1973, S. 167.
89) F, Baur, VersR. 1973, S. 112.
90) Franzen, NJW. 1974, S. 784.
91) Baumgärtel, JZ. 1975, S. 428.
92) 基本法92条「裁判をなす権利は裁判官に委ねられる。それは、連邦憲法裁判所、この基本法に規定された連邦裁判所及び各ラントの裁判所により行使される。」
93) 基本法101条1項「特別裁判所は許容されない。誰も法律の定めた裁判官の裁判を受ける権利を奪われない。」
94) Baumgärtel, JZ. 1974, S. 428.
95) Baumgärtel, JZ. 1974, S. 428.
96) E. Bokelmann, ZRP. 1973, S. 167.
97) Baumgärtel, JZ. 1974, S. 428-429.
98) Baumgärtel, JZ. 1974, S. 429.
99) Fechner, JZ. 1969, S. 262 ; E. Bokelmann, ZRP. 1973, S. 165.

100) Baumgärtel, JZ. 1974, S. 429.
101) Baumgärtel, JZ. 1974, S. 429.
102) Baumgärtel, JZ. 1974, S. 429-430.
103) Baumgärtel, JZ. 1974, S. 430.
104) Baumgärtel, JZ. 1974, S. 430.

第8節　パヴロフスキーの見解

1　弁護士報酬敗訴者負担の問題点

　強制的な権利保護保険の制度の導入を提案するバウアの見解[105]は、あらゆる費用に関する問題の首尾よい解決を約束するように思われるが、強制的権利保護保険の導入は、当事者の側からは、税金の増額と結びついた国家による費用の全額の引受によりカバーされるのではないかと思われる。これによって誰もが財産的な負担を顧慮することなく、その権利を追求しうるからである。保険団体は、一定の所得グループへの制限、恩典、罰則体系の導入、関係者の自己管理、保険者と弁護士会との話し合い機関の設置といった差別化を許容するだけであろう。経済的考量もまたこの提案に不利に作用するものではない。なぜならば、それはまず第一に、法制度が惹起する経済的負担の再配分にのみ導くからである。かような再配分は、それがより多くの権利に導くため、歓迎されうる。その限度で、それは司法の決定的な改革となろう[106]。しかし、バウアの提案を無条件で支持することは躊躇される。訴訟を財産上の危険なしに起こしうるものとすると、人々がもはやこれまでと同様には行動しない可能性が強くなるからである。すなわち、費用負担の廃止後人々は、従来の費用負担という手段より不利なあるいはそれと同様に不利な、好ましくない訴訟を避けるための別の措置を講ずるおそれがある。それに際して、訴訟費用扶助法と関連してしばしば言及される好訴者及び不平家を考慮する必要はない。なぜならば、これらの者はいかなる場合にも望まれない濫訴を引き起こすからである。むしろ費用負担の喪失とともに法律上の義務の任意の履行への動機が喪失することの方が重要である。費用を支払わなくてもよいとすれば、彼が支払うことを欲し

なければ、訴えられるのに任せることになりうる。彼はその場合訴訟終結後多くは遅延利息を支払うをもって足りる。社会的に強力な当事者は、違約罰の合意によってかような結果を回避することになろう。費用負担の排除によって支えられる財産的な弱者は、かような約定を相手方に強いることはできない。従って、各訴訟における具体的費用負担の排除は、権利追行及び権利防御の可能性を高めるだけではない。それはまた、事実上法に適合しない行為を増加する。それに対して、バウアにより提案された、責任保険（自賠責保険）におけるような訴訟に巻き込まれない者に有利な恩典の体系は役立たない。それが体系的に個々の訴訟のための費用義務に適しないためである。従って、この負担軽減がその性質に適って再び第一義的に経済的強者を利するがゆえに、経済的または社会的に弱い者の地位は、単純に訴訟遂行の可能性を容易にすることにより改善されない[107]。

　望まれない訴訟を妨げることが訴訟費用負担の主要な目的である。なぜならば、この負担はその理由を、現行法を遵守する者は、総ての訴訟に勝訴しなければならないがゆえに、費用を負担するに及ばないという考えに見出すからである。それに対して、法を遵守せず、他人のことを考慮しない者は、訴訟により惹起された費用もまた負担すべきである。その結果、勝訴者もまた、訴訟中に生じた法律の変更により勝訴したにすぎないとき[108]や被告が法律の変更後に原告の請求を認諾したときは[109]、費用を負担しなければならない。もっとも、被告に有利な法律が訴訟中に連邦憲法裁判所により無効と宣告されたときは異なる[110]。その他、例えば、挙証責任または法の定めた権利形成訴訟が、適法に行動した者をも費用負担につき敗訴させるがゆえに、この考えが条件つきでのみ法的現実に適合することが知られている。しかし、敗訴者費用負担という単純な原則が判決を単純明瞭なものにし、費用節約的であるがゆえに（議論あり）、個々的な不当事例は受忍されてきた。今日ではこの理由づけがもはや明らかでないとしても、それは個々の不当な事例をもはや甘受する傾向にないからではない。それらのために、ドイツ民訴93a条以下に置かれているような特別規定が十分に助けとなる。我々はむしろ、人が適法に行動することのみに努めた場

合に訴訟費用を負担する必要がないとすることにもはや納得しないがゆえに、現行費用規定の相当さ（正当さ）に疑いを抱いているのである。この場合上級審によって法によりそれらに課された法形成という任務の遂行において従来とは異なって裁判される事例だけを考えるには及ばない。多数の訴訟においてその開始前の慎重な検討後においても、それが首尾よい結果になるかどうか明らかでないのは、我々にとって日常的な現象である。裁判所の判決及び当事者、弁護士及び判事の活動の成果が現行法の定式化に際して果たす役割は、実に様々な方法論的及び法理論的観点から強調されており、その結果これを詳述するまでもない。しかし、訴訟の動機が多くの事例で避けうる法規違反でない（敗訴者に直ちに彼が訴訟を避けえたんだということはできない）としても、それ以上の議論がなくても、敗訴者が総ての生じた費用をどうして負担しなければならないのか明らかだとはいえない。従って、最近の費用負担規定は、しばしば費用が公平に従って分担され（特許法36q条〔現行80条〕）、または相互に放棄される（ド民訴93a条、93c条）、または費用が勝訴者に課される（ド民訴93d条）と定める。そして全部の費用法がこの原則に従って定められなければならないかどうかが問題になる。これは、場合によっては絶対的な費用額によって条件づけられるがゆえに、最初に述べられた問題を解決しうるというものではないが、それを緩和しうる[111]。

しかし、裁判所の判決の権利創設的効力の強調に際して、今日でも原告が被告の明白な権利侵害に対して自らを守るための、現行費用負担規定の基礎となっている観念に一致する数多くの手続が依然として存在することは疑いようがない。そしてこの手続のために特にイタリアの理論を用いる議論が説得力を持つ。これは、総ての権利が純粋な権利であると指摘する。これは、国家が争いに際して当事者に裁判所を指示することにより減殺されるべきではない。従って、フェヒナーの挙げる事例が示す、現行費用負担規定に対する不快感は、明白に帰属する権利の防御及び追行の事例に関わるものとはいえないとみられる。この不快感は、むしろこの種の事例で権利の形成への市民の協力が禁止される場合に点火される。そこに挙げられた医師の事例では市民の権利はあまり

問題とならない。彼はむしろ公の秩序の形成に協力しようとする。従って、訴権のこの制限は、市民権としての権利をそんなに侵害するとはいえない[112]。

かような考慮は、あるジレンマに導かれる。訴訟が法形成のための制度である限り、バウアが強制的な権利保護保険の導入を説いたように、総ての者が訴訟を起こすことを容易にすべきだといえる。しかし、訴訟が、今日なお優勢な見解に一致して、権利保護の手段であるにすぎないとする限りにおいて、訴訟を起こすことが困難でなければならない。さもなければ不適法な行為の可能性が拡大するからである。そのため現実には訴訟は双面的であるといえる。それは、権利保護の手段であるとともに、法形成のための制度でもある。このことが費用負担規定の形成においてどのように考慮されるべきかが問題になる[113]。

ドイツの改革提案のように[114]、イタリアの民事訴訟法（91, 92条）は、この矛盾を、それが第一次的には費用を敗訴者に負担させるが（権利保護の側面に合致する）、それと並んで、判断されるべき法律問題に議論があったり（1931年草案95条）、敗訴者がその権利の防御のために正当な理由を有したりするような場合に（イタリア民訴91, 92条）、費用を部分的に勝訴者に転化する（法形成の側面に適する）可能性を定めることにより是正しようとする。これは、更に、費用が訴訟について責任がある者に課されるという、ドイツ民訴制定以前に広く行われていた費用負担規定と比較されうる[115]。この衡平を考慮した規定は、上記の矛盾から生じているように思われる。その助けを借りて、一つの訴訟の中である一つの側面が優位を占めているか、それとも別の側面が優位を占めているかに従って、個々の訴訟を権利保護の手段として、または法形成の手段として性質づけることにより、訴訟の異なった側面に適合させられうる。この衡平規定に対して、それが付随事件の裁判のために重すぎる裁判のための負担を要求するがゆえに、それが裁判官の重すぎる作業負担を帰結すると抗議することもできない。なぜならば、訴訟費用の額及びその権利追行の可能性への影響は、重要であるため、この作業負担を受忍しなければならないからである。しかし、この個々の訴訟を裁判所の判決により法形成または権利保護に分類することが正当化されないことは、かような衡平規定の導入にとって不利な証左となる。

第6章　ドイツにおける弁護士報酬敗訴者負担の原則に対する批判

なぜならば、かような性質づけは常に恣意的であるからである[116]。

更に、この判断に際して訴訟費用扶助法において検討されるような勝訴の見込みないし軽率さ（ド民訴114条）が問題とならないことを明らかにしておかなければならない。なぜならば、これらの基準は、そのときの法令または判決に照らし合わせたものだからである。訴訟の追行は、それが従来の判例と合致しない場合は、勝訴を約束するものではない。また訴訟の追行は、自己の費用で訴訟する原告がそもそもまたはこの額について訴訟を起こさなかったであろうという場合は、軽率である。しかし、法形成への関与に関する市民の権利にとって、訴訟が従来の判決に合致するかどうかは決定的でない。この市民の権利においては、むしろ一般的な法形成に際してその新しい見解（彼の権利）を、それによって財政的に期待し得ないほど負担することなしに、実行に移す可能性を与えることが問題になる。従って、その訴訟追行が専門家にとって勝訴を約束するというほどではない当事者もまた、正当な論拠を有しうる。専門家はこれまでの法に従って判断しなければならないからである[117]。

しかし、一般的な法形成への関与のために高額の費用を正当化しない、相当な理由に基づくが敗訴に終わった訴訟と、権利保護のために高額の費用を正当化する、不当な理由に基づく敗訴に終わった訴訟との間の区別にとって、費用判決の論拠となりえない倫理的判断の基準または特定の行動様式の政治的な嗜好という基準のみが残る。なぜならば、敗訴は既に、敗訴者によって主張された論拠が現行法に合致しないし、法形成をなすのでもないことを証明するからである。従って、一般に認められた法的見解の帰結が引き出す判決によれば、拒絶された見解には、それに考慮に値しないとはいえない小グループの法的見解の表現として制限的な正当性が与えられることによってのみ、制限的な正当さを付与しうる。しかし、かような政治的評価は、一般的な法形成への参加に関する一般的な市民権が問題になる場合は、排除される。これは、社会の一部のグループに属するだけでなく、総ての個々の市民に帰属するものだからである[118]。

しかし、各々の訴訟で、それが権利保護の役割に奉仕するか、それとも法形

成の役割に奉仕するかを決定することは困難なため、手続費用の規定は、それが訴訟の両側面に適するように形成されねばならない。従来の思考に従って一般的に表現すれば以下の如くである。それは一方では、現実の権利保護を提供するために、存在する法的義務の任意の履行のための動機を基礎づける。それは他方において、法形成への一般的関与を可能にするために、危険を伴う訴訟遂行のための高すぎる障壁を作るべきではない。そのことから、訴訟費用が、それが敗訴者の社会的な凋落を帰結するほど、換言すれば、それが敗訴者の生活水準を持続的に悪化させるほど高額であってはならないことが導き出される。そしてそのことから他方で、敗訴に終わった訴訟費用が、この費用に鑑みて、存在する法的義務を任意に履行する方が合理的といえるほど高額でなければならないことが導かれる。その方向において矛盾する、この両目的（望まれない訴訟遂行における不利益及び法形成手続への関与の確保）は、法形成への関与の側面からもまた、市民がこの関与のためになんらかの犠牲を供すること、すなわち、彼が一定の枠内でその法的見解のために財産的な負担をすることを要求しうるがゆえに、実務上は相互に結びついている。現行法は、既に訴訟への関与が要求する金銭的出捐がいかなる補償も予定していない限りにおいて、彼にこのことを期待している。応訴強制（民事裁判では、欠席裁判の威嚇という形で現れる）が理由づける、訴訟への関与義務は、一般的な市民の義務である。そしてこれは、法形成への関与という側面の強化された意味に鑑みて、拡大されうる[119]。

2　費用負担問題の解決のための提案

　上記の目標（不当な訴訟の回避及び法形成への関与の確保）のよりよい確保のためにいかなる措置が役立ちうるかを考慮するならば、最初に言及された事例に鑑みて、訴訟により惹起される費用の一般的な減額が不可避であることがわかる。その場合性質に従って、これまで訴訟当事者によって出捐された費用に代わって国費その他の公的負担が導入されねばならない。そしてこれが可能かどうかが問題となりうる。しかし、以下の考察は、費用減額の政治的実行可能性は度外視している。ここでは訴訟の機能からいかなる費用が当事者の負担に帰

すべきか、そして何が訴訟の法形成機能に鑑みて公的負担と評価されるべきかのみが検討される[120]。

　この側面のもとでいかなる費用が訴訟当事者から免除されうるかを問題とする場合には、既にしばしば指摘された実際上の限界にぶつかる。すなわち、国家に帰属する裁判費用の免除ないし減額が政治的に貫徹されうるかが疑われるとしても、弁護士費用の免除は全く追求するに値するものとしては現れない。これは、弁護士の収入の確保のためではなく、個人が報酬を支払う弁護士階層の保持への利益のためである。なぜならば、個々の市民には、訴訟が法形成へのその関与に役立つ場合、独立した（自由な）弁護士が割り当てられるからである。そして、国費で支払われる弁護士及びその収入を権利保護団体及び保険団体から得る弁護士は、不可避的にその出捐者の利害を計算に入れなければならないためである。このことは、我々が当面個人の自由を支援する国家機関の任務及び能力を強調するがゆえに、今日各人にとって直接的には明白でない。しかし、それゆえに、個々の市民が社会的に（国家及び社会団体から）独立した弁護士の助力を得て個々の市民または個々の官吏の彼に関わる措置に対して反論しうることを手当することにより、国家機関の自由を好む傾向の存続をそれによって制度的にも確保することに価値を置くべきである[121]。

　これは、当事者が通例（自由な）弁護士の代わりに組合の代理人によって支援されるべき（労働裁判所法〔ArbGG〕11条以下）労働裁判所手続の構造が総ての訴訟手続に拡大されると想像すれば明らかになるであろう。かような組織においては法形成への関与は、結局もはや個々の市民の手中には存しないであろう。それはむしろ団体の管理下に置かれることになろう。パヴロフスキーによれば、かような組織により我々の憲法秩序は、自由な民主主義から階層国家に発展するであろう。個人はその自由領域をもはや自ら防御するのではなく、この団体の利益が存する限りにおいて、この団体の助けを借りてのみ防御しうることになるといえよう[122]。

　従って、訴訟費用の必要な減額は、弁護士費用の減額や弁護士費用の社会による負担、すなわち、権利保護保険によっては達成されえない。同じ理由から

個々の訴訟の種類の訴額を減額することもまた、それにより権利保護がこの領域で悪化するがゆえに、好ましくない。不正競争防止法（UWG）23a条（現行12条4項）が規定するような（この可能性を公の利益に関わる訴訟などに制限する）、当事者のために個々の事例で訴額を減額する可能性のみが考慮に値するであろう。なぜならば、この種の訴訟では、それによって名前が知られるようになるために報酬額が低い場合でも、市民をその法的見解の確保に際して支持する弁護士を見つけることが期待されうるからである。この関係において、公の利益または個々の社会的団体の利益のためにする訴訟がこれまでよりも強力に支援されるべきことが推奨される。特定の社会的団体に、ある範囲でかような種類の訴訟に対する融資のための国家的資金を設立する権利を付与することが考慮に値する。法形成への社会的団体のかような関与は、個々の市民を団体に従属するものにしないがゆえに、上記の憲法上の疑念に抵触しない[123]。

　更に、訴訟当事者を上告審の弁護士費用から免除することが正当である。これは特に、許可上告（ド民訴543条）が一般的に導入されている場合にあてはまる。この手続が一次的には権利保護機能ではなく、法形成機能に役立つことがそれを支持する。他方において、上告弁護士の制限された範囲及び数に鑑みて、弁護士の国家的組織への財政的依存に対する疑念はあまり重要性をもたない。むしろ自由な弁護士階層から供給される弁護士は、この階層への継続的な帰属に鑑みて、その独立性を保持することが期待されうる。上告手続に権利保護機能もまた付与されるべき限り、これは訴訟当事者の費用分担において反映させられうる[124]。

　最後に、当事者の費用負担からの事実上の免除が成功報酬の合意の許容により達成されえないかどうかが考慮されうる。しかし、かような合意が司法の独立した機関としての弁護士の立場と調和しえないように思われることがそれに反するだけではない。むしろこの関係において、成功報酬の合意が、そもそも権利保護の機能の側面においてのみ正当なものたりうることが決定的なのである。しかし、費用減額への努力は、法形成機能からのみ生じる。そこでは第一義的には財産的な成果は問題とはならない[125]。

部分的に憲法上の理由から要求される弁護士強制の廃止は、訴訟費用危険の重要な免責に導きうる。しかし、この関係において、それにより権利の形成への関与に関する市民権を効率的に保持する、社会的に劣悪な状況にある市民の可能性が改善されないことが、かような措置に反論する。なぜならば、市民が明白な権利侵害の場合は弁護士の支援なしに裁判所から保護を受けうることから出発しうるとしても、法形成に役立つ手続においては、彼は、独立した専門的な弁護士の支援が受けられる場合にのみ、その法的見解を実行に移すからである。しかし、財産のない市民は、その法的見解を実行に移すことを高額な弁護士費用のためにあきらめるか、弁護士なしで小さな可能性のもとで訴えを起こすかの二者択一しかないのだから、この社会的な不利益にもかかわらず、弁護士強制の廃止を推奨することに傾きうる。この場合弁護士なしで小さな可能性のもとで訴えを起こす方がよい。しかし、弁護士以外の者の訴訟代理人の許容は、さもなければ我々の法制度全体が危機に瀕するがゆえに、その必要がある場合に制限されるべきだという連邦憲法裁判所が述べた理由づけが、弁護士強制の廃止に反対を唱える[126]。そして弁護士以外の者を訴訟代理人にすることに反対する論拠は、より高い程度において当事者自身または法律顧問が弁護士の代わりをすることに反対する。従って、訴訟費用危険を弁護士強制の廃止によって減少させることも好ましくない[127]。

　この廃止は、特に経済団体（会社、企業など）に、それから独立した弁護士ではなく、それに雇用された法律助言者によって訴訟を遂行する可能性を与えるであろう。これは自由な弁護士という職業階層の経済的基礎に脅威を与えるだけではない。訴訟自体もまた、独立した（自由な）弁護士の関与がなければ異なったものになるであろう。裁判手続において職業的な弁護士を許容しなかった（各市民が自らその権利を裁判上擁護する能力があるとされ、弁護士が存在しなかった）古代ギリシャが、法哲学は産み出したが、方法論的に技術的な法律学は産み出さなかったことを忘れるべきではない。それに対して、ローマでは早くから法的な助言及び他人の代理をその職業にする者がおり、それは法律自体の発展のために重要な意味を有した[128]。

更に、イギリス法が弁護士強制なしでやっていることが指摘されるが[129]、イギリスの訴訟はドイツとは異なって組織されているため、それはドイツ法にあまり示唆を与えない。イギリスの訴訟は、通常の法律家は自らそれに必要な知識を持っていないため、訴訟の専門家に委ねられているのである。それに対して、ドイツの訴訟は、裁判所に課せられる強力な監督義務のためにどのような法律家もアクセス可能である[130]。

　従って、敗訴当事者は、弁護士費用を負担しなければならない。そのために法的義務の任意の履行のための真の動機が保持されること、すなわち、弁護士費用がこれまでの訴訟費用の大きな部分を占めるがゆえに、訴訟の権利保護機能が考慮に入れられることが配慮される。その結果、権利の形成への関与に関する市民の権利の確保という側面のもとで必要とされる費用の減額は、従来の訴訟費用の免除または減額によってのみ達成されうる。

　この場合まず、全く免除されるかスウェーデンの例に従って訴額とは無関係な保護費用に取って代わられる裁判費用が言及されうる。この司法の無料化という制度は、権利の確保が法治国家の組織の主たる機能であるということによって実質的に正当化されるであろう。個々の法的援助を求めない市民は、それによって他の市民に比べてより多くの権利を保持すべきではない。彼は、報酬を支払わなければならなかったであろう、国家組織の特別サービスは受けない。彼はむしろ他の市民と同様な権利のみを保持する[131]。

　事物に従って裁判上の必要な鑑定費用もまた裁判費用に属する。なぜならば、鑑定人が証人のように証拠手段に分類されるか、それとも裁判官の補助者として性質づけられるかもまた議論されるとしても、この関係では、鑑定人は、証人の場合は問題とならないが、裁判官がその専門家であれば、彼自らなしたであろうことを行うことが決定的だからである。権利保護の確保が重要な国家の機能である場合、法的判断がすべての学問の叡智の顧慮の下でのみなされるという一般的な法の理解によれば、鑑定人の活動は、裁判官の活動と同様に国家の活動に分類されうる。鑑定人は、彼らによって訴訟に持ち込まれるべき科学がどのような分類にも属さないという理由のみにより、国家組織の一部にはな

らないのである。鑑定費用の国庫への転嫁及び鑑定人の活動の国家への一義的な帰属は、その他、裁判所が鑑定人の鑑定の整理に際して、これが実際上判決にとって重要であるか否かを従来よりも詳しく検討するという望ましい付随的効果を有しうる。なぜならば、法的な判断が一般的な法的見解の下では総ての科学の叡智の考慮の下でのみなされるとしても、いかなる点において鑑定人の鑑定が判決の基礎を改善しうるかがしばしば正確には検討されないという印象を防ぐことはできないからである。しかし、なかんずく立法者は、期待されるべき費用に鑑みて、新しい法規範の制定前に、これが鑑定人の鑑定によって始めてなされうるのではないとしても、それによってより早くかつより正当になされうる判決を可能にするというように解されえないかどうかを検討する機会を有しうるであろう[132]。

最後に、証拠費用に関する限り、事実関係の解明義務は、訴訟への参加義務と同様市民の義務であるから、国庫に転嫁することは正当でないように思われる。国家は、権利及び法的保護を法曹の関与なしに保証することはできない。証拠の費用を、それを惹起した者に負担させるかどうかのみが考慮されるべきである。証拠費用を負担すべき者は、弁論主義の妥当している訴訟では、証明されるべき主張を争い、立証活動を惹起した当事者である。糺問主義ないし職権主義のあてはまる訴訟では、もちろん従来のルールが適用される。かようなルールは、同様に証明行為が従来よりも注意深く準備されるという付随的効果を有しうる。それは訴訟期間の短縮に寄与しうる[133]。

従って、訴訟当事者は、これからもずっと敗訴の場合証人及び書証の費用並びに弁護士費用を、更に、訴訟の権利保護機能のために、勝訴当事者の弁護士費用もまた負担しなければならないことを計算に入れねばならない。この権利保護の側面のもとで必要とされる財産上の危険は、個々の事例で再三再四、市民が法形成への関与の権利をその経済的生存の危険のもとでのみ確保しうることに導く。それはこの危険を軽減するだけで、免除するものではない訴訟費用扶助法の更なる拡大で対処するしかない。なぜならば、訴訟費用扶助の決定は、求められている訴訟が勝訴する見込みがあること及び無思慮でないことの証明

と結びついているためである。それとは無関係な訴訟費用の国庫への転嫁は、訴訟の権利保護機能と相容れない。しかし、訴訟費用扶助の財産的制限は変更されるべきである。訴訟費用扶助は、訴訟が身分に適った扶養を侵害する場合は既に認められるべきで、担保可能性の限界を下回る場合に始めて認められるべきものではない。なぜならば、法形成への関与に関する市民権の確保に際して社会的な没落の危険を冒すことは期待されないからである。従って、訴訟費用扶助は、通例部分的な訴訟費用扶助として与えられるべきである。市民は、法形成への関与に関する市民権の確保のために自らも出捐すべきだからである。彼は、苛酷条項によって救済されうる例外的事例においてのみ、この制限的な財産的危険からもまた免除されるべきである。更に、貧困者がどうして報酬の安い弁護士にだけ依頼しうべきなのか理解できない。貧困者のための弁護士に対する割引された報酬は、今日の司法組織においては正当化されえない[134]。

要するに、訴訟費用ルールは、訴訟の二つの機能を考慮にいれなければならない。それは一方では、市民が訴訟上追求する法的請求権がそのまま履行されること及び法的な請求権の任意の履行が訴訟による場合よりも安価であること（権利保護機能）を確保する。そしてそれは他方において、財産のない市民が法形成への関与に関する市民権を社会的な没落の危険を冒すことなしに確保しなければならない（法形成機能）。これら二つの目標は、それらが多くの事例で相抵触するがゆえに、体系的に純粋に保証されうるというものではない。しかし、訴訟費用に関する現在のルールは、法治国家の秩序の要求を満足させるものではない。それは緊急に改革を必要とする。この改革に際して、必要な鑑定人の費用及び検証費用を含む裁判費用は免除される。いずれにせよ許可上告及び先例違背上告の場合、上告手続費用の大部分も同様である。証人及び書証の費用は、弁論主義が妥当している手続においてその証拠を違法なものにしようとした者の負担に帰する。訴訟費用扶助は、存在している訴訟費用危険により社会的没落の恐れがある者に与えられるべきである。その他その遂行が公の利益のためである訴訟では、当事者は、公的資金によって支援されるべきである[135]。

<注>

105) F. Bauer, JZ. 1972, S. 5f.
106) H. -M. Pawlowski, Zur Funktion der Prozesskosten, JZ. 1975, S. 197-198. パヴロフスキーはマンハイム大学教授である。
107) H. -M. Pawlowski, JZ. 1975, S. 198.
108) RGZ. 101, S. 162.
109) BGH. NJW. 1962, S. 1715.
110) BGH. NJW. 1965, S. 296.
111) H. -M. Pawlowski, JZ. 1975, S. 198.
112) H. -M. Pawlowski, JZ. 1975, S. 198-199.
113) H. -M. Pawlowski, JZ. 1975, S. 199.
114) 帝国司法省によって1931年に公刊された「民事訴訟法改正案」91条以下：vgl. E. Schneider, Jura 1971, S. 57f.
115) Vgl. die Protokolle der Kommission zur Ausarbeitung des Entwurfs einer Civilprozessordnung fur die Staaten des Norddeutschen Bundes, 1868, S. 464.
116) H. -M. Pawlowski, JZ. 1975, S. 199.
117) H. -M. Pawlowski, JZ. 1975, S. 199.
118) H. -M. Pawlowski, JZ. 1975, S. 199.
119) H. -M. Pawlowski, JZ. 1975, S. 199-200.
120) H. -M. Pawlowski, JZ. 1975, S. 200.
121) H. -M. Pawlowski, JZ. 1975, S. 200.
122) H. -M. Pawlowski, JZ. 1975, S. 200.
123) H. -M. Pawlowski, JZ. 1975, S. 200.
124) H. -M. Pawlowski, JZ. 1975, S. 200.
125) H. -M. Pawlowski, JZ. 1975, S. 200.
126) BVerfGE. 10, S. 185.
127) H. -M. Pawlowski, JZ. 1975, S. 201.
128) H. -M. Pawlowski, JZ. 1975, S. 201.
129) Sauer, DRiZ. 1970, S. 293f.
130) H. -M. Pawlowski, JZ. 1975, S. 201.
131) H. -M. Pawlowski, JZ. 1975, S. 201.
132) H. -M. Pawlowski, JZ. 1975, S. 201.
133) H. -M. Pawlowski, JZ. 1975, S. 201-202.
134) H. -M. Pawlowski, JZ. 1975, S. 202.
135) H. -M. Pawlowski, JZ. 1975, S. 202.

第9節　アンドレの見解

1　はじめに

　第51回ドイツ法曹大会は、その部会で「費用法及び報酬法の体系の改正が、総ての市民にとって有効な権利の実現の利益において好まれるか」というテーマを扱った。この大会で、それが貧しい者の権利をなきに等しいものにする限りにおいて、費用を廃止すべきことについてほとんど意見の一致があったようにみえる一方では、長年にわたる、機会均等の回復への様々な道についての激しい議論が存在した。訴訟前の領域については、訴訟費用扶助法の適用モデルが、低所得者のための公立の法案内機関から、万民のための裁判外の無償の法律扶助にまで及んだ。訴訟費用が法廷手続の障害になっていることを除去する試みについては、弁護士強制の除去、社会的に重要な訴訟の種類における費用の免除、訴額の引下げ（ドイプラー）、審級における勝敗に従った費用の分担（ゼーツェン）、償還義務の除去または緩和（レデカー）[136]、法的に不明瞭な場合の費用の免除（ゼーツェン）、逓減的な費用の段階の変更、訴訟費用扶助法の拡大、完全なまたはそれに近い費用の免除（スウェーデンモデル）などが提案された。更に、裁判外の費用のみならず訴訟費用についても、万人にとっての強制的な権利保護保険が議論された。それらは基本法と一致するのであろうか。

　既に1926年に、ベンディックスは[137]、訴訟費用扶助法が権利保護公庫によって解消されるべきことを提案した。社会（疾病）保険を類推して、万民のために保険料に基づく公法上の権利保護保険が創設されるべきだという。公庫が訴訟事件において弁護士費用及び裁判費用を引き受けるべきである。1972年にはバウアが、一般的な強制的権利保護保険を議論した[138]。それは、弁護士による裁判外の助言の費用だけでなく、訴訟の費用もまたカバーすべきである。疾病保険におけると同様、保険義務は、私的な権利保護保険契約の締結によってなされるべきである。それ以外は公法上の強制保険が予定されるべきである。個々的にはその限りで、共同の保険料徴収に際しての、既に存在する社会保険

（疾病保険）との組織的な結合、総ての者にとって等しい額の、最小限の保険金（平均的な訴額における三つの審級のための平均的な費用）、（段階的でない）統一的な費用、好訴者の回避のためのボーナス体系、自由な弁護士の選択及び弁護士による勝訴の見込みに関する拘束的な判断が提案される。1973年にSPD（社会民主党）は、連邦政党大会で「社会保険という形式における一般的な法定の権利保護保険」の導入を提案した[139]。

2　権利保護保険の賛成説と反対説

　訴訟前の領域では、官公署による法的助言も、また訴訟費用扶助法の適用も、問題がある。官公署の法的助言では、相手方の弁護士が同人の利益を主張する一方では、彼に単にえこひいきなく助言するにとどまるのだから、社会的弱者は、相手方に対して不利である。訴訟費用扶助法の拡大においては、本質的な武器の平等が存在する。しかし、なかんずく、公的資金の不当な受給の回避、並びに、好訴家の回避のためにも、費用は、重要なものであろう。訴訟費用においては、全額免除を度外視すれば、解決の提案は、限界の是正以上のものではない。これに対して、社会保険モデルは、包括的な問題解決を提案する。保険は、裁判外の助言及び代理の費用だけでなく、弁護士費用を含む訴訟費用を包含する。その提案は、貧者にも富者にも平等に自由な弁護士の選択を保証し、弁護士への費用の全額の支払に際してその全部の費用を担保するようにみえる。しかし、過去においてそうであったように、社会保険への組入に際しては、コストの考慮がほとんど常に強いられる。更に、費用の額はモデルの形成に依存する。統一的な保険料が貧困層に属する人にとって不利であることが社会保険モデルに反証として持ち出されるが、その議論は説得力を有しない。保険料を逓増的な社会保険料とともに徴収するとすれば、それもまたどうして逓増的でないのか明らかでないからである[140]。逓増は、徴収費用を著しく高めるものではない。同様に計算上の疑いも全く存しない。絶対的な費用の必要額が計算されれば、それを各々の所得のグループに分担させることは、あまり困難なことではない。絶対的な保険料が危険及び費用に適っていない場合にのみ、国家の

補助が必要となる。強制的な権利保護保険が訴訟の他人による遂行を強化し、人々が法に疎遠になることを促進するおそれがあることは決定的なことではないが、弁護士が、自らが顧客と法並びに司法の他の機関との間の通訳者、仲介者であることを強く意識すれば、そのモデルは、逆効果すら導きうる。しかし、権利保護保険が総ての市民にとって十分に高い必要によってカバーされていないというのは正当である。市民の16パーセントだけがその一生の中で民事訴訟を行うといわれている。刑事訴訟はもっと少ない。費用が総ての市民に転嫁されることは、正義の感情にも反するように思われる。強制的な権利保護保険は、更に、バウムゲルテル[141]が詳述したように、民事訴訟の機能と矛盾する。民事訴訟は、個人の権利の保護及び法的平和の保持だけでなく、法の形成にも奉仕する。社会保険モデルは、同様に提案された費用の免除と同様に公衆の利益を過大評価するものであろう。更に、自由な弁護士職は、強制的権利保護保険により必然的な国家との依存関係に陥ることになろう。弁護士は、事実上国家ないし社会保険と向き合うことになろう。国家による疾病保険の例が示すように、国家は大きな蓋然性をもって報酬に影響を及ぼすことになろう。訴訟の見込みについての保険者との調整が不可欠なものになろう。官公署による訴訟前の助言と同様に、保険モデルもまた、国家の扶助と個人の利益の代理との間の限界がひどく曖昧になるという危険を内包する。司法は、誰に望まれていなくても、政策的目的を貫徹することに奉仕すべきである。直接（費用の免除）であろうと間接（社会保険モデル）であろうと、公衆が民事訴訟の総ての費用を負担するとすれば、それは、個々の市民の権利領域へのより強い影響を要求しうる。社会保険のような権利保護保険は、社会保険の概念及び性質と矛盾する。社会保険の概念により詳しく立ち入ることなしに、権利保護強制保険には総ての者にとって稼得ないし稼得可能性との関係が欠けていることが示される[142]。

　アンドレによれば、保険技術的にも、また組織的にも、私的な権利保護保険は、今日総ての者のための強制的な権利保護保険を提供しうる状況にある。しかし、私法上組織された保険義務に対してもまた、重要な疑いが存在する。それは、概ね社会保険モデルに対するものと一致する。一般的な強制保険につい

ては、十分に高い必要性が欠けている。弁護士は、保険者との強固な依存関係に陥り、国家はまず最初に保険料に、次いで保険料を越えて企業の事業政策に影響を与えようとするであろう。総ての種類の責任保険を法律によって、能動的及び受動的な訴訟と結合するという最近の提案も否定されるべきである。一般的な私的責任保険を考えるならば、責任保険の締結が一般的に高められた危険を示すという、提案の理由は、既に支持しえないものである。しかし、法律による結びつけは、濫用の危険もまた招くであろう。責任保険者は、彼に対してなされた保険金請求訴訟に自ら資金を融通するというのであろうか[143]。

3 強制的権利保護保険と基本法

社会的権利保護保険の憲法適合性には、主に三つの論点がある。第一は、国家がルール作りについて管轄権を有するか、第二に、市民の基本権に触れないか、第三に、権利保護保険者の法的地位如何の問題である。

① 連邦の管轄　基本法74条12号によれば、社会保険は、連邦とラントの競合する立法管轄に属する。公法上の強制的権利保護保険は、保険強制、自主管理の原則、国家による補助という保険の要素を含むが、相互扶助、すなわち、労働、職務、教育訓練等との関係が欠けている。その結果、総ての市民が被保険者となるとしても、公法上の強制的権利保護保険は、事物に適ってもはや社会保険ではない。これに対して、私法上の義務的権利保護保険は、連邦とラントの競合的な立法管轄に属する（基本法74条11号）。

② 市民の基本権　結社の自由（基本法9条1項）は、義務的権利保護保険によって侵害されない。基本法9条1項は、消極的な結社の自由を含むが、私法上の分野に限られる[144]。基本法14条（私有財産権の保護）も同様に関与しない。保険料の支払の強制は、確定した判例によれば、収用ではない[145]。

基本法2条の行為の自由は、契約の自由を含む経済的取引における自由もまたカバーする。締結強制及び保険料支払の強制を伴う社会保険モデルの許容性は、立法者が人格権の自由な展開をどこまで制限するかに依存する。行為の自由は、その限界を憲法適合的な秩序の中に有する。今日の確定判例によれば[146]、

そのもとに憲法及び主要な憲法上の原則だけでなく、形式的及び実質的な憲法に適った法規範もまた理解されうる。行為の自由は、実定基本法だけでなく、それを越え、それを貫く法的原則と抵触しえない。これには法治国家の原則もまた属する。それは関係性の原則によって具体化される。それによれば、一般的行為の自由を制限する法は、実現される行為の自由の制限を正当化するために、十分な重要さを有する目的を追求するのでなければならない。更に、自由の制限は、法により追求される目的を達成するために、適切かつ相当なものでなければならない。それによれば、締結強制及び強制的な保険料の徴収は、法治国家の要求である手段の相当性、必要性及び狭義の関係適合性（過度の負担とならないこと）によって測られる。

　問題は、狭義の関係適合性というメルクマールに限定される。被用者の社会保険に関する判決では、連邦憲法裁判所は[147]、立法者に、個人の自由の保護と社会国家の秩序の要件との間の除去しえないかつ原則的な緊張状態の中に、自由な裁量のための広い余地があることを強調した。この枠の中で彼は、共同の福祉の利益において必要ないし支持しうる自由への侵害の程度及び種類を決定しうる。社会的権利保護保険のメリットは、包括的な費用危険の除去であろう。それには、僅かな者が危殆化されるにすぎないにもかかわらず、総ての市民にとって高額な費用、巨大な組織上の費用、過度の訴訟、及びそれに条件づけられた、司法制度の膨張、民事訴訟の機能との不調和、弁護士の不可避の依存、国家の過度の影響、及び連邦の立法権能が欠けた場合の社会保険の本質との不調和といった不利益が対立し、不利益が利益を強く上回ることになろう。

　社会保険モデルが単に個々の市民にとっては期待し得ない費用負担を受け入れるだけだとすれば、同じ目的設定をもった競合するモデルにおいてもそれと同じことがあてはまる。すなわち、立法者は、彼が必要性という要素を満足させようとしても、穏当な手段を用いなければならない。かような穏当な手段は、例えば、訴訟外の分野への訴訟費用扶助法の拡大、ブレーメンCDU（キリスト教民主同盟）支部によって提案されたモデル、バウムゲルテルの混合モデルである。ブレーメンCDUモデルによれば、社会扶助の地域機関が、私的な権利保護

保険者と社会的弱者層に属する人々のためにグループ保険を締結する。混合モデルは、改正された訴訟費用扶助とグループ保険の提案を結合する。これら三つの提案は、締結義務を伴った強制保険とは異なり、市民の契約自由とは抵触しないがゆえに、憲法上疑問はない。これらの選択肢は、更に、市民全体にあまり負担とならない。そのうち混合モデルは、最も包括的で費用上有利なモデルであるように思われる。もっとも、立法者が「制限的」な社会保険モデルを用いて単に社会的弱者のために権利へのアプローチを容易にしようとしても、この高度な強制は不要であり、違憲となろう。私法上組織化された権利保護保険もまた（強制的なものである限り）違憲であろう。そのために同様に、十分に高度な必要性が欠けているためである[148]。

　③　権利保護保険者の法的地位　　社会保険モデルの実現は、権利保護保険者がそれ以上の業務をなしえないことを意味する。国家が少なくとも事実上その限りで独占的事業体となる。そのため保険者の職業選択の自由（基本法12条）及び所有権（基本法14条）が侵害されうる。職業選択の自由は、自然人だけでなく、法人もまたこれを有する。これは、業務が公的なものである場合、すなわち、自由なアクセスができない場合でもあてはまる。重要なのは、社会保険モデルでは単に保険という職業の遂行のルールが問題になるのか、それとも権利保護保険という職業選択に対する侵害が問題になるのかである。権利保護保険者の活動は、独立の業務である。これは、分野の分離という監督法上の命令が他の保険分野との結合を禁止するためばかりではない。しかし、権利保護保険が総合保険会社によって運営される場合ですら、その限りでなにも変わらないであろう。権利保護保険は、保険分野の単なる拡大であるだけでなく、歴史的に成長してきた、固有の重み、その特別の法適合性及びその類型的な相貌を持っている。かくして、連邦憲法裁判所の段階論によれば[149]、客観的な許容要件、なかんずく、制限つき許可についてあてはまる、同様な標準が立てられうる。一般的に著しく重大な共通財にとっての立証しうるまたは高度に蓋然性を有する重要な危険の回避のみが、自由な職業選択へのこの侵害を正当化しうる[150]。市民の法的保護は、かような著しく重要な公共財である。しかし、例え

ば総合保険モデルの場合、権利への接近は、既述のように職業選択の制限なしに可能なのであるから、客観的な職業選択に対する障害は、憲法に反する。これに対して、私法上の強制的な権利保護保険は、単なる職業遂行に関するルールとなろう。職業遂行に関するルールは、公共の福祉の合理的な考量がそれを目的適合的なものにする場合に、既に許容される[151]。私的な強制的権利保護保険が、それが既述のように市民の自由を必要以上に制限する場合に、憲法に違反するとしても、それは、職業遂行のルールに関して立法者に広い裁量の余地がある場合には、基本法12条に反しない[152]。

基本法14条により保護される財産的価値を有する権利に、営業権もまた属する。社会保険モデルにより、これは、私的な権利保護保険会社から完全にまたはほとんど完全に剥奪される。その営業は大幅に価値を失う。かくして国家の侵害は、単なる社会的拘束としてだけでなく、その理論はどうあれ、収用として現れる。従って、社会保険モデルの導入は、法律上同時に侵害の種類及び程度が規定されている場合にのみ許容される（基本法14条3項）。私法上の強制的権利保護保険は、国家が保険料にそれがもはや危険を補塡しないというように影響を及ぼす場合にのみ、補償義務を伴う収用に導くことになろう。権利保護保険者はその場合その限度で基本法14条により保護されることになろう[153]。

4 まとめ

以上要するに、強制的権利保護保険に対しては、既にその作用から重大な疑いがある。それはモデルの社会保険法的類型についてだけでなく、私的保険法的類型についてもあてはまる。連邦の立法者には社会保険のような強制的権利保護保険に対する管轄権はない。しかし、彼らには、私法上の強制的権利保護保険についてのラントと競合する立法の管轄がある。強制的権利保護保険は、社会法的モデルにおいても、私保険法的モデルにおいても、人格権の自由な発展への市民の権利（基本法2条）を侵害する。社会保険のような強制的権利保護保険は、権利保護保険者の自由な職業選択（基本法12条）を基本法に反して制限する。私的保険法上の強制的権利保護保険は、その限度で基本法に反しない。

社会保険法的類型の導入は、権利保護保険者の補償を伴う収用ともいえる。これは私法的な権利保護保険にはあてはまらない。訴訟費用扶助法の改正とその訴訟前の領域への拡大、貧しい者のための権利保護保険者とのグループ保険契約の締結及び総合保険モデルは、疑いもなく憲法に違反しない。総ての三つのモデルは、貧しい者に権利への接近を可能にし、総ての者が加入する憲法違反の強制的な権利保護保険よりも費用のうえでより安価であろう[154]。

<注>

136) Redeker, NJW. 1973, S. 1160.
137) Bendix, Die Justiz 1925/26, S. 77.
138) F. Bauer, JZ. 1972, S. 77.
139) H. André, Chancengleichheit im Rechtsschutz durch obligatorische Rechtsschutzversicherung？ ZRP. 1976, S. 178.
140) E. Bokelmann, ZRP. 1973, S. 167.
141) Baumgärtel, JZ. 1974, S. 140.
142) H. André, ZRP. 1976, S. 178-179.
143) H. André, ZRP. 1976, S. 179.
144) BVerfGE. 10, S. 105；BVerfGE. 15. S. 235.
145) BVerfGE. 4, S. 17；BVerfGE. 23. S. 12.
146) BVerfGE. 8, S. 328；BVerfGE. 8. S. 329.
147) BverfGE. 11, S. 105.
148) H. André, ZRP. 1976, S. 180.
149) BVerfGE. 7, S. 377 = NJW. 1958, S. 1035（薬局の新設を制限するバイエルンの薬事法が憲法の定める職業選択の自由（基本法12条1項）に違反しているかどうかが問題になり、連邦憲法裁判所は、違憲判決を行った。本件については、ドイツ憲法判例研究会編『ドイツの憲法判例（第二版）』（2003年）272頁以下［野中俊彦］参照）. 段階論に反対：Bachof, JZ. 1958, S. 468f.
150) BVerfGE. 7, S. 377 = NJW. 1958, S. 1035.
151) BVerfGE. 7, S. 377 = NJW. 1958, S. 1035.
152) H, André, ZRP. 1976, S. 180.
153) H. André, ZRP. 1976, S. 180-181.
154) H. André, ZRP. 1976, S. 181.

第10節　ま　と　め

　訴訟費用の問題が、市民が裁判所で平等な権利行使をすることを妨げているというフェヒナーの主張は、ドイツにおける訴訟費用問題の改革論議の口火を切るものとなった。ドイプラーは、20世紀の前半に特許法などの分野で採用された訴額減額規定の類推適用を説いたが、採用されるところとはならなかった。フェヒナーの（主に上訴手続に着眼した）弁護士費用を含めた訴訟費用の無償化の主張については、バウムゲルテルは、国家財政や濫訴の防止という観点から反論を唱えた。ボーケルマンは、訴訟費用の無償化に代わる問題の解決方法として、訴訟費用の敗訴者負担の緩和、手数料率、弁護士報酬率の見直し及び当事者の資力に応じた訴訟費用の徴収を主張した。

　フェヒナー等による、訴訟費用が権利追求の障害になるという問題提起に対して、ドイツの立法者は、訴訟費用扶助法の改正で答えた（1980年及び1994年）。ドイツの新訴訟費用扶助法は、被扶助者の所得とその被扶助者のいかんを判定基準とした月払方式であることに特色があり、これによって訴訟費用の扶助が中程度の所得の者まで広がったといわれる。しかし、訴訟費用扶助が勝訴の見込みを要件としていることや敗訴した被扶助者が弁護士費用を含めた訴訟費用を負担しなければならないことは従来通りであった[155]。またバウアによる強制的権利保護保険の導入の提唱は、バウムゲルテルやアンドレによって詳しく検討されたが、結局は否定され、その後の私的な任意権利保護保険のドイツにおける隆盛をみることになった（本書第7章参照）。弁護士報酬を敗訴者に負担させるドイツの考え方に対しては、ボーケルマンのような各当事者負担主義の主張もみられたが、通説及び実務は、異説として切り捨てた。また当事者の所得に応じて敗訴者負担を訴訟費用扶助によって緩和するバウムゲルテルの提案、すなわち、一定の所得水準以下の者に対しては敗訴者の負担すべき弁護士報酬を訴訟扶助料によってまかなうという立場も採用されるところとはならなかった。

第6章　ドイツにおける弁護士報酬敗訴者負担の原則に対する批判

＜注＞
155）　金子・前掲（注1）書24頁参照。

第7章　ドイツにおける弁護士費用保険の導入と普及

第1節　権利保護保険の概念と展開

（1）　権利保護は、様々なものを意味しうる。そのもとに、国家の力、場合によっては、自力救済によって自己の権利を貫徹したり、他人の非難から守ったりする可能性も理解されうる。狭義において権利保護は、特定の法的状況における援助と扶助を意味する。自己の法的事件を自ら解決しえない者は、そのために受託者として法的サービスの形での権利保護を与える者を用いうる。最後に権利保護の観念は、弁護士報酬、裁判費用等の形で法的事件の管理において発生する費用を他の者に転嫁する可能性を包含する。権利保護の概念の多義性は、権利保護保険もまた言葉の意味から様々なものを意味しうることを帰結する[1]。

権利保護保険という名称は、徐々に認められてきたものである。当初訴訟費用保険、法的扶助保険、法的費用保護保険という語が用いられていた。権利保護保険の概念は、それが保険の対象、すなわち、費用危険の引受を適切に表現していないという理由で、誤導的であるとすらされた[2]。しかし、費用保険としての権利保護保険の存在が、保険者及び人々の意識の中に深く入り込み、今日では少なくとも誤導的だとはされていない[3]。

権利保護保険は、私的保険の新しい部門である。中世からギルドその他の団体による共同体的権利行使が知られていた。19世紀に生じた、労働組合、使用者団体、農民社団、信用保護団体、建物、地主社団のような利益団体や保護社団は、それらがその構成員に、書類のやりとりを指導し、相手方と交渉するという形で法的助言または法的援助を与える限りにおいて、権利保護保険の先蹤

とみなされうる。しかし、これは社団または団体のサービスの一つにすぎず、固有の保険契約の対象ではない。権利保護保険は、ドイツでは、1901年に最初に創設された、船主のための保護社団において見出される。それは、運送及び保険契約における紛争ならびに積荷の滅失、損傷による損害賠償請求、または、海損の場合に構成員を支援するものであった。1910年に、その構成員のために鉱山会社に対する鉱業被害に基づく損害賠償請求権を主張する、建物、地主社団が続いた。この二つの団体は、今日でも存続している[4]。

今日の権利保護保険の基本的な形式は、ドイツでは、1925年の自動車保護株式会社の創設とともに発展を始めた。保険保護は、交通事故による請求権の実現、保険の付された自動車の利用に際しての法律違反による刑事手続における弁護、ならびに、損害算定に際しての自己の保険会社に対する請求権の計算のために存在した。最初の場合、保険者は、費用だけでなく、ある範囲内で裁判外の請求権の主張もまた引き受けた。1945年以後は、なかんずく道路交通の増加に伴い、自動車以外の交通事故もまた填補の範囲に含む必要が高まり、1949年には、自動車以外の交通手段も填補の範囲に含む、一般的権利保護保険の営業が認められた。1954年には、権利保護保険の標準約款が登場した（ARB54）。これは、自動車事故や不法行為事故保険だけでなく、労働またはサービス契約に基づく請求権の行使及び回避、ならびに、社会裁判所での請求権の行使のための費用保護もまた付与した。更に、被保険者は、私法、刑法及び社会法の分野で弁護士により助言されえた。1963年には、住居、営業用住居及び建設用地の所有者と占有者の間の裁判上の紛争に関する権利保護のための特別条項が、1964年には、自動車の占有または所有に基づく契約上の紛争に関する権利保護のための特別条項が認められた。1969年の標準約款（ARB69）では、総ての債務法及び物権法に基づく法的利益の保護が保険保護においてもたらされ、しかも、これは、裁判外の分野で顕著であった。1971年には、監査役、顧問、取締役、執行役員等の財産損害権利保護保険約款が作られ、彼らが、法律上の責任規定に基づいて財産損害の賠償を訴訟上求められたときに、費用の保護が受けられることになった。1972年には、権利保護保険は、営業及び自由職業に拡大

された。1975年には、付加的な保険サービスとして、特定の事例における仲介弁護士の費用、交通刑法事件における技術的な私的鑑定人の費用等の引受が導入された。1977年には、これまでは保険で担保されなかった、不正競争、特許、著作権またはカルテル法の分野が保険保護の対象に組み入れられた。1980年代以降になると様々な権利保護保険が発売されるようになった[5]。

（2）　権利保護保険は、司法の有償性の帰結である。弁護士がその権利保護活動のために相当な報酬を請求しうることは、自由な法治国家では当然のこととされている。基本法、なかんずく、GG3条1項（法の下の平等）、19条4項（裁判を受ける権利）、20条1項（社会国家の原理）、92条（司法権の独立）及び103条1項（被告人の基本権）から導き出された、その権利の行使または防御における機会の平等に対する個々の市民の権利は、裁判外及び裁判上の利益の保護において、彼の固有の手段が、発生した法的費用を負担するために十分でない場合、国家から財政的に支持される権利を内包している。フェヒナー、ドイプラーによって煽り立てられた[6]、かような国家的援助への相当な道に関する議論は、あまり支持を見出さなかった。この場合バウアによって主張された[7]、強制的権利保護保険の考えは、概ね否定され[8]、1981年1月1日に発効し、それまでの民事訴訟法の訴訟費用扶助法を拡大した、訴訟費用扶助法[9]、ならびに、助言扶助法[10]によってもはや現実的でなくなった。しかし、低額所得者のためにも観察に現れる、できるだけ妨げられない裁判所へのアクセスの問題は、今でも依然として存続している[11]。

（3）　権利保護保険の拡大が裁判所業務の増大の一因をなしているという考えは、最近の研究によって実証されていない。様々な裁判所の部の事件数の比較は、一方では、権利保護保険の保護領域に入っていない法分野における増加と、他方では、そうでない分野における増加との間に大きな違いがないことを示す。それを超えて、1981年に公刊された論文で、ブランケンブルク／フィードラーは、権利保護保険の被保険者は、保険に入っていない者に比べ、平均してより大きな訴訟危険を冒していないし、特に上訴が多いというわけでもなく、また、和解に応じないというものでもない、更に、検討された民事法上の保険

事例の3分の2が弁護士の援助により裁判外で解決されたと述べる[12]。この結論は、その後の研究で基本的に再確認されている[13]。交通事故を中心とする、裁判所の反則金手続の数の増大については、ファイファー[14]とケピィウス[15]は、反則金の命令に対する異議の申立の数の増大は、第一に、権利保護保険者ではなく、立法者の責めに帰すべき事柄だとしている。レンネンもまた、権利保護保険者を巨大な司法の雇用者とはみていない[16]。連邦司法省の出した「司法の要求に対する権利保護保険の意味」という公開質問状に対して、1993年に、権利保護被保険者は、保険に加入していない者に比べて、訴訟に訴える傾向が強く、またその権利の追求により強く固執し、しかもその程度の高さは5ないし10パーセントであるという解答が得られた。交通規則の違反及び交通事故についての民事紛争では、その差はより大きい。StVG（道路交通法）25a条の導入及びそのためにBAV（連邦保険監督庁）により規定された免責条項により、駐車違反の場合の裁判上の些細な反則金手続は、著しく数が減った[17]。

1990年代の終わり頃から、権利保護保険及び訴訟費用扶助と並んで、特別に費用を浪費する訴訟に費用の危険なしに融資する更なる可能性が生じた。この可能性は、なかんずく、権利保護保険が存在しないか、訴訟費用扶助の要件が存在しないか、または、例えば、訴訟費用扶助があるにもかかわらず、敗訴の場合に、相手方弁護士の費用を負担するがゆえに、その費用の保護が十分とは思われない場合に、観察に現れる。それ故に、権利保護保険の会社の多くは、訴訟費用融資の契約の締結を申し出る。それらの会社は、原告に対して、特定の、支払に向けられた訴訟のために（それに際して様々な最小の訴額が前提とされるが）、訴訟の勝訴の見込み及び被告の資力の検討に従って、総ての発生する裁判費用及び弁護士報酬の引受の義務を負う。訴訟費用融資者の契約の相手方が勝訴した場合、融資者に判決額の一定割合が帰属する[18]。敗訴の場合は、訴訟費用融資者は、無償で活動したものとなる。従って、訴訟費用融資は、原告のためにのみ観察に現れ、被告のためには観察に現れない。訴訟費用融資は、原則として権利保護保険とは区別される。権利保護保険者は、特定の前提のもとで保険保護を与える義務を負うが、訴訟費用融資者が、契約の申込を承諾する

かどうかは、その自由である。訴訟費用融資は、連邦労働裁判所によれば、許可義務のある保険業務ではない[19]。法的には訴訟費用融資は、訴訟費用融資者とその顧客の間で締結され、法的な熟慮に反する場合は発生しない契約である[20]。

<注>
1) Harbauer, Rechtsschutzversicherung, ARB-Kommentar, 7. Aufl., 2004, S. 95-96 [Bauer].
2) Scharlowski, NJW. 1959, S. 1766.
3) Harbauer, a. a. O., S. 97 [Bauer].
4) Harbauer, a. a. O., S. 97-98 [Bauer].
5) Harbauer, a. a. O., S. 98f. [Bauer].
6) Fechner, JZ. 1969, S. 349 ; Däubler, BB. 1969, S. 545. 本書136頁以下参照。
7) F. Bauer, JZ. 1972, S. 77. 本書161頁以下参照。
8) Baumgärtel, JZ. 1975, S. 428 ; André, ZRP. 1976, S. 177 ; F. Bauer, VersR. 1973, S. 110.
9) BGBl. 1980, I S. 677.
10) BGBl. 1980, I S. 689.
11) Harbauer, a. a. O., S. 115-116 [Bauer].
12) Blankenburg/Fiedler, Die RSVersicherungen und der steigende Geschäftsanfall der Gerichte, 1981.
13) Blankenburg, DAR. 1990, S. 1.
14) Pfeiffer, DAR. 1990, S. 308.
15) Coeppicus, DRiZ. 1982, S. 366.
16) Rennen, DRiZ. 1983, S. 347.
17) Harbauer, a. a. O., S. 116-117 [Bauer].
18) しばしば、195万5,830ユーロまでは30パーセント、それ以上の訴額である場合は、20パーセントであるが、時折協議により定められる。
19) VerBAV. 99, 167, 168.
20) Harbauer, a. a. O., S. 117 [Bauer].

第2節　権利保護保険約款

（1）　1994年7月までは、1975年に制定された普通保険約款（ARB75）に基づいて権利保護保険契約が締結されていたが、ARBの内容をより明らかにするとともに、素人にもできるだけわかりやすい言葉で書くべきだという趣旨で、

第7章　ドイツにおける弁護士費用保険の導入と普及

1994年7月には、新しい約款（ARB94）が採用された。2000年には、その構造及び分類を変更することなしに、被保険者のために、ARB94の改定版が作成された。

　保険者は、被保険者がその法的利益を確保しうることを配慮し、かつ利益確保のために必要な費用を負担する（ARB75　1条1項、ARB94／2000　1条）。これによれば、法的利益を確保しようとしても、十分な成功の見込みがなく、または、訴え提起が軽率である場合に、権利保護保険者は、法的保護を拒否しうる。弁護士を自由に選任しうる被保険者の権利は、法的利益の確保が客観的に必要だという、明示されていない要件に服している[21]。

　保険保護は、合意により、（a）損害賠償権利保護、（b）労働権利保護、（c）住居及び土地権利保護、（d）契約上及び物権法上の権利保護、（e）裁判所手続上の租税権利保護、（f）社会裁判所権利保護、（g）交通事件に関する行政権利保護、（h）綱紀及び身分権利保護、（i）刑事権利保護、（j）秩序違反権利保護、（k）家族法及び相続法上の助言権利保護を含む（ARB94/2000　2条）[22]。当初のARB75による保険保護の範囲は、ARB94/2000により、一部は拡張され、一部は制限された。本条により、どのような法的領域において、利益確保のどのような種類のために、また、権利の主張のために、または、その防御のために、あるいは、それら両者のために、保険保護が可能なのかが明らかにされる。

（2）　権利保護保険金は、法的利益の確保のためであっても、一定の場合には支払われない。それらは、①戦争、対敵行為、反乱、内乱、ストライキ、工場閉鎖、地震、原子力損害、遺伝上の損害等、鉱業による土地、建物の損害、建物建設目的の土地の取得または譲渡、建物の計画または建設等、あるいはそれらのための融資と相当因果関係にある場合、②契約違反の場合を除く、損害賠償請求権の拒絶、集団的労働法、商事会社に関する法律、法人の代理人の任用関係、無体財産権、不正競争防止法、賭博契約、先物取引その他の投機的取引、助言権利保護が存在しない、家事及び相続事件、③憲法裁判所手続、国際的裁判所での手続、被保険者の財産に関する破産または和解手続、収用事件、計画確定事件、農地整理事件、ならびに、建設法に規定された事件、駐車違反

による秩序違反手続及び行政手続、④同じ権利保護保険契約の複数の被保険者相互間、共同被保険者相互間等、非婚生活共同体当事者相互間、権利保護事件発生後被保険者に譲渡された権利、義務、被保険者により自己の名前で主張された他人の請求権または他人の義務のための責任、⑤被保険者が故意に犯罪を行った場合等である（ARB94／2000　3条）。しかし、個々の保険者がこれとは異なった合意をすることは妨げない。保険適用除外を定めるARB75　4条1項には、協同組合法、鉱業法、商事代理法、保証契約、担保契約、債務引受契約及び保険契約、教会法、非訟事件も含まれていたが、削除された[23]。

　いわゆる建設危険（Baurisiko）が保険者の免責事由とされているのは、建設過程が複雑であり、長期間にわたり、かつ多額の費用がかかることに求められている。高額の費用危険のわりには、被保険者のごく一部についてしか問題とならない一方では、できるだけ保険料を低く抑えるという理由で、建設危険が保険保護から除外されている。建物建設目的での土地の取得または譲渡もまた、保険保護の対象外とされているため、建設予定土地の性質に瑕疵があったり、騒音被害があったりした場合や下水道が接続していないことを売主が黙秘していたため、売買契約が取り消された場合にも、保険保護は受けられない。土地の取得に携わった弁護士や公証人に対する損害賠償請求権や報酬請求が、取得危険に関わっている場合も、同様である。土地取引の仲介者との間の紛争についても同様である[24]。

　契約外の損害賠償請求権の拒絶は、塡補の範囲外とされている。そのため、路面凍結時に地主に課せられる滑り止めの砂をまく義務の違反による損害賠償請求権の拒絶も、塡補の範囲外とされる。集団的労働に基づく紛争が保険塡補の範囲外とされているのは、判例が、保険保護の範囲が集団的労働法を含まないとしたことによるものである。しかし、労働関係に基づく法的利益の確保一般について保険保護が及ばないというのではない（ARB75　24条2項a）。商事会社法に基づく利益の確保もまた、保険保護の対象外となっているが、これは、特殊会社法的な問題ないし要求が争われている場合に限られ、有限会社の持分の取得や株券発行による損害賠償請求訴訟のような場合は、保険による塡補を

受けると解されている[25]。

特許権、著作権、商標権、意匠権その他の無体財産権を対象とする法分野と相当な因果関係を有する利益確保もまた、保険保護の範囲から除外されている。その結果、例えば、不法行為に基づく損害賠償請求権に関するドイツ民法823条のような他の法分野に基礎を有する競合する請求権の行使または防御もまた、除外される。不正競争防止法に基づく不作為請求権や損害賠償請求権もまた、保険保護の対象外である。賭博契約に基づく利益確保の除外は、この種の契約に基づく総ての請求権だけでなく、不法行為に基づく請求権のような、これらの契約と相当因果関係にある総ての請求権を含む[26]。

憲法裁判所の総ての手続、それ自体は保険保護のもとになされた手続における判決に対する特別抗告手続（基本法93条1項4a号）は、保険保護の対象外である。これに対して、裁判所が、適用すべき法律が憲法違反だとして、事件を基本法100条によりラントまたは連邦憲法裁判所に移送したときは、保険保護は肯定されうる。この場合、憲法裁判所は、保険保護のもとにある手続における有効性の前提についてのみ判決するものだからである。国際的裁判管轄権のもとでの手続も填補の範囲外であるが、EWG（ヨーロッパ経済共同体）条約177条2項によるヨーロッパ裁判所での法案審査手続については、保険保護が肯定されうる。被保険者の破産または和解手続に関する保険保護の除外は、破産がすでに申し立てられた場合に関するものである[27]。

被保険者と非婚生活共同関係にある者との間の争いは、争いの法的性質の如何を問わず、保険保護から除外される。非婚生活共同体解消後も同様である。この規定は、1987年以来広く用いられるようになった特別条項が発展したものである。権利保護事件発生後被保険者に譲渡された権利、義務もまた、保険保護から除外されるが、主債務者の弁済遅滞により保険事故が発生した後で、保証人が代位弁済した（債権の法定移転）場合や瑕疵ある自動車が転売された後で、買主が売主に対する損害賠償請求権を転買主に移転する場合も保護を受けない。他人の義務に対する責任もまた、適用対象外であるが、ARB94では、保証人または重畳的債務引受人としての被保険者の利益確保のみが除外される[28]。

故意による保険事故の惹起は、同時に、故意によりなされた刑事犯罪でもある場合にのみ、保険保護が喪失する。故意による刑事犯罪が存在し、または、証拠を挙げて立証される場合に、保険保護が存しない。これに対して、故意による行為の非難が、明白に認めうるほどには理由づけられない場合は、填補される。その主張、立証責任は、被保険者の側にある[29]。

＜注＞
21) Harbauer, a. a. O., S. 851 [Stahl].
22) ARB94／2000　2条kは、「保険保護は、合意に従って、これが弁護士の他の費用義務を伴う活動と関わっていない場合は、ドイツで認められている家事および相続事件の弁護士の助言または情報提供に関する家族法および相続法における助言―権利保護を包含する」と定める。本条項は、それ以外は3条2項により填補の範囲から除外されている家族法および相続法の領域から（純粋な）法的助言または情報提供のための保険保護を提供する。ARB75では、非訟事件には権利保護保険は適用されないが（4条1号p）、助言活動には適用されるとされていた（25～27条）。いずれにせよ助言―権利保護は、保険事故として助言を必要とする被保険者の法的状態の変更が引き起こされることを前提とする（Harbauer, a. a. O., S. 861 [Maier]）。
23) Harbauer, a. a. O., S. 863 [Maier].
24) Harbauer, a. a. O., S. 865f. [Maier].
25) Harbauer, a. a. O., S. 872-873 [Maier].
26) Harbauer, a. a. O., S. 873-875 [Maier].
27) Harbauer, a. a. O., S. 875-876 [Maier].
28) Harbauer, a. a. O., S. 877-879 [Maier].
29) Harbauer, a. a. O., S. 880 [Maier].

第3節　権利保護保険により敗訴者が填補を受ける範囲

1　約款の規定

　権利保護保険者の給付範囲は、ARB75　2条が定めていた。ARB94/2000　5条は、ARB75　2条を若干修正するとともに、国内弁護士と外国弁護士とを区別して規定した。また、ARB75　2条1b項の、報酬合意があった場合の給付制限に関する規定が、ARB94/2000　5条1a項、1b項の、費用引受の最高限に関

する規定によって不要なものとされ、削除された。ARB2000　5条は、金額の単位をマルクでなく、ユーロとした点で、ARB94　5条と相違する[30]。

ARB94/2000　5条（給付範囲）は、次のように規定する。

「（1）保険者は、（a）国内で権利保護事件が発生した場合、管轄裁判所の所在地に居住している弁護士の法定の報酬の額に至るまでの、被保険者のために活動する弁護士の報酬を負担する。被保険者が、管轄裁判所から空路で100キロメートル以上離れて居住し、その利益の裁判上の確保をなすときは、保険者は、2条aから2条gまでの給付の種類の場合、単に訴訟代理人の仲介をした弁護士の法定の報酬の額に至るまで、被保険者のラント裁判所の地区に居住する弁護士のために、更なる報酬を負担する[31]。

（b）外国での権利保護事件の発生の場合は、保険者は、被保険者のために活動している、管轄裁判所所在地に居住している外国の、または、国内で活動することを許容されている弁護士の報酬を負担する。後者の場合、保険者は、その所在地に弁護士が居住している裁判所が管轄を有するとすれば、生じたであろう、法定の報酬に至るまで報酬を負担する。被保険者が、管轄裁判所から空路100キロメートル以上離れて居住し、被保険者のために外国弁護士が活動しているときは、保険者は、被保険者のラント裁判所地区に居住している弁護士のために、単に外国弁護士の仲介のみを行う弁護士の法定の報酬に至るまで、更なる費用を負担する。

（c）保険者は、裁判所により召喚された証人または鑑定人の補償を包含する費用、並びに、執行官の費用、

（d）第一審の管轄国内裁判所に訴えた場合に発生するであろう費用額に至るまでの仲裁または調停手続費用、

（e）行政機関によって召喚された証人及び鑑定人の補償を含む、行政機関での手続費用、並びに、行政手続における執行費用、

（f）（aa）道路交通法上の刑事手続及び反則金手続における弁護、陸用自動車並びに連結車の売買契約及び修理契約に基づく法的利益の確保の場合の、公認の技術的専門家または法人格を有する技術的な専門機関、（bb）外国で生

じた陸用自動車並びに連結車の被害のための損害賠償請求権を主張した場合における外国に住んでいる専門家の通常の報酬、を負担する。

（ｇ）保険者は、その被疑者または当事者としての出頭が規定され、かつそれが法的な不利益の回避のために必要な場合における外国裁判所への被保険者の旅行費用を負担する。その費用は、ドイツの弁護士の業務上の旅行について適用される金額まで引き受けられる。

（ｈ）保険者は、被保険者がその償還義務を負う限りにおける、その法的利益の確保により相手方に生じた費用を負担する。

（２）（ａ）被保険者は、彼がその支払の義務を負い、または、この義務がすでに履行されたことを証明する限り、保険者により負担されるべき費用の引受を請求しうる。

（ｂ）被保険者により外国通貨で出捐された費用は、この費用が被保険者により支払われえた日の取引相場におけるユーロで同人に償還される。

（３）保険者は、（ａ）被保険者が法的義務なしに引き受けた費用、（ｂ）これとは異なった費用の分担が法定されている場合を除く、それが被保険者により追求される結果と達成された結果との関係に適合しない限りにおける、合意上の解決との関係で生じた費用、（ｃ）２条の給付の種類毎の、保険証券上合意された自らの関与、（ｄ）強制執行名義毎の四回目またはそれ以上の各々の強制執行措置に基づいて発生した費用、（ｅ）強制執行名義の発効後５年以上経って開始された強制執行措置に基づく費用、（ｆ）250ユーロ以下の罰金または金銭的犠牲の効力発生後の各種の刑事執行手続の費用、（ｇ）その権利保護保険契約が締結されていなかったとすれば、他の者がその引受義務を負ったであろう費用、を負担しない。

（４）保険者は、各々の保険保護事件で合意された保険金の範囲で支払う。同一の権利保護事件に基づく被保険者及び共同被保険者のための支払は、この場合共同の計算に服する。これは、時間的かつ因果関係的に関連しあう複数の権利保護事件に基づく支払についてもあてはまる。

（５）保険者は、（ａ）被保険者の法的利益の確保のために外国で必要とされ

第7章　ドイツにおける弁護士費用保険の導入と普及

る書類の翻訳の手当てをし、その際に生じた費用を負担する。

（b）保険者は、被保険者を一時的に刑事訴追手続から免れさせるために定められなければならない、保証のための協定された金額に至るまでの無利子の消費貸借の支払の手当てをする。

（6）（a）公証人のための家族法及び相続法（2k条）における非訟事件及び助言権利保護事件、（b）税理士のための裁判所における租税権利保護（2e条）、（c）外国における法的地位の確保の場合における、当地に住んでいる法律その他の専門家である代理人について、弁護士に関する総ての規定が準用される。」

本条をみてもわかるように、今日ドイツで一般に行われている権利保護保険は、基本的に被保険者が法廷活動を含む法的事件に関連して支払った費用を塡補することを目的とするものであり、訴訟費用の敗訴者負担主義のもとで被保険者が支払うことになった相手方に対する弁護士報酬を含む費用の償還義務の保険による塡補は、権利保護保険の機能の一部であるにすぎない。

2　敗訴者の負担する費用の塡補

（1）　ARB75　2条1g項（ARB94　5条1h項、ARB2000　5条1h項）は、被保険者が償還しなければならない限りにおける、相手方の法的費用への保険塡補の拡大を規定する。このような償還義務自体は、法的紛争の民事裁判所、労働裁判所、社会裁判所、財政裁判所または行政裁判所での解決、または、独立の行政法手続による訴訟上のものと裁判所または官公署の手続以外の実体法上のものの二つがある。1g項に関して最もしばしば生じる事例は、なかんずく、裁判所または官公署の費用判決（宣告）に基づく訴訟上の償還義務である。しかし、1g項の意味はそれで汲みつくされるわけではない。3a項の文言及び定式から、法定の償還義務や合意された費用引受もまた、それが3a項の限界内にあり、かつ、引受の表示が単にすでに存在する実体法上の相手方の費用の償還義務でない限り、保険による塡補を受ける[32]。

（2）　訴訟法上の費用償還義務は、それに基づいて営業地の司法補助官また

は裁判所書記官が費用確定決定により償還されるべき費用の額を決定する裁判所の費用裁判がなされたことを要件とする（ド民訴104条など）。労働裁判所事件でも同じであるが、労働裁判所事件では既述のように（本書105頁参照）、第一審で勝訴した当事者は、時間を無駄にしたことの補償及び訴訟代理人や補助人を関与させた費用の償還の請求権を有しない（労働裁判所法12a条1項）。必要な強制執行費用は、強制執行義務者が費用確定決定なしに償還しなければならない（ド民訴788条）。手続法上の費用償還義務は、その異議申立が不奏効に終わる限り、行政法上の事前手続の終了後も被保険者のために生じうる（行政手続法80条1項）。裁判上確定された費用には、権利保護保険者が1項により自己の被保険者の費用として引き受けるに及ばなかったであろう費用（例えば、時間を無駄にしたことや必要な旅行に対する補償）が含まれうる[33]。

　費用確定決定が法的効力を生じ、または、留保のない一時的な執行可能性を取得した後は、権利保護保険者は、確定が正しいと考えるかどうかを問わないでそこで確定された費用を引き受けなければならない。被保険者またはその弁護士が費用確定決定に対する見込みのある法的救済の手段をとることを懈怠した場合は、これはARB75　15条（ARB94/2000　17条）のオプリーゲンハイト（義務）違反となり、保険給付の減額に導きうる。権利保護保険者は、その利息もまた支払わなければならない。被保険者の弁護士が、一義的に誤った、被保険者の負担となる費用確定決定を適時に取り消させることを懈怠したときは、弁護士は、その過失ある弁護士契約上の義務違反により、同人に対して不当な増加費用の額において賠償義務を負い、その結果権利保護保険者は、ARB75　2条3項c（ARB94/2000　5条3項g）によりこの増加費用について責任を負わない。費用確定決定が確定したときは、訴訟の相手方は、少なくとも事情が変わらなければ、実体法上損害賠償の方法で更なる費用を請求し得ない[34]。ドイツ民法823条（不法行為）、道路交通法7条による加害者に対する被害者の弁護士費用及び刑事手続費用の償還を目的とする実体法上の損害賠償請求権もまた存しない[35]。費用確定決定の存在は、権利保護保険者の給付義務の不可欠の前提ではない。判例によれば、これはARB75　2条1項g（ARB94/2000　5条1項h）から

導かれるのでもない。訴訟の相手方が、権利保護保険者が被保険者にその支払の義務を負う費用の償還を主張するときは、訴訟の相手方がまだ費用額を確定させていなかったとしても、被保険者にこの請求権が帰属する[36)]。

　支払の判決を受けた被保険者が、支払意思を有さず、または、支払をなしうる状況になく、費用債権者が彼に対して強制執行をしたときは、債権者に強制執行費用が帰属する。権利保護保険者は、それが被保険者の法的利益と相当な関係にないがゆえに、その支払義務を負わない。これは、相手方が強制執行の回避のために被保険者に判決の履行を勧めることにより相手方に生じる費用などについてもあてはまる。一時的な被保険者の勝訴の場合に、相手方に費用償還請求権が帰属し、被保険者がその後、例えば、相手方の破産のために、費用償還請求権とその本案判決請求権とを相殺するときは、権利保護保険者は、彼がARB75　2条1項g（ARB94/2000　5条1項h）により相手方の費用償還請求権として引き受けなければならなかったであろう額を被保険者に支払わなければならない[37)]。

（3）　被保険者が債務者遅滞や不法行為のような実体法上の根拠に基づいてのみ法的費用の償還義務を負うときは、その限度でARB94/2000　5条1項hの権利保護保険者による被保険者の免責義務は存しない。なぜならば、この償還義務は、被保険者の危険領域にとどまっている、通例保険填補を受ける利益確保の開始前に生じた実体法上の損害賠償義務の効果だからである。この費用償還（賠償）義務は、ARB94/2000　1条1項の意味における被保険者の法的利益の確保に際して、すなわち、相手方の請求権に対する法律上の抗弁に基づいてではなく、彼が法的抗弁の枠内で相当な引受表示をなした場合ですら、すでにこの法律上の抗弁の前に被保険者の損害賠償義務を負うべき行為の結果として生じたものだからである[38)]。

（4）　裁判外のまたは裁判上の和解の締結の際に被保険者が相手方の法的費用を引き受け、または、その義務を負ったときは、その引受が標準的な費用規定と調和し、ARB94/2000　5条3項bの限界を遵守し、かつ、実体法上の責任として理解されるのでなく、または、既に存在する法的原因がなくてもなされ

るのでなければ、権利保護保険者は彼をその費用義務から解放しなければならない。これは ARB94/2000　5条1項h及び3項bから導かれる。権利保護保険者は、この場合裁判上の解決に際して訴訟上の規定により被保険者が過度の負担となる恐れがある場合に、和解等の費用を引き受けなければならない。この連邦最高裁により当初通常であった付随訴訟費用の任意の引受のために展開した原則[39]が、例えば、彼にどっちみち訴訟上負担させられなかったであろう、被保険者が相手方の解除の意思表示を証明する立証手続費用を引き受ける場合のような費用引受の事例にも適用されうる[40]。

（5）　保険填補を受ける刑事手続において被害者が私訴原告または付随原告として関与し（ド刑訴374条以下、395条以下）、かつ裁判所がドイツ刑訴471条、472条1項により有罪判決を受けた被保険者が私訴原告または有効に認められた付随原告の必要経費を償還すべきだと宣告したときは、権利保護保険者は、この費用を ARB94/2000　5条1項hにより引き受けなければならない。なぜならば、保険保護は、刑法規定の違反という非難を原因とする手続上の防御を包含するからである。しかし、この防御には、検察官の起訴の回避だけでなく、そこで提起された私訴またはそれと並んで提起された付随訴訟も含まれる。

被保険者が、彼に対して提起された付随訴訟で判決を受けず、彼に対する手続が罪の軽さのためにドイツ刑訴153条以下によって停止され、かつ、彼にド刑訴472条により付随原告に生じた必要経費が帰したときは、権利保護保険者は、裁判上の費用裁判が問題になるがゆえに、判決の場合と同様にこの費用を引き受けなければならない[41]。

それが裁判所により被保険者に過度に負担させられ、または、被保険者がそれを任意に引き受けた場合保険者が相手方の付随訴訟の費用を引き受けなければならないかどうかという以前盛んに議論された問題は、1987年4月1日のドイツ刑訴472条の改正により意味を失った。それによれば、今や手続の停止の場合の裁判上の費用判決のための明瞭な法律上の基礎が存在する。前掲BGH. NJW. 85, S. 1466によって展開された原則を援用する必要はなくなった。手続の停止の場合に付随原告に生じた必要費をドイツ刑訴472条によって被保険者に

転嫁することを裁判所が拒否した場合は、付随原告は、この費用の償還を実体法上の原因、特に、ドイツ民法823条または道路交通法7条によっても請求することはできない[42]。

裁判費用を引き受けるというドイツ刑訴153a条による被保険者の裁判上の負担は、違法であり、通例権利保護保険者は引受義務を負わない。

被保険者が被害者であり、彼が自ら加害者に対して刑法上私訴または付随訴訟を起こしたときは、この場合に被保険者に生じた弁護士費用及びその他の費用は、保険保護の対象とはならない。なぜならば、被保険者が刑法上の非難に対して自らを防御しなければならない、または、法定の責任規定に基づいて民事上の損害賠償を請求する手続が問題になるのではないからである。若干の権利保護保険者は、新たに被保険者の私的領域の特定の違法行為による侵害が問題になる場合に、犯罪行為の被害者の権利保護の枠内で積極的な付随訴訟のための権利保護もまた提供する。この法的保護は、通例被保険者が特定の違法行為により侵害を受けた場合、被害者の付き添いとしての弁護士の活動もまた包含する。この権利保護は、性的な自己決定（ド刑174条）、身体の完全性（ド刑221条）、自由及び生命に対する刑事犯罪の場合に観察に現れる[43]。

＜注＞
30） Harbauer, a. a. O., S. 894 ［Bauer］.
31） 本項2文は、管轄裁判所では当地の弁護士が訴訟活動を行い、被保険者のラント裁判所地区に居住している二人目の弁護士が実際に活動する場合を念頭に置いた規定である。被保険者の居住地と裁判所所在地の距離を空路100キロメートル以上としたのは、明確化のためである（Vgl. Harbauer, a. a. O., S. 895-896 ［Bauer］）。
32） Harbauer, a. a. O., S. 201 ［Bauer］.
33） Harbauer, a. a. O., S. 201-202 ［Bauer］.
34） BGH. VersR. 1974, S. 639.
35） BGH. NJW. 1958, S. 1041.
36） Harbauer, a. a. O., S. 202-203 ［Bauer］.
37） Harbauer, a. a. O., S. 203 ［Bauer］.
38） BGH. NJW. 1985, S. 1466（但し、傍論）.
39） 前掲（注38）BGH. NJW. 1985, S. 1466（被保険者がドイツ刑訴153a条により彼に対してなされた刑事訴訟手続の中止の際に、付随原告の費用を任意に引き受けたときは、権

利保護保険者の塡補義務が、それを認めるべきでない明白な徴標がある場合を除いて及ぶとした)。
40) Harbauer, a. a. O., S. 204 ［Bauer］.
41) Harbauer, a. a. O., S. 204 ［Bauer］.
42) Harbauer, a. a. O., S. 204-205 ［Bauer］.
43) Harbauer, a. a. O., S. 205 ［Bauer］.

第8章　日本の裁判実務と弁護士報酬の負担

第1節　わが国における弁護士報酬敗訴者負担原則の主張

　わが国では、近代的裁判制度が発足してから今日まで一貫して弁護士報酬の各当事者負担の立場がとられてきた。しかし、イギリス、ドイツなどヨーロッパの諸国では、古くから弁護士報酬敗訴者負担の立場がとられてきた。明治以来西欧の法制度に依拠して法制度を整備してきたわが国でこのような原則が知られていなかったとは考えられない。1954年には、田中耕太郎最高裁長官が、主に上訴権濫用を制限する意図のもとに[1]、1959年には三ヶ月章教授が訴訟の促進、合理化のために[2]、弁護士報酬の敗訴者負担の原則の導入を主張したが、立法化されるには至らなかった。1968年にも中野教授は、①弁護士費用を民訴89条の訴訟費用に含めなければ、実体法が与えている権利義務の内容が訴訟を通じて減殺される結果になる、②濫訴、不当抗争、濫上訴を誘発することになるという理由で、立法論として弁護士費用を民訴89条の訴訟費用に含めるべきだと主張された[3]。このような立場は、民訴法学者の中に幅広い支持を集めてきた[4]。そしてそれを背景として民事訴訟法の改正作業において弁護士報酬の訴訟費用化が検討課題として掲げられてきた[5]。

　わが国で弁護士報酬敗訴者負担の立場を説く者の論拠は以下の如くである[6]。（a）弁護士費用が敗訴当事者から回収されなければ、勝訴当事者に帰すべき権利の内容が減殺される結果になる。（b）弁護士費用は、現在の民事訴訟においては必要的費用にあたるというべきであり、また弁護士費用の敗訴者負担は国民感情に適合する。（c）わが国の民事訴訟法、民事訴訟費用法が弁護士費用を訴訟費用化しなかったのは、立法当時弁護士が質、量ともに不足していたため

であり、現在では法曹人口の増加が企図されていて、当初とは異なる。（d）弁護士費用を敗訴当事者から回収できないと、裁判以外の方法によって法的紛争を解決する弊に陥りやすくなり、国民を裁判制度から遠ざける結果になる。（e）敗訴当事者が相手方の弁護士費用も負担するところから、訴訟提起に先だって勝訴の見込みに関する検討が慎重になされ、訴訟前の準備が充実するとともに、濫訴も防止され、無用、不当な抗争が避けられ、更に、コスト面を考慮した合理的な和解による解決も増加する。（f）弁護士費用が敗訴者から回収されることになれば、弁護士への訴訟の依頼の増大が見込まれ、裁判を受ける権利の保護がより厚くなる。

　しかし、民訴法学者の中にも、弁護士報酬敗訴者負担が弁護士の活動を抑制する結果になると批判するものもみられ[7]、なかんずく、伊藤教授は、民事訴訟における裁判所の判断は、両当事者から提出された証拠を裁判所が自由心証に基づいて総合的に評価し、最終的には証明責任の原則に基づいてなされることを考慮すれば、結果としての判決における勝訴を根拠として敗訴者に総ての訴訟費用を負担させることが公平に合致するものとは思われないと主張される[8]。法社会学者も、敗訴者負担の原則に対して反論を唱えた。それによれば、①一般的には訴訟の勝敗を当事者が事前に予測することは困難であり、それにもかかわらず敗訴者に相手方の訴訟費用の負担を強いることは不当である。②訴訟費用は、紛争解決のための共益費用という意義をもつから、両当事者の各自負担とするのが合理的である。③弁護士報酬の各自負担の原則の下では権利者の訴訟提起が妨げられると指摘されるが、この負担は敗訴者ではなく、法律扶助などの手段を通じて納税者などの第三者の負担に帰すべきものである[9]。

<注>
1) 田中耕太郎「上訴権の乱用とその対策」法曹時報6巻1号（1954年）1頁。
2) 三ヶ月章『民事訴訟法（有斐閣法律学全集）』（1959年）358頁。
3) 中野貞一郎「弁護士費用の敗訴者負担」ジュリ388号（1968年）78頁、同『過失の推認』（1978年）256頁。
4) 田邨正義「弁護士費用」『実務民訴講座2』（1969年）162頁、福山達夫「訴訟の費用、

法律扶助」『講座民訴1』（1984年）147頁、新堂幸司『民事訴訟法［第二版補正版］』（1990年）610頁。
5）　金子宏直『民事訴訟費用の負担原則』（1998年）180頁以下に要領のよい紹介がある。
6）　日弁連『総括資料集』255頁。
7）　田辺公二『民事訴訟の動態と背景』（1964年）72頁。
8）　伊藤眞「訴訟費用の負担と弁護士費用の賠償」『判例民事訴訟法の理論（下）』（1995年）93頁。
9）　和田仁孝「司法運営のコスト」ジュリ971号（1991年）79-80頁、太田勝造「裁判手数料と弁護士費用について」名古屋大学法政論集147号（1993年）652頁。

第2節　政府の立法提案と日弁連の反論

1　1997年民訴費用制度等研究会報告書

　平成9年1月に「民訴費用制度等研究会」から報告書が提出された。この研究会は、提訴手数料の見直し、弁護士費用の訴訟費用化等について検討するため、法制審の民訴法部会の審議を引き継ぎ、平成7年12月に発足したものである。本報告書は、訴訟費用に関する考え方（総論）、提訴手数料、送達費用、訴訟費用額確定手続に次いで、弁護士費用の訴訟費用化に関する項目が置かれ、弁護士費用の訴訟費用化の項目では、それに関する比較法的検討、各界の意見とその検討、弁護士費用の訴訟費用化の程度、方法に関する検討を行った後、国民の権利、法的地位を実質的に保障するという観点から将来的には弁護士費用の一部の敗訴者負担を導入することが望ましい、そして弁護士人口の増加、法律扶助制度の充実、新民訴法の施行による弁護士業務の変化の収束をみた段階で本格的検討を行うという結論に達している[10]。

　かような報告書に対して基本的に賛意を表する者も数多くみられた。森脇弁護士は、主に権利目減り論の立場から報告書の提案に賛意を表された[11]。小島教授は、弁護士報酬の全額を敗訴者に負担させることは行き過ぎであるが、その一部、例えば、着手金を敗訴当事者に負担させることは、一つの合理性ある選択として妥当だとされた[12]。太田教授は、経済学的手法を用いた分析を行ったうえで、弁護士報酬の一部敗訴者負担の原則の長所は、当事者及び弁護士に

とって有利な判決を得れば得るほど手取額または弁護士報酬が多くなることであり、短所は、弁護士報酬の料率の設定及び運用の問題であるが、この短所は、弁護士会のガイドラインの援用等によって解決しうると指摘された[13]。原則として敗訴者負担をさせないが、例外的に当事者から申立があった場合に訴えの目的、訴訟活動の態様、経済力を考慮の上負担させることができるという折衷的な見解も唱えられた[14]。

しかし、実務家の多くは、貸金、信販事件における訴訟の濫用や訴訟の帰趨に確信をもてない事件の訴訟回避、消費者訴訟や政策形成訴訟など訴訟による法形成の抑制を例に挙げて、弁護士報酬の訴訟費用化により、仮に一部の訴訟事件において勝訴者の利益を守ることができるとしても弊害の方がずっと大きく、それが訴訟制度を変質させ、国民の裁判を受ける権利の障害となる危険性が高いと反論を唱えた[15]。弁護士報酬敗訴者負担の原則に例外を設けるべきだとしても、原則と例外の線引きが実際上極めて困難なことも指摘されている[16]。

2　2000年司法制度改革審議会中間報告以降

（1）　2000年11月の司法制度改革審議会の中間報告によれば、弁護士各自負担の立場は、訴訟を必要以上に費用のかかるものとし、また法によって認められた権利の内容が訴訟を通じて縮小されることになるので、それが訴えの提起をためらわせる結果となるとともに[17]、不当な訴え、上訴の提起、不当な応訴、抗争を誘発するおそれもあるから、勝訴当事者の支払った弁護士報酬（少なくともその一部）を敗訴者に負担させるべきである。他方、かような弁護士報酬敗訴者負担制度は、いわゆる政策形成訴訟のような場合は、敗訴した場合の費用の負担が重くなるため、訴えの提起を萎縮させる結果となるおそれがある。以上の点から、弁護士報酬敗訴者負担制度は、基本的に導入する方向で考えるべきであるが、敗訴者に負担させる金額は、勝訴者が実際に弁護士に支払った報酬額と同額ではなく、その一部に相当しかつ当事者に予測可能な合理的な金額とすべきであり、また労働訴訟、小額訴訟など敗訴者負担制度が不当に訴えの提起を萎縮させるおそれのある一定種類の訴訟は、その例外とすべきである[18]。

2001年6月の司法制度改革審議会意見書も同旨を述べるが、不当に訴えの提起を萎縮させるおそれのある場合には、弁護士費用の敗訴者負担制度を適用すべきでないことを明記している[19]。

弁護士報酬の敗訴者負担の原則が政府によって打ち出されたとき、日弁連は、次のように反対した。（a）両面的な弁護士報酬敗訴者負担制度は、市民の裁判作用に極めて重大な影響を与え、裁判の人権保障機能及び法創造機能を損なう。（b）市民の利用しやすい司法の実現こそ今次の司法改革の理念と目的であるから、市民が裁判を利用しやすくなるか、司法アクセスを促進するか否かが、敗訴者負担制度導入の基準であり、訴訟類型（行政訴訟、民事訴訟、人事訴訟）ごと、当事者の属性（個人対個人、個人対事業者、事業者対事業者）ごとに、個別具体的に検討すべきである。（c）行政訴訟、独占禁止法違反の一定の不公正な取引方法による利益侵害またはそのおそれに対する侵害停止または予防請求訴訟（独禁法24条）、取引約款の無効を主張する訴訟（消費者契約法10条）、公害、環境に関する訴訟のうち環境侵害行為の差し止め訴訟などについては、原告に有利な片面的敗訴者負担制度を導入すべきである[20]。

また日弁連は、2003年10月に合意による敗訴者負担制度が出た後は、同法案が弁護士報酬を訴訟費用とすることを訴訟前に当事者間で合意しても無効だとしているだけで（28条の3，第9項）、契約書において、将来訴訟になった場合に、敗訴した当事者が勝訴した当事者の弁護士報酬を負担するとの条項が記載された場合にその効力が認められる余地があったことに鑑みて[21]、原則として各自負担制度を維持することにしたことは評価するが、私的契約上の敗訴者負担条項が広がって消費者、労働者、中小零細業者など弱者の裁判利用を萎縮させるため、以下のA，B，C三案のいずれかの立法措置を求めるとした。

A案　消費者契約、労働契約等（労働協約、就業規則を含む）及び当事者の一方の取引上の地位が他方の当事者に優越している当事者間の契約における訴訟代理人報酬の敗訴者負担の定め（損害賠償の予定ないし違約金として定めるものを含む）は無効とする。

B案　①消費者契約、②労働契約（労働協約、就業規則を含む）、③フランチャ

イズ契約、④下請代金支払遅延等防止法に定める下請負業者と親事業者との間の契約、⑤借地借家契約、⑥中小企業基本法に定める中小企業者と同法の中小企業者でない事業者との間の契約、⑦その他政令で定める契約における訴訟代理人報酬の敗訴者負担の定め（損害賠償の予定ないし違約金として定めるものを含む）は無効とする。

　C案　私的契約における訴訟代理人報酬の敗訴者負担の定め（損害賠償の予定ないし違約金として定めるものを含む）は無効とする。ただし、契約当事者の双方が、株式会社の監査等に関する商法の特例に関する法律（本法は2006年5月1日に廃止された）に定める大会社及び同法の連結子会社、ならびに同法の大会社の商法上の子会社に該当する会社である場合の契約については、この限りではない[22]。

　（2）　日弁連によれば、両面的敗訴者負担制度は、市民が利用しやすい司法をつくるという司法改革の理念に反する。民事訴訟を経験した市民は、この制度がもたらす訴訟利用萎縮の問題点を比較的容易に理解できるが、訴訟を体験したことがない市民は、「裁判は当然に勝つべき者が勝つ」との思い込みがあるため、この制度の弊害が伝わりにくい。そのため「裁判で負けた者が勝った者の弁護士費用を負担するのが衡平である」との論が耳に入りやすい。

　勝訴が明らかなケースを例に挙げて、両面的敗訴者負担制度を肯定する議論もあるが、裁判というのは、当事者双方にそれなりの言い分があるために紛争が発生するのであり、また裁判は、証拠に基づき立証責任というルールのもとで、裁判官の自由心証により行う裁判官の判断過程であるが、そうした裁判過程での新たな証拠の発見や提出、証拠及び情報収集状況の変容、個々の裁判官による事実の見方や法の解釈方法の幅などにより裁判結果は左右される。しかも、法化社会とはいえないわが国では、特に個人や中小零細事業者においては、約束事が契約書の作成などのように客観的証拠化されておらず、裁判における判断は、主観的供述に頼ることが多い。まして、最近では、訴訟の迅速化が叫ばれ、その供述証拠さえ、裁判官の面前での証言ではなく、陳述書という書面によって提出される。そうした裁判では、裁判官の自由心証の幅が広いものに

なっている。こうした原因で、訴訟を始めるにあたって、勝訴が明らかな事柄などというのは極めて稀であり、殆どの事例において裁判を始めるにあたっての勝訴予測は困難である[23]。

訴訟を始めるにあたっての勝訴見通しの不確実性のため、敗訴者負担制度は私法アクセスを促進する方向には働かない。むしろ訴訟提起や応訴を抑制する方向に作用する。訴えを提起しようとする者も、応訴する者も、敗訴を恐れて理不尽な支払や裁判によらない妥協を強いられることになるからである。

紙谷教授もまた、イギリスの例をとって、双面的弁護士報酬敗訴者負担は、資力の乏しい人だけでなく、危険を回避しようとする慎重な傾向の人にとっても、訴訟の結果の不確かさを倍増させるため、司法へのアクセスを促進することにはつながらないと主張される[24]。イギリスでは、和解拒絶がもたらすかもしれない弁護士報酬の負担の転換を恐れて、不当に僅かな金額の和解提案を承諾する例が多いといわれる[25]。

日弁連の意見書によれば、とりわけ、法の解釈適用について裁判所の判断が分かれているような事例、まだ形成過程にあるような権利、利益を対象とする訴訟、新たな社会秩序や社会的価値の創造に関する訴訟については、敗訴者負担制度を導入してはならない。司法には法創造機能がある。裁判例の蓄積により、抽象的な法律規定についての具体的解釈適用基準が明確化され、あるいは、法律の形式的解釈とは異なる新たな判例法理が生み出されてきた。法規範は不変ではありえず、時代の流れや社会の発展に応じてこれを修正していくことが司法に求められた役割である。こうした裁判の法創造機能を触発する訴訟では、訴訟開始に際しての勝訴見通しはほとんど立たない。また離婚等の人事訴訟や賃料の増減額請求訴訟のような訴訟は、裁判の勝ち負けというより、むしろ、当事者間にある紛争について法的ルールに則って一定の解決を図ろうとするものであり、その判断は微妙な価値判断を含み、裁判官による判断の相違を生みやすく、勝訴見通しの予測が困難であり、敗訴者負担制度の導入は司法アクセスを萎縮させる方向に作用する[26]。

2002年10月の日弁連決議は、弁護士報酬敗訴者負担制度の弊害を以下のよう

に指摘している。(a) 裁判は、通常、任意の交渉、協議では解決できない場合の最終的紛争解決手段として利用される。訴え提起前には、証拠の偏在、法律の解釈適用に幅があること、または法律の不備などから、事実関係や勝訴の見通しを立てることが困難な場合が少なくない。例えば、不法行為の過失の認定や損害の算定、賃貸借契約の解除における正当事由や労働事件での解雇権の判断など、法的評価に幅があり、裁判結果の見通しが困難な場合がある。証券取引や商品先物取引、変額保険などの消費者訴訟に見られるように、裁判官によって事業者の注意義務の認定に広狭があるケースもまた少なくない。薬害、医療過誤訴訟、消費者訴訟、労災事故に関する訴訟、複雑な不法行為訴訟、不正競争防止法違反や談合、カルテルに関する訴訟などでは、証拠の偏在などのために訴訟提起の段階で勝敗の見通しを立てることはしばしば困難である。

　近年の急速な社会の情勢や価値観の変化により、司法判断も変化し、また変化していくことが期待されている。公害、環境訴訟、消費者訴訟、労災訴訟、ハンセン病訴訟、議員定数などの憲法訴訟、セクシュアルハラスメントやDV被害など女性の権利に関する訴訟などが、敗訴判決を乗り越えて新たな権利の確立と社会規範の創造に果たしてきた役割は大きい。敗訴者が相手方の弁護士報酬の負担をすることによって、これらの訴訟の提起が著しく抑止されるおそれが大きい。

(b)　司法制度改革審議会が敗訴者負担制度の導入を検討することにしたのは、「弁護士報酬を相手方から回収できないため訴訟を回避せざるを得なかった当事者」に訴訟を利用しやすくするためであるが、そのような事例は、これまでの議論を見てもほとんど想定しえない。他方で、敗訴者負担制度は、契約書面を事前に完備して訴訟に臨むことができる貸金業者や相手方の弁護士報酬を負担できる経済的余力がある当事者を除き、多くの市民の司法へのアクセスを抑制するおそれがある。また提訴後においても、意に反する和解を強いられるおそれがある。さらに、敗訴者への負担の可否、あるいは負担させる額の決定を裁判所の裁量に委ねることは、裁判所の裁量権を不当に拡大させる危険性がある。

（ｃ）　弁護士報酬の敗訴者負担制度の採否が、市民による裁判の利用を拡大することに寄与するものか否か、司法改革の趣旨に合致したものであるか否かを、具体的事案に即して検討することが必要である。その観点に照らせば、例えば、国や地方自治体に対する公共のための訴訟などに限って、片面的敗訴者負担制度、すなわち、原告勝訴の場合にのみ被告に弁護士報酬を負担させる制度を採用して、この種の訴訟の拡充を支援すべきである[27]。日弁連は、片面的敗訴者負担を導入すべき訴訟類型として、①行政事件、②独占禁止法違反の一定の不公正な取引方法による利益侵害またはそのおそれに対する侵害禁止または予防請求訴訟（独禁法24条）、③取引約款の無効を主張する訴訟（消費者契約法10条）、④公害、環境に関する訴訟のうち環境侵害行為の差止訴訟を挙げる[28]。

（３）　2003年10月司法制度改革推進本部の打ち出した合意による弁護士報酬敗訴者負担の導入案に対して、日弁連は、訴訟上の合意による敗訴者負担制度が導入された場合、それが私的契約、約款等に敗訴者負担条項が盛り込まれる誘引となり、これがそのまま法的効力を有することになれば、敗訴者負担制度が導入された場合と同様に、司法アクセスを疎外することになると批判を加える。日弁連によれば、消費者契約の場合、消費者は、契約に際して将来紛争になったときのことまで考慮して契約するということはない。また、両当事者は対等な関係、立場になく、契約内容は、予め事業者によって用意される印刷された不動文字の契約書による場合がほとんどであるから、消費者は、十分に意識せずに、あるいは否応なしに敗訴者負担の合意に服する契約を締結することになってしまう。労働契約においても、使用者と労働者とは対等な関係、立場にはないため、使用者が、労働者を採用するに際し、使用者が決めた内容の敗訴者負担条項に同意することを求めた場合には、労働者は自分が採用されるために合意を拒否できず、使用者の求めに応じざるを得ない場合がほとんどである。下請契約やフランチャイズ契約など、一方が優越的地位にある当事者間の場合にも同様の事態の発生が懸念される。その結果、消費者、労働者あるいは一方が優越的地位にある当事者間の契約における劣位的地位にある当事者は、裁判で争って敗訴したら、相手方の弁護士報酬を本案訴訟で請求される負担を

おそれて訴訟を回避することになり、一般的な敗訴者負担制度が導入された場合と同様に、市民の裁判を受ける権利は抑制される。したがって、消費者契約、労働契約及び一方が優越的地位にある当事者間の契約など、構造的に格差の認められている当事者間の私的契約、約款等に盛り込まれた弁護士報酬敗訴者負担条項については、その効力を否定するために必要な立法上の措置を講ずることが不可欠である[29]。

　アメリカでは、弁護士報酬についてはわが国と同様各自負担の原則が採られているが、19世紀以来当事者間の合意によって、すなわち、多くは約款によって当事者間で紛争を生じた場合の弁護士報酬の敗訴者負担の特約条項が挿入される事例が増加している。このような特約条項の効力が長い間議論されてきたアメリカでは、この場合の法律上の扱いについての議論も発達を遂げている。それによれば、現在では、連邦法、州法の中に労働契約、消費者契約、フランチャイズ契約等経済的強者と弱者の間の契約が問題になる場合は、労働者等の経済的弱者が敗訴した場合は、相手方の弁護士費用を負担せず、また勝訴した場合は、相手方に自己の弁護士費用を負担させる、いわゆる弁護士費用片面的敗訴者負担のルールが定められている場合が多い。また1995年頃から敗訴者負担合意の効力を否定する裁判例も多数みられるようになってきている[30]。

＜注＞
10)　「［特集］民訴費用・弁護士報酬の検討」ジュリ1112号76頁；NBL611号64頁参照。
11)　森脇純夫「報告書をめぐって」ジュリ1112号48頁以下（ただし、行政庁が被告となる場合等につき敗訴者負担の例外を認められる）。
12)　小島武司「民訴費用、弁護士費用をめぐる課題と展望」ジュリ1112号28頁（片面的敗訴者負担の法理を導入すべき法分野もあることを保留される）。同旨：我妻学・前掲論文東京都立大学法学会雑誌40巻2号（2000年）56頁以下。
13)　太田勝造「弁護士報酬をめぐって」ジュリ1112号39頁。
14)　川上明彦「弁護士費用の敗訴者負担肯定の試みと限界」自由と正義50巻2号（1999年）41頁。
15)　杉井厳一「弁護士費用の敗訴者負担の問題点」ジュリ1112号42頁以下、安保嘉博「弱者の訴訟を窒息させる弁護士費用敗訴者負担制」自由と正義50巻2号（1999年）57頁以下、高橋利明「法の創造を止める弁護士費用の敗訴者負担」自由と正義52巻4号（2001

年）40頁以下、沢藤統一郎「弱者を司法から締め出してはならない」自由と正義52巻4号54頁。
16) 沢藤・前掲（注15）論文自由と正義52巻4号66-67頁。高中正彦「弁護士費用の敗訴者負担の問題点」NBL622号（1997年）51-51頁は、例外となる場合を法定したうえで、更に裁判所の裁量で例外を認めうるとすべきことを提案される。
17) このような仮説が実証されえないことについては、太田勝造・藤村政博「弁護士報酬敗訴者負担制度の社会的影響」自由と正義54巻1号（2003年）20頁以下参照。
18) 司法制度改革審議会中間報告までの経過と日弁連のそれに対する対応については、浅岡美恵「弁護士費用の敗訴者負担制度導入はいかにして盛り込まれたのか」自由と正義52巻4号（2001年）28頁以下が詳しい。
19) この「意見書」に対する起草者側からの論評として、長谷部由紀子「民事司法制度の改革について」法律のひろば2001年8月号27頁以下。それに対する反論として、浅岡美恵「弁護士報酬の敗訴者負担問題を司法アクセスの拡充の観点から考える」自由と正義53巻5号（2002年）22頁以下がある。
20) 2002年10月日弁連決議、2003年3月日弁連意見書（『総括資料集』26頁以下）。
21) 立法担当者は、約款中に弁護士費用敗訴者負担条項が挿入された場合、その効力は一般的に有効であるが、消費者が通常生ずる損害を超える損害を負う損害賠償額の予定や違約金の定めを無効とする消費者契約法9条や労働基準法の規定によって対処するとの考えであった（日弁連『総括資料集』317頁、325頁参照）。
22) 2003年12月日弁連意見、2004年10月日弁連会長要請書（『総括資料集』65頁以下）。
23) 2003年3月日弁連意見書第6，2（『総括資料集』34頁以下）．
24) 紙谷雅子「弁護士報酬の負担軽減Fee Shiftingに関する一考察」学習院大学法学会雑誌38巻1号55頁。
25) 紙谷・前掲論文学習院大学法学会雑誌38巻1号40頁。
26) 2003年3月日弁連意見書第6，2（『総括資料集』34頁以下）．
27) アメリカでは弁護士報酬は原則として各自負担であり（アメリカンルール）、公益の実現や行政の違法状態の是正などを目的とする訴訟（私的司法長官理論〔Private attorney general theory〕の適用される訴訟）や労働法やフランチャイズに関する法律、保険契約に関する法律など格差是正の必要のある訴訟等において例外として制定法や判例により片面的敗訴者負担制度を導入している（日弁連『総括資料集』127頁、186頁以下）。市民の権利と自由に関する訴訟の勝訴原告にのみ弁護士報酬の回収を認める1976年の「市民の権利と自由に関する訴訟における弁護士報酬回収法」や合衆国政府等と一定規模以下の個人や法人等との間の訴訟に適用される1980年の「司法への平等アクセス法（EAJA）」などがそれである（日弁連『総括資料集』192-194頁）。私的司法長官の理論とは、行政に違法があれば、行政が自らの責任で正すのが当然であるが、その違法を私人が訴訟で正したならば、当該私人はまさに私的司法長官の役割を果たしたことになり、裁判を行った私人の負担は、利益を受ける納税者が支払うべきだとする理論である（日弁連『総括資料集』188頁）。この問題については、楪博行「Civil Rights Actionにおける弁護士

費用敗訴者負担」同志社アメリカ研究25号(1989年)、山城崇夫「合理的敗訴者と非合理的敗訴者」木川統一郎博士古稀祝賀民事裁判の充実と促進下巻(1994年)365頁、紙谷・前掲論文学習院大学法学会雑誌38巻1号31頁以下、金子・前掲書157頁以下参照。
28) 2003年3月「日弁連意見書第6,5」(『総括資料集』37頁以下).
29) 2003年12月「日弁連意見」(『総括資料集』65頁以下)。
30) 日弁連『総括資料集』186頁以下参照。

第3節　わが国の実体法上の弁護士報酬敗訴者負担

　これまでのわが国の判例においても、当事者が不法な訴えに応ずるために弁護士を選任し、報酬を支払った場合や不法行為、医療過誤に基づく損害賠償請求権の行使のために弁護士に委任して訴えを起こした場合には、勝訴当事者が支払った弁護士報酬を、相当と認められる額の範囲内で、損害の一部として相手方に請求できるものとされてきた。以下には、これらの実体法上の弁護士報酬の賠償請求権を便宜上三つの類型に分けて考察しよう。
　第一は、訴え提起または応訴行為が不当訴訟または不当応訴とされ、それ自体が不法行為を構成する場合である。不当訴訟または不当応訴の場合に相手方が弁護士を選任して支払った費用を不法行為による損害としてその賠償を請求しうることについては古くから判例、学説がこれを認めている[31]。不当訴訟でどのような場合に不法行為として弁護士報酬の賠償を請求しうるかについては、比較的新しい判例があり、それによれば、法的紛争の当事者が当該紛争の終局的解決を裁判所に求めうることは、法治国家の根幹に関わる重要な事柄であるから、裁判を受ける権利は最大限尊重されなければならず、不法行為の成否を判断するにあたっては、いやしくも裁判制度の利用を不当に制限する結果とならないよう慎重な配慮が必要とされる。法的紛争の解決を求めて訴えを提起することは、原則として正当な行為であり、民事訴訟を提起した者が敗訴の確定判決を受けた場合において、右訴えの提起が相手方に対する違法な行為といえるのは、当該訴訟において提訴者の主張した権利または法律関係が事実的、法律的根拠を欠くものであるうえ、提訴者がそのことを知りながら、または通常

人であれば容易にそのことを知りえたといえるのに、あえて訴えを提起したなど、訴えの提起が裁判制度の趣旨目的に照らして著しく相当性を欠くと認められるときに限られるものと解するのが相当であるとする[32]。

　第二は、公害等不法行為に起因する損害賠償が訴求されている場合に、その一部として弁護士費用の賠償を認める場合である。不法行為に基づく損害賠償請求の際に原告が訴訟追行に要した弁護士費用を損害の一部として請求しうるかにつき、大審院以来判例は変遷を辿り[33]、学説も、否定説[34]、肯定説[35]、不法行為が犯罪行為あるいは高度の違法性を有する場合に限定して肯定する見解[36]に分かれていたが、昭和44年には一般的にこれを肯定する判例が現れた。被告による抵当権に基づく競売申立てに対して、原告がその競売手続きを阻止するために抵当権設定登記抹消請求訴訟を提起した事例で、最高裁は、わが国で弁護士強制主義はとられていないが、現在の訴訟はますます専門化され技術化された訴訟追行を当事者に対して要求し、一般人が単独で十分な訴訟活動を展開することはほとんど不可能に近いから、相手方の故意または過失により自己の権利を侵害された者が自己の権利擁護上訴えを提起することを余儀なくされた場合、一般人は弁護士に委任しなければ十分な訴訟活動をなしえないという理由で、事案の難易、請求額、認容額その他諸般の事情を斟酌して相当と認められる額の範囲内のものに限り、不法行為と相当因果関係に立つ損害としてその賠償を請求しうるとした[37]。ただし、本件は不当提訴、抗争型に分類しうる事例である[38]。その違法性を容易に発見しうる課税処分の取消訴訟で原告の弁護士の賠償を認めた判例[39]も不当抗争型の事例である。詐欺行為の被害者が提訴した不法行為訴訟で弁護士費用の賠償を認める裁判例[40]も、大審院以来の判例の立場を踏襲したものである。これに対して交通事故の被害者が加害者または使用者ないし運行供用者を相手取って提起した損害賠償請求訴訟で弁護士費用の賠償を認める裁判例[41]や公害被害者が加害企業を相手取って訴訟を提起した場合に弁護士報酬の一部の賠償を認める裁判例[42]は、従来みられなかったものであり、人の生命自体に対する加害行為に起因する不法行為であるという共通点がある。

今日では人身侵害の場合だけでなく、不法行為訴訟一般について被侵害利益が何であるかを問わず、また侵害行為の反社会性、反倫理性が必ずしも高い場合でなくても、更には、被告の応訴が不当であるといえる場合でなくても、弁護士費用の賠償が認められる傾向にある。ワラント取引における説明義務違反[43]のような取引的不法行為の場合や技術的色彩が強く、主に企業同士の紛争である特許権、意匠権、商標権、著作権などの知的財産権侵害や不正競争防止法違反の場合にも広く弁護士報酬の賠償が認められている。損害として認容される弁護士費用は、おおむね認容額の1割であるが、知的財産権侵害の事例では2割といった高率の認容例がある。

　第三に、債務不履行による損害賠償が訴求されている場合に、その一部として弁護士費用の賠償を請求する場合である。判例は、従来は、債務不履行による損害賠償については弁護士費用の賠償を認めないのが一般であった[44]。金銭債務の取立てのための弁護士費用についても、民法419条を根拠として賠償を認めることを否定するのが判例である[45]。しかし、近時は、医療過誤、雇用契約など債務者の債務不履行（安全配慮義務違反、付随義務違反）により債権者に人身侵害が生じた場合は、不法行為の場合とのパラレル構成から弁護士費用の一部を債務不履行により通常生ずべき損害とするものが多い[46]。学説上は、債務不履行についても不法行為と同様弁護士費用の賠償を認めるべきだという見解が古くから有力である[47]。裁判例の中にも、債権者が債務者の債務不履行や瑕疵ある給付によって単なる財産的損害を負ったにすぎない場合にも、債務不履行による損害として弁護士費用の賠償を認めるものがみられる[48]。近時の学説、下級審判例上有力なのは、債務不履行が不法行為をも構成するような強度の反社会性、反倫理性（違法性）を帯びる場合に弁護士費用の賠償を認める立場である[49]。この立場はもともと医療過誤や安全配慮義務違反の場合について主張されたものであるが、それ以外の単なる財産的侵害の場合にも適用されうる。

　上記のように現在の判例は、交通事故、公害被害、欠陥製品事故など、不法行為による損害賠償請求訴訟（国家賠償の場合を含む）では、判例は、弁護士報酬を不法行為と相当因果関係にある損害と認めて賠償責任を認めている。医療

第8章 日本の裁判実務と弁護士報酬の負担

過誤や建築紛争のような紛争事案においては、契約責任を請求の原因とする場合でも、損害の一部として被告に弁護士報酬を負担させるようになっている。日弁連によれば、不法行為訴訟にも契約責任による訴訟にも両面的敗訴者負担制度を導入すると、被害者には強く萎縮効果が働くことになる。国民の裁判の利用を拡大するためには、敗訴者負担制度の導入を図ることではなく、こうした訴訟における弁護士報酬を損害と認める裁判例を定着、拡大させることが重要である[50]。

<注>
31) 大判昭和11・2・28民集15巻4号300頁など。
32) 最判昭和63・1・26民集42巻1号1頁。
33) 否定例として大判明治32・10・7民録5輯9巻58頁、大判昭和18・8・16民集22巻19号870頁など。
34) 末川博「判批」民商4巻2号182頁、同「判批」民商15巻4号85頁など。
35) 平野義太郎・判民大正10年度571頁、末延三次・判民昭和11年度18事件など。
36) 川島武宜・判民昭和16年度79事件、同「判解」ジュリ200号84頁。
37) 最判昭和44・2・27民集23巻2号441頁。
38) 伊藤・前掲（注8）論文99頁。
39) 最判昭和44・3・6裁判集94号543頁。
40) 最判昭和45・7・14判時602号54頁。
41) 最判昭和45・4・11判時595号54頁、最判昭和57・1・19民集36巻1号1頁、最判昭和58・9・6民集37巻7号901頁。
42) 福岡地小倉支判昭和60・2・13判時1144号18頁（カネミ油症事件）、名古屋高判昭和60・4・12判時1150号30頁（東海道新幹線訴訟）など。
43) 東京高判平成7・12・20判タ924号231頁など。
44) 大判大正4・5・19民録21輯725頁（購入した土地を追奪された土地の買主が、追奪訴訟を委任した弁護士に支払った報酬の賠償を売主に求めた事例）。
45) 最判昭和48・10・11判時723号44頁。
46) 名古屋高金沢支判昭和53・1・30判時889号57頁（医療過誤）、東京地判昭和51・4・19判時822号3頁（安全配慮義務違反）など。
47) 末延三次・判民昭和11年度18事件、我妻栄『新訂債権総論』（1964年）127頁、山中康雄『債権総論』（1953年）103頁（民法416条の特別損害）、小笛恵子「弁護士費用をめぐる法的問題」法律のひろば56巻4号（2003年）60-61頁（特別損害説）など。
48) 東京地判平成元・3・29判タ717号160頁、福岡高判平成11・10・29判タ1079号235頁など。

49) 東京地判昭和48・11・28金法626号32頁（債務者の違反の態様が著しく、かつ債務者に誠意がみられない場合）、大阪高判昭和48・11・28判時738号75頁、小泉博嗣「債務不履行と弁護士費用の賠償」『民事判例実務研究3巻』(1983年) 55-56頁。
50) 2003年8月「日弁連意見第2」(『総括資料集』44頁以下)。

第4節　ま　と　め

　弁護士報酬の敗訴者負担が歴史上始めて導入されたのは、13世紀のイギリスで、大地主に対する訴訟が頻発したことを訴訟危機と捉えた大地主側が、訴訟を抑制するために導入したものだといわれる[51]。19世紀までにはこのような弁護士報酬敗訴者負担の原則はヨーロッパ各国に採り入れられた。そしてこれらヨーロッパ諸国では、現在に至るまで基本的にこの立場を採用しながら、例外則の拡大、法的扶助の充実、権利保護保険の導入などによりその弊害を緩和する努力が行われている。これに対してアメリカでは、ヨーロッパにおけるような双面的弁護士報酬敗訴者負担主義はとられなかったが、合意による弁護士報酬敗訴者負担が約款によって規定されることが多く、公益目的の訴訟や当事者間に経済的格差のある場合は、片面的弁護士報酬敗訴者負担を連邦、州の法律で定めることにより均衡を図ってきた。筆者は、このようなヨーロッパとアメリカの出発点における食い違いは、ヨーロッパで弁護士報酬敗訴者負担の原則が採用された時代は、王制、帝制が統治体制としてとられていたのに対して、アメリカでは当初から民主的政治体制がとられていたことを反映していると考えている。その意味では、弁護士費用敗訴者負担の原則は、王侯貴族、大土地所有者、資本家が庶民を訴訟から遠ざけることを目的として導入したという以上のものではないことになる。これはドイツでも同様なのではないかと考えるが、筆者が参照しえた資料からはこの点を明記するものは発見できなかった。ただドイツでは弁護士報酬敗訴者負担原則を採用した1870年代以降、この原則の苛酷さを緩和するためのおびただしい努力がなされて今日に至っていることに強い興味をそそられた。精緻を誇るドイツ法学のドイツ法学たる所以なのか

もしれないが、それはボタンの掛け違いを果てしなく手直ししているような印象を与えた。

　ドイツ、フランス、オランダなどで弁護士報酬敗訴者負担制度が採用されている背景事情として日弁連は、（ａ）契約社会で証拠資料が整っており、勝訴見通しが比較的容易であること、（ｂ）裁判制度の利用が国民に普及していて、訴訟事件が極めて多いこと、（ｃ）法律扶助が整っており、また権利保護保険も普及していること等の事情が挙げられるとしている。そしてこれらの国々では、2001年のわが国の司法制度改革審議会意見書が目的とする法の支配が国の隅々まで行き渡っており、むしろ、訴訟を抑制する必要さえあって、正に弁護士報酬敗訴者負担制度は訴訟抑制の機能を果たしているとともに、本制度導入により生ずる弊害に対しては、法律扶助制度等の充実普及により十分な対処がなされていると分析する[52]。日弁連は、わが国でも、勝訴見通しの予測可能性を高める事前の証拠開示制度や経済的負担を軽減する法律扶助制度の充実などの諸制度が充実すれば敗訴者負担制度を導入しうるとも指摘しているが、これらの指摘については疑問があり、事前の証拠開示制度が採用されたからといって、それが100パーセント機能して訴訟の勝敗が当事者にとって直ちに明らかになるというものではないし、法律扶助制度が改善されても、弁護士報酬敗訴者負担制度の採用による訴え提起や応訴の一般的な萎縮を改善するものではないと考えられる[53]。我妻教授は、法律扶助制度がわが国よりは充実しているイギリスの敗訴者負担の状況について、①訴訟費用を自分で負担できる大企業か資力の乏しい法律扶助の受給者しか訴訟を追行できなくなっている、②法律扶助の受給資格要件が引き上げられたため、一般市民の裁判へのアクセスが阻害されている、また③敗訴しないように弁護士が過剰な訴訟活動を行う要因ともなっていると指摘される[54]。

　ドイツで弁護士報酬敗訴者負担の原則が国民に一般に受け入れられているもう一つの事情として、弁護士の役割意識を挙げることができるのではないかと考えられる。これは、端的に、ドイツでは弁護士の訴訟における成功報酬の受領が禁じられていることに表われている。すなわち、ドイツでは、弁護士は、

基本的に訴訟の勝敗とは無関係に依頼者から弁護士報酬を受け取ることができる。アメリカや日本では、訴訟に敗れれば、弁護士の受け取る報酬は少なくなるが、ドイツではそうではない。このような状況のもとでは、弁護士が顧客から依頼を受けて事件資料を精査したり、当事者や関係者から事情を聞いた結果依頼者に不利な事実が出てきた場合でも、それを秘匿して、場合によっては、虚偽の事実関係を虚構して、依頼者にとって有利に訴訟を遂行するという動機はあまり働かないのではあるまいか。このことは、訴訟の相手方にとって、例え敗訴した場合でも、勝訴者の弁護士報酬の償還に応ずることに抵抗が少ないことを帰結しうるようにも思われる。成功報酬が受けられることになると、どうしても弁護士は勝訴を勝ち取るために依頼者の相手方にとってまさに裏切られた思いのするアドバイスをし勝ちになるが、成功報酬の受領が禁じられている場合は、依頼者の弁護士は、相手方にとっても納得のいく、少なくとも我慢のできるアドバイスをするのが一般であるのではないだろうか。ドイツで法文化の一部になっているほど敗訴者の弁護士報酬負担原則が庶民の間で現在でも異論なく受け入れられている理由の一つは、このような事情にも求められうるのかもしれない。そうであるとすると、成功報酬が弁護士報酬の大きな割合を占めているわが国で、弁護士報酬敗訴者負担の考え方を取り入れることは場違いの議論だということになろう。この限りでは、わが国でもアメリカのような弁護士報酬の各当事者負担主義をとるべきだということになる。

　しかしアメリカでは、当事者間の特約条項（約款）の一つとして、当事者間に訴訟が係属した場合等においては、いずれかが勝訴した場合、勝訴した当事者が自ら依頼した弁護士に支払ったまたは支払うべき報酬を敗訴した当事者に負担させるという条項が置かれることが多い。これは、既述のように19世紀頃からみられるようになったものであるが、その法的性質は、いわゆる特約条項であって、契約自由の原則を標榜する立場からは、当然に無効だとすることはできない。しかし、約款論で問題となることがこの場合にも当然に当てはまるのであり、当事者の一方がその優越する地位を利用して相手方に契約締結に際してかかる条項を押し付けたのであれば、その条項の効力を制限、否定すべき

だとすることが考えられる。わが国の法律学にあてはめて考えると、かような条項が約款中に挿入された場合、その効力を否定するためには信義則（民法1条2項）や公序良俗の原則（民法90条、）、消費者、事業者間の取引の場合は、消費者契約法9条、10条などにその論拠を求めるべきことになろう。憲法の定めた裁判所で裁判を受ける権利（32条）や法の下の平等規定（14条1項）もまた議論の俎上に上されることになろう。アメリカでは、今日でもこのような特約条項が定められる場合が少なくなく、敗訴者が破産する場合もあるといわれているが、労働契約、フランチャイズ契約、行政訴訟などでいわゆる片面的敗訴者負担の原則が法律、条例で定められている場合が多いことは前述した。わが国でも、弁護士費用敗訴者負担条項が約款中に挿入されることも想定して議論されるようになってきているが[55]、このような特約条項の効力を否定するためには、なにより訴訟ないし争訟の帰趨が、実際上客観的に正義に適っているかどうかというよりも、もっぱら立証の成否にかかる場合が多く、弁護士報酬敗訴者負担の原則が、現実には資力のない者に訴訟ないし争訟を思いとどまらせる効果を持つにすぎないことを国民的合意として形成しておく必要があろう。

<注>
51) 日弁連『総括資料集』137頁。
52) 2003年3月日弁連「弁護士報酬敗訴者負担制度に関する意見書第3，4」（『総括資料集』32頁）．
53) 日弁連『総括資料集』115頁参照。
54) 我妻学「英国における1999年司法へのアクセス法」東京都立大学法学会雑誌41巻1号60頁。なお、イギリスでは弁護士費用はタイムチャージ制がとられている。
55) 出井直樹・宮岡孝之『Q＆A新仲裁法解説』（2003年）152頁（仲裁につき）。

あ と が き

　弁護士報酬敗訴者負担の問題では、実体法上の弁護士報酬の賠償請求は民法の領域に属するが、訴訟法上の弁護士報酬の賠償請求権は民事訴訟法の問題領域に属する。わが国の司法制度改革の問題と関連してこの数年間に議論されたのは、主に後者の問題であり、しかも、それは国民が裁判所に訴えを起こす権利（憲32条）に直接かかわる法治国家における最も重要な基本権の一つとして、決してゆるがせにできない問題である。

　筆者はもともと民事訴訟法を研究してきたわけではないが、2002年9月にドイツ（マールブルク）短期留学中に弁護士報酬敗訴者負担に関する欧州視察団に偶々出会ったことを契機に、いわば一ドイツ法研究者としてこの問題に取り組むに至ったものである。そのため本書では、ドイツの議論を訴訟法学的に扱うというよりも、ドイツの敗訴者負担の制度を基本書に依拠して概説し、次いで、近時のこの制度に関して湧き上がった議論を忠実に再現して、ドイツでこの問題がどのように扱われているか、それがどのように議論され、今日に至っているかを日本の読者に伝えることに努めた。弁護士報酬を含む訴訟費用の問題を始めとする司法制度改革については、わが国と同様ドイツでも司法の現代化の動きが急であり、2004年には本書で紹介したような弁護士報酬や訴訟費用をめぐる新たな立法措置がなされた。これらの動向の記述については、2005年8月の再度のマールブルク短期留学が大いに寄与したことも付記しておきたい。

　2005年8月に筆者を招待してくれたメンクハウス教授には3年ぶりに再会することになったが、開口一番筆者に語られたのは、「日本でも弁護士費用敗訴者負担の原則を取り入れないのですか。ドイツでは権利保護保険が普及していますよ」というものであった。ドイツでは導入後100年余を経過して弁護士報酬の敗訴者負担がほとんど法文化の一部になっていることがわかる。しかし、それは、この100年の間にドイツ法学がたゆまぬ努力をしてこの制度がもたらす

弊害を弱めている結果にすぎず、日本の現状でそれを採り入れることが国民の裁判を受ける権利に極めて重大な影響を及ぼすであろうことは明白である。

　2004～2005年になされた一連の司法改革のうち、実現しなかったのは、この弁護士報酬敗訴者負担の原則を含む「民事訴訟費用等に関する法律の一部改正法」くらいであり、裁判法や行政事件訴訟法、弁護士法、刑事訴訟法等の改正は実現し、「裁判の迅速化に関する法律（平成15年7月16日法107号）」、「労働審判法（平成16年5月12日法45号）」、「総合法律支援法（平成16年6月2日法74号）」、「仲裁法（平成15年8月1日法138号）」、「裁判外紛争解決手続の利用の促進に関する法律（平成16年12月1日法151号）」などは制定、施行をみた。これらの一連の法改正または新法の制定は、国民の司法への参加を実現するとともに、司法へのアクセスを容易にするものであるが、裁判所以外の紛争解決機関の拡充、その利用の促進という側面を持っている。このこと自体は、ドイツなどの諸外国の従来からの制度や近時の法改正と軌を一にする点も多く、問題とすべき限りでないが、これらの調停、仲裁手続や裁判外紛争解決手続が充実したとしても、訴訟裁判所としての裁判所の伝統的な役割がなんら低下するものではなく、国民の訴訟の利用が弁護士報酬敗訴者負担の原則（合意によるものも含む）の導入などにより事実上妨げられることのないようにしてもらいたいものである。調停、仲裁手続や裁判外紛争解決手続では当事者の権利が必ずしも十分に実現できない場合が多いためである。裁判所における裁判は、古くから人権の最後の砦として機能してきたのであり、このような裁判所に対する国民からの要請は、これらの裁判以外の紛争解決手続が数多く登場した場合でもなんら変わるところはない。

事 項 索 引

あ 行

アキリア訴権……………………………23
アキリア法……………………………14
アメリカ ………149,155,164,220,221,226,228
イギリス ………76,155,159,180,211,217,226,227
意匠権………………………………201,224
イタリア…………………………16,153,174
一部勝訴…………………10,15,80,109,114
一括費用………………………………115
一括報酬………………………………44,47
訴えの取下げ………………87,89,93,131
訴えの併合……………………………10
訴えの変更……………………………10,29
ウルフ・レポート……………………76
応訴強制………………………………176
オブリーゲンハイト……………168,170,206
オランダ………………………………159,227

か 行

解決報酬………………………………64
外国弁護士…………………………39,202
家事事件……………………………3,29,96
過失主義………………………………16
過大請求……………………………80,81
活動報酬………45,46,49,55,57,58,62,63,65,116
家庭弁護士……………………………41
株式法…………………17-19,140,143,148
仮差押………………………………36,105
仮処分手続…………………………36,105
管轄違い…………………………11,33,105
鑑定費用………………………………180
期日費用……………………36,45,47,49
期日報酬…………………46,59,61,64-67,116
行政裁判所…………49,59,62,64,108,111,205
行政事件……………………………17,50
強制執行手続………………………29,59,106
強制的権利保護保険…163-166,169,171,185-187,
  190-192,196
矯正保安処分…………………………120

共同過失………………………………126
共同訴訟……………………93,94,111,117
共同訴訟的補助参加…………………94,95
共同訴訟人……………………………42,43
許可上告………………………………178
挙証責任………………………………173
挙証費用………………………………49
経済刑事法廷…………………………68,69
刑事事件………45,47,53,65,118,125,163,166
刑事手続………49,69,125,129,203,206,208
契約締結上の過失……………………107
欠席判決………………………11,25,60,61
原因主義………10,24-26,78,79,125-127,153,161
建設危険………………………………200
建築事件………………………………50
憲法適合性……………………………53
権利保護機能……………………178,182
権利保護保険……3,37,104,106,107,110,127,133,
  148,150,155,161,168,174,178-202,204-207,
  209,226,227
権利保護保険契約……………………198
合意報酬………………………………45
攻撃または防御方法………………90,93,95
交通事故事件…………………………50,51
交通事故訴訟…………………………58
国選弁護人………47,49,65,67,128,129,132
告 発…………………………………122

さ 行

財産権の不可侵………………………19
財政裁判所………………49,59,62,64,205
裁判外の手続…………………………48
裁判外の費用……………………3,29,30,109
裁判外の和解……………………91,106,207
裁判所で裁判を受ける権利…………229
裁判所費用法………3,46,89,108,112,118
裁判の法創造機能……………………217
裁判費用……1,2,29,109,110,114,157,177,180,183
裁判を受ける権利……………………196
債務者遅滞……………………………7,207

233

債務不履行	224
時間給の導入	162
自己の事件における代理	42,43
事前の証拠開示制度	227
私訴原告	118,122,123,127,128,208
下請契約	219
実体法上の費用賠償請求権	3,7-10,12,94
実用新案法	18,140,143,144,146
私的司法長官理論	221
司法権の独立	196
司法修習生	166
社会国家の原則	139,147
社会国家の原理	196
社会裁判所	17,45,47,49,59,112-116,195,205
社会保険	163,165,169,185-188,191
住居所有権法	28,46
私有財産権の保護	188
私有財産権保護規定	143
小額事件	158
小額訴訟	1,159,214
条件付成功報酬制度	159
証拠費用	181
証書訴訟	36,74
少数株主	136,138
上訴手続	36,38,64
上訴手続費用	90
少年裁判所手続	119
消費者契約	215,219,220
消費者訴訟	214,218
消費者保護	53,55
消費税	43,45,96,97,111,117,160
商標権	201,224
商標法	18,140,143,144,146
情報提供義務	88
職業選択の自由	19,189,191
贖罪金	13,14
助言活動の報酬	54
助言報酬	45
自力救済の禁止	21
人格権	170,191
スウェーデン	149,151,155,162,180
成功報酬	155,162,179,227,228
政策形成訴訟	214
誓　約	13
税理士	47,110,129,205

責任保険	165,172
ゼノの勅令	13
世話事件	75,101
総会決定の取消訴訟	138
訴額減額規定の合憲性	19
訴訟法上の費用償還請求権	5,7
訴訟上の和解	34,91,92,106
訴訟の引き延ばし	89,91
訴訟費用	3,4
——の敗訴者負担主義	205
——の無償化	133
——敗訴者負担の原則	21,22
——扶助	46,139,141,142,148,158,160,162, 163,167,169,172,175,182,184,185,189,196,197
——扶助法の改正	148,161,166,167,191,192
——融資	197
訴訟法上の費用償還義務	6,205
訴訟法上の費用償還請求権	10,23,114

た　行

段階訴訟	12,88,101
団体代理人	104,105,107,117
探偵費用	8,9
仲介弁護士	35,38-40,111,117,196
中間判決	91
仲裁裁判所	104
仲裁手続	8
著作権	201,224
手続関与人	126
手続報酬	45,47,58,59,62,66,116
督促手続	33,36,59,79,82,105,115
督促命令	35,37,96
特別犠牲請求権	126
特別抗告手続	201
特許権	201,224
特許弁護士	38
特許法	17-19,140,143-146,148,149,173,192
賭博契約	199,201

な　行

認　諾	82,86,92,109,172

は　行

パートナー生活共同体	83,90
破産手続	59,93

事項索引

反則金事件	53
反則金手続	45,47,197,203
被疑者	120-122,124,126,127,131
庇　護	64,77
非婚生活共同関係	201
非訟事件手続	8,42,49,75,79,87,90-93,96,101
費用確定決定	100
費用確定手続	4,7,8,10,31,32,92,95-99,102,106
費用基礎判決	4,79,96,97,99,114
平等権	19
費用の相殺	14-16
費用免除の原則	113
複数弁護士の費用の償還	41
復代理人	33,38,39
付随原告	208,209
付随訴訟	208
付随的関与人	118,121-124,127,128
付随的原告	122,124,127,128
不正競争防止法	18,38,140,143,144,148,178,199,201,224
父性の取消の訴え	86
附帯私訴	66,126
附帯訴訟	118
普通契約約款	148
不当応訴	222
不当訴訟	22,222
不当利得返還訴訟	100
不法行為	8,58,114,201,207,222-224
扶養義務	87,88,114,141,151
扶養事件	75,101
フランス	16,155,159,227
フランチャイズ契約	215,219,220,229
弁護士強制	35,37,97,151,155,157,162,184
弁護士強制主義	223
弁護士強制の廃止	148,163,179
弁護士の交代	42
弁護士費用	
——の訴訟費用化	213
——敗訴者負担条項	221,229
——敗訴者負担制度	159
弁護士報酬	
——の一部敗訴者負担	213
——の訴訟費用化	211
——敗訴者負担	211,212
——敗訴者負担条項	220
——敗訴者負担制度	217
——敗訴者負担の原則	2,3,133,155,214,215,226,227,229
弁護士報酬法	3,33,44,48,49,160
片面的敗訴者負担	159,220
片面的敗訴者負担制度	215,219,221
片面的敗訴者負担の原則	229
法形成機能	178,182
方式書訴訟	13
報酬の自由化	54
報酬リスト	47,53,55,59,64,72
法的助言	185
法の下の平等	139,162,196,229
補助参加	94,95
補助参加人	4
補助人	4
翻訳者	120

ま　行

前払い請求権	45

や　行

ら　行

濫訴の抑止	22
離婚事件	50,51,82,84,90
利息請求権	80
立証費用	50,51
両面的敗訴者負担制度	1,216,225
旅行費用	4,30,31,33,34,40,41,43-45,105,106,111,116,117,204
連帯債務者	93,94,109,120,122
連邦弁護士報酬規則	44,48
労働契約	215,219,220,229
労働裁判所	9,17,36,49,103-106,177,205,206
労働事件	50,59

わ　行

和解所	31
和解費用	91
枠報酬	45,62,65,112,116,128
ワラント取引	224

〈著者紹介〉

半田吉信（はんだ・よしのぶ）

1974年　京都大学大学院法学研究科（博士課程）中退
1974年　千葉大学人文学部専任講師
現　在　千葉大学大学院専門法務研究科教授

主要業績

『ドイツ債務法現代化法概説』（信山社，2003年）
ユルゲン・バセドウ編『ヨーロッパ統一契約法への道』（共訳）（法律文化社，2004年）
『契約法講義〔第2版〕』（信山社，2005年）など。

2006年10月20日　初版第1刷発行

弁護士報酬敗訴者負担制度の比較研究
―ドイツの敗訴者負担原則と日本の裁判実務―

著　者　半　田　吉　信
発行者　岡　村　　勉

発行所　株式会社　法律文化社

〒603-8053 京都市北区上賀茂岩ヶ垣内町71
電話 075（791）7131　FAX 075（721）8400
URL:http://www.hou-bun.co.jp/

Ⓒ2006 Yoshinobu Handa　Printed in Japan
印刷：㈱吉川印刷工業所／製本：藤沢製本所
装幀　前田俊平
ISBN 4-589-02972-3

ユルゲン・バセドウ編／半田吉信・滝沢昌彦・松尾 弘・石崎泰雄・益井公司・福田清明訳 **ヨーロッパ統一契約法への道** A5判・400頁・9450円	来るべきヨーロッパ統一契約法制定の予備作業として、ユニドロワ原則・ヨーロッパ契約法原則等の統一契約法モデルがドイツ国内法からみてどう位置づけられるか、相互がどう異なるかなどに論及した論文集の翻訳・解説書。
ハイン・ケッツ著／潮見佳男・中田邦博 松岡久和訳 **ヨーロッパ契約法 I** A5判・566頁・12600円	『比較法概論』の巨匠ケッツがヨーロッパ諸国の契約法準則の異同を論じ、これまで誰も成し遂げられなかったヨーロッパ共通契約法の析出を指向した初めての試み。各国契約法の制度・運用、および日本の契約法をより深く理解するための基本文献。
ボード・ピエロート、ベルンハルト・シュリンク著／永田秀樹・松本和彦・倉田原志訳 **現代ドイツ基本権** A5判・570頁・12600円	ドイツの人権理論に関する標準的な憲法教科書。最新判例・事案を豊富に紹介し、それらの理論的位置づけを明快に説き明かし、判例理論を体系的に解説する。巻末付録:「ドイツ連邦共和国基本法(抄)」「連邦憲法裁判所法」
池田辰夫編〔現代法双書〕 **新現代民事訴訟法入門** 四六判・370頁・2940円	1998年施行の新民事訴訟法は、改正と関連立法を重ね今日に至っている。激しい進化の途上にある民事裁判の動態に応接した最新の入門テキスト。各章にコラムをもうけ理解を深めるよう工夫。中野貞一郎編の旧版の趣旨を生かして全面改訂。
波多野雅子著〔松山大学研究叢書第49巻〕 **訴訟当事者からみた民事訴訟** A5判・280頁・5145円	訴訟当事者からみた民事訴訟手続の理論・実務運用は真に公正・適切なものか? 訴訟当事者の主体としての意識をどう涵養すべきか? という問題意識のもと、民事訴訟における理論・原理の役割の復権を解く。

——— **法律文化社** ———

表示価格は定価(税込価格)です。